L'EMPEREUR ET LA COMÉDIENNE

Joan Haslip

L'empereur et la comédienne

Traduction de Pierre Charras

Mercure de France

MCMLXXXV

Pour Lallie
en souvenir de notre mère.

Titre original : The Emperor And the Actress
ISBN 2-7152-1358-1

Première publication en Grande-Bretagne, 1982,
par George Weidenfeld et Nicolson Limited.

26, rue de Condé, 75006 Paris
Imprimé en France

REMERCIEMENTS

En 1949, neuf ans après sa mort, parut un choix des lettres que la comédienne Katharina Schratt avait reçues de l'empereur François-Joseph. Cette correspondance, éditée sous le contrôle du baron Anton Kiss, le fils de la comédienne, était expurgée de tout ce qui aurait pu porter atteinte à la réputation de Frau Schratt. La totalité des lettres ne devint accessible qu'à la mort de ce fils ; c'est alors que mon éditeur américain put en faire l'acquisition. Il s'agit essentiellement de brouillons et de doubles des lettres adressées à l'empereur par Katharina Schratt. Les originaux ont sans doute été détruits. Ces feuillets portent tellement de surcharges qu'ils en sont souvent presque illisibles et je suis très reconnaissante à sa petite-nièce, Frau Johanna Nebehay pour l'aide qu'elle m'a apportée à les déchiffrer.

Je tiens également à remercier tous ceux qui m'ont aidée à préparer ce livre, en particulier Son Excellence Impériale, le défunt archiduc Charles-Théodore Habsbourg Salvator qui m'a reçue à Schloss Wallsee et m'a permis de lire certains extraits du journal de sa mère, l'archiduchesse Valérie. Je remercie aussi sa belle-sœur, l'archiduchesse Rosemarie, et leur neveu, le comte Ferdinand Stolberg, actuel ambassadeur d'Autriche en Suède.

Mes remerciements vont aussi à Frau Brigitte Hamann qui m'a mise en relation avec la direction du Burgtheater, ce qui m'a permis d'avoir accès à une partie de la correspondance professionnelle de Katharina ; au défunt M. Eidwitz du Burgtheater et au défunt M. Mayer-Gunthof, qui tous deux avaient le souvenir de leurs rencontres avec cette femme ; à la défunte Mme Frank Wooster et à sa fille, la baronne Elie de Rothschild ; au comte Hans Wilczek et à sa soeur la comtesse Emma Traun ; à M. et Mme Weissweiler pour la semaine que j'ai passée avec eux à

Schloss Wymsbach, d'où j'ai pu aller à la découverte de Bad Ischl et rayonner dans le Salzkammergut ; à M. Rudolf Mount, filleul de Katharina Schratt ; à Hans H. Coudenhove pour l'appréciation savante qu'il a portée sur le manuscrit. Mais, avant tout, ma reconnaissance va à Son Excellence l'ambassadeur d'Angleterre à Vienne, Hugh Morgan, et à son épouse Alexandra, pour leur merveilleuse hospitalité, ainsi que pour l'aide et les encouragements prodigués au cours de mes recherches. Enfin, je voudrais remercier Maria Ellis pour la frappe du manuscrit et pour son efficace constance à décrypter une écriture à peine lisible.

PROLOGUE

Les jardins de l'Archevêché étaient noirs de policiers, tant on avait peur que quelque nihiliste russe n'essaie d'assassiner le tsar pendant sa visite officielle en Autriche. Alexandre III passait la frontière russe pour la première fois depuis le meurtre de son père dont le souvenir devait le hanter toute sa vie. On avait choisi l'Archevêché d'Olmütz, à l'extérieur de la petite ville morave de Kremsier en pensant que l'endroit offrirait plus de garanties de sécurité qu'une ville internationale comme Vienne. François-Joseph et Alexandre ne souhaitaient ni l'un ni l'autre cette rencontre qui avait été entièrement préparée par le prince Bismarck dans l'espoir de resserrer les liens fragiles du *Dreikaiserbund* — l'Entente des Trois Empereurs.

Ce 26 août 1885, le palais baroque, ses jardins extraordinaires et son théâtre ouvert formaient un cadre idéal pour les magnifiques festivités qui allaient aider à dissimuler que les deux principaux protagonistes avaient bien peu de choses à se dire. La visite du tsar et de la tsarine, accompagnés de leur fils aîné et d'une pléiade de grands ducs et de duchesses composant une suite de plus de cent personnes, représentait une charge énorme, même pour les ressources presque infinies de l'une des cours les plus riches d'Europe. Comme toujours, François-Joseph fut un hôte parfait, plus élégant encore que le plus élégant de ses invités dans l'uniforme russe qu'il portait par égard pour le tsar. A cinquante-cinq ans, il conservait la silhouette et le maintien d'un jeune homme, mais la fatigue se lisait dans ses yeux bleus cernés de rides et il avait le visage d'un homme résigné à accepter le présent plutôt qu'à espérer dans l'avenir.

Son oncle Ferdinand avait abdiqué en sa faveur dans ce même palais en 1848 et il avait ainsi hérité, à dix-huit ans, d'un empire déchiré par la révolution. Il grandit sous la tutelle du prince Metternich qui, pendant trente ans, avait su maintenir la paix en Autriche et dans les états confédérés d'Allemagne, liés par un système rigide et désuet imposé par le Congrès de Vienne. Epuisé par les ravages des guerres napoléoniennes, le peuple s'était résigné à ce système. Nageant dans une anesthésiante autosatisfaction, les classes moyennes étaient devenues riches et prospères et les dernières années du règne du vieil empereur François, le grand-père de François-Joseph, avaient représenté l'âge d'or de ce qu'on avait appelé le *Biedermeierzeit*, époque où la bourgeoisie dictait la mode et le goût contemporains en lieu et place de l'aristocratie.

François-Joseph n'avait que cinq ans lorsque son grand-père mourut et que Metternich choisit d'offrir le trône impérial à son oncle Ferdinand, un épileptique inapte à gouverner, plutôt que d'en confier la charge au père de François-Joseph, l'archiduc François-Charles qui, sans être particulièrement brillant, était du moins *compos mentis*. Décidé à conserver tout le pouvoir, l'homme d'état prenait là une décision catastrophique. Et lorsque les flots révolutionnaires déferlèrent en 1848, toute la colère amassée par le peuple se focalisa sur le vieux chancelier qui dut prendre la route de l'exil parmi les tout premiers. Dans cette période de crise où Vienne vivait sous la loi de la rue, la mère de François-Joseph, l'archiduchesse Sophie, née princesse bavaroise, prit les choses en main. Ayant compris que le pays ne pouvait trouver son salut que sous la conduite forte et sans compromission de la jeunesse, elle persuada à la fois son beau-frère et son mari de renoncer à leurs droits héréditaires en faveur de son fils. Et, avec l'appui de généraux comme Windischgrätz et Radetzky, et d'hommes d'État tels que Schwarzenberg, elle guida la contre-révolution vers un terme victorieux.

Mais la révolte de 1848 devait laisser une marque indélébile sur le caractère de François-Joseph. Considérant qu'il s'agissait là d'une trahison, il ne pardonna jamais à ses sujets italiens de s'être ralliés au drapeau de Charles-Albert de Savoie. Pas plus qu'il n'oublia l'humiliation d'avoir dû faire appel à l'aide du tsar russe pour écraser la révolte hongroise. De leur côté, ni les Italiens ni les Hongrois ne parvinrent jamais à absoudre le jeune empereur pour les flagellations et les pendaisons perpétrées en son nom. Vingt ans plus tard, lorsque le comte Julius Andrássy, ancien révolté hongrois, devint ministre des Affaires étrangères de la double monarchie, il restait encore des hommes en Hongrie pour refuser de saluer le drapeau des Habsbourg.

Pour François-Joseph, l'année 1848 marqua la fin de la jeunesse. Le cynique Schwarzenberg compléta son éducation en lui enseignant qu'un autocrate ne pouvait se permettre d'être reconnaissant ni même seulement humain :

« Vous pouvez pardonner aux insurgés, mais pas avant quelques pendaisons. »

Une telle théorie ne pouvait qu'entraîner à sa suite tout un cortège de haines. Appliquant à la lettre les conseils de Schwarzenberg, François-Joseph étonna le monde par son ingratitude lorsqu'il refusa de s'allier au tsar russe au moment de la guerre de Crimée. Nicolas Ier et Alexandre II ne pardonnèrent ni l'un ni l'autre à François-Joseph cette politique de neutralité. Aussi les Autrichiens durent-ils se battre seuls quand les Piémontais, alliés aux Français, les chassèrent de Lombardie en 1859. La Russie se tint à l'écart en 1866, lorsque Bismarck provoqua délibérément une guerre pour détruire l'hégémonie des Habsbourg en Allemagne, et cette perte blessa François-Joseph plus cruellement encore que celles de Venise et de Milan. Dans les péripéties de la défaite, il arriva à un accord avec la Hongrie dont les termes avaient été avancés par les Hongrois eux-mêmes et par lesquels ils obtenaient une autonomie presque totale sauf en ce qui concernait l'armée et les affaires étrangères. Dès lors, François-Joseph, descendant direct des empereurs du Saint Empire romain, n'exerça plus qu'au sein d'une monarchie double en tant qu'empereur d'Autriche et roi de Hongrie. Mais, dans le fond de son cœur, il se sentait fortement prince allemand, ayant peu en commun avec les Hongrois si arrogants et si chauvins. L'*Ausgleich* (Compromis historique) dicté par les événements, le plus important et surtout le plus insoluble de tous les problèmes posés à cet empire multiracial, ne lui avait causé que des ennuis.

Cette rencontre à Kremsier destinée à cimenter une alliance voulue par Bismarck qui, ayant vu la réalisation de ses propres ambitions, se posait maintenant en apôtre de la Paix, n'était qu'un sacrifice de plus concédé à l'opportunisme, une des nombreuses tâches ingrates encombrant la vie quotidienne de François-Joseph. Cette vie de discipline et d'abnégation, il lui avait sacrifié son bonheur personnel afin de devenir ce que sa femme appelait « le premier bureaucrate de son empire ».

Son mariage avec sa cousine Wittelsbach âgée de quinze ans fut la seule pulsion romantique de sa jeunesse. Il avait alors osé défier sa mère en tombant amoureux de la sœur cadette de celle qu'on lui avait choisie pour épouse. Et malgré toutes les souffrances qu'Elisabeth lui infligeait, il restait animé pour elle de la même adoration désintéressée et patiente. La notion de « devoir » n'avait aucun sens pour cette femme ayant pour seule religion sa propre beauté et qui, lassée des obligations de la vie à la cour, se sentait prisonnière dans les palais de son mari. Dans les moments de crise, elle se montrait capable d'atteindre des sommets. Sa popularité auprès des Hongrois avait ouvert la voie à l'*Ausgleich*. Mais l'impératrice si compatissante, soignant les mourants dans les hôpitaux en temps de guerre et toujours aux côtés de son mari dans la défaite, ne supportait pas que la moindre petite ombre vienne ternir sa liberté. Au fur et à mesure que les années passaient, on la voyait de moins en moins à Vienne, et elle employait le plus clair de son temps à chasser en Angleterre et en Irlande pour échapper au déséquilibre hérité des Wittelsbach. Si elle condescendait à retrouver sa patrie, elle le faisait plus volontiers à Budapest qu'à Vienne, car les Hongrois étaient les seuls sujets de l'empire de son mari avec qui elle disait ressentir quelque affinité.

Cette préférence déclarée pour les Magyars lui coûta l'affection des Viennois. Ils critiquaient maintenant cette impératrice qu'ils idolâtraient jadis. Elle les irritait. La stricte censure du gouvernement n'empêchait pas ses folies et ses extravagances d'arriver aux oreilles du public. Au parlement, l'opposition n'hésitait plus à la blâmer pour les sommes énormes qu'on dépensait pour la nouvelle villa du Lainzer Tiergarten, située à une demi-heure à peine de la résidence impériale d'été de Schönbrunn. L'empereur faisait construire cette demeure dans l'espoir que sa femme s'y sentirait mieux chez elle que dans les mille quatre cents pièces du palais de Schönbrunn. Au début, elle se montra reconnaissante et s'amusa de ce qui était pour elle un nouveau jouet, mais Lainz ne la satisfit en fin de compte pas davantage que Schönbrunn et François-Joseph dut se contenter des quelques mois, voire des quelques semaines, qu'elle acceptait d'y passer en sa compagnie.

Elle n'avait consenti à être présente pour la visite du tsar qu'à condition de pouvoir faire ensuite une longue croisière dans les îles grecques, c'est-à-dire, étant donné la tension politique croissante dans les Balkans, très exactement l'endroit que François-Joseph aurait souhaité la voir éviter. Mais après plus de trente ans de mariage, la beauté sublime d'Elisabeth et la magie de son sourire parvenaient encore à faire accepter le moindre de ses désirs. Avec le temps, tous deux avaient perdu les quelques goûts qu'ils auraient pu conserver en commun — un attrait pour les chevaux et la chasse. Jadis, le couple impérial entretenait une meute personnelle à Gödöllo et recevait là les meilleurs cavaliers d'Europe. Mais Elisabeth perdit brutalement tout intérêt pour la chasse et vendit même son célèbre étalon, se détournant tout à fait des terres à gibier du Cheschire et de Meath aussi bien que de cette vie heureuse qu'elle avait menée lors de ses séjours dans les vastes demeures anglaises. Les premières atteintes de l'âge, les premières rides menaçant sa beauté, la bouleversaient jusqu'aux larmes et la plongeaient dans un état de mélancolie. La terreur du déclin physique devint bientôt obsessionnelle et chaque année vit s'approfondir le mal de vivre héréditaire chez les Wittelsbach.

Tout comme son cousin, le roi Louis II dans ses châteaux de Bavière, elle se réfugiait dans un monde irréel, érigeant la solitude en religion, entrant en communication avec l'âme des poètes disparus, évoquant l'esprit de Henri Heine et dotant les jardins royaux de statues de cet homme considéré par l'empereur comme un juif subversif. Comment un homme aussi terre à terre et si peu imaginatif que François-Joseph aurait-il pu suivre sa femme dans ce genre d'égarement poétique ? Mais sa loyauté était si forte qu'il n'admit jamais et ne permit jamais à sa famille d'admettre que les obsessions d'Elisabeth se situaient à l'extrême limite de la normalité.

L'impératrice avait donc accepté d'assister au dîner officiel ; elle adopta un mutisme glacé, touchant à peine aux plats que son voisin le tsar, célèbre pour son appétit gargantuesque, tailla littéralement en pièces. La musique, les toasts, les discours, et les meilleurs vins des caves impériales ne parvinrent pas à réchauffer ce que le prince héritier Rodolphe décrivit dans une lettre à sa femme comme une « soirée sinistre ». Tout le monde se sentit soulagé lorsque le repas prit fin et qu'on s'apprêta à assister au spectacle en plein air.

Dans sa jeunesse, le tsar avait été un fervent spectateur de théâtre et de ballet, aussi le Burgtheater avait-il dépêché ses deux plus grandes vedettes, Charlotte Wolther et Adolf Sonnenthal, pour divertir les invités royaux. Tous deux reçurent une ovation à leur mesure mais les honneurs de la soirée revinrent à une jeune actrice nommée Katharina Schratt qui, dans une comédie en un acte, parvint à captiver son public à un point tel que même l'ombrageux tsar se laissa aller à rire et que les yeux bleus fatigués de François-Joseph s'éclairèrent de plaisir. Elle était si naturelle et si spontanée qu'elle semblait bavarder avec le public plutôt que jouer un rôle et, par la chaleur de sa personnalité si éclatante, elle redonna vie à une Cour lasse et blasée.

Le Grand chambellan, le prince Hohenlohe, se félicita pour son choix, car il y avait eu une rude discussion avec la direction du Burg qui comprenait mal pourquoi Katharina Schratt, relativement nouvelle dans la troupe, était préférée à d'autres candidates plus chevronnées. Le prince Hohenlohe admirait la jeune actrice depuis l'époque où, âgée de dix-neuf ans, elle avait fait ses débuts viennois au Stadttheater sous la direction du célèbre Laube, qui avait su transformer la petite ingénue vive et jolie en une comédienne accomplie, développant les qualités essentiellement viennoises de sa façon de jouer, un mélange d'autodérision et de pathos, de simplicité et de bon sens et misant sur la vivacité de ses changements d'humeur dont chaque facette semblait correspondre à l'une des dix ou douze races qui se mêlent dans la vallée du Danube. Le public portait « Kathi » Schratt dans son cœur bien avant qu'elle ne passe l'auguste porche du Burgtheater, époque à laquelle elle comptait près de dix ans de métier, y compris une saison en tant qu'invitée au Théâtre royal allemand de Saint-Pétersbourg. En Russie, elle avait déjà joué devant le tsar alors qu'il n'était encore que prince héritier, et c'est sans doute ce qui explique, plus que toute autre raison, le choix du prince Hohenlohe. Mais personne n'avait prévu que l'enthousiasme du tsar le pousserait à bousculer toutes les règles de l'étiquette des Habsbourg en demandant que les charmantes dames qui avaient si bien diverti Leurs Majestés fussent invitées à partager leur dîner.

La consternation s'abattit sur les officiels autrichiens car, bien que les artistes célèbres eussent parfois été reçus en audience privée (et on se souvenait du jour où la mère de l'empereur, la redoutable archiduchesse Sophie, avait invité Jenny Lind pour le thé), aucun Habsbourg n'avait jusqu'ici invité un membre du Burgtheater à dîner à la cour. Même Rodolphe, qui fréquentait des milieux où les respectables dames du Burg n'auraient jamais osé se montrer, fut choqué au point d'écrire à sa femme :

« Théâtre à huit heures suivi d'un dîner avec Mlles Wolther, Schratt et Wessely dans la même pièce que Leurs Majestés. C'était très singulier. »

François-Joseph était pincé et embarrassé et Elisabeth, pour qui tout incident susceptible d'atténuer l'ennui de la soirée était le bienvenu, remarqua avec un certain amusement que son mari s'irritait de plus en plus en voyant le tsar monopoliser Frau Schratt. L'empereur, pourtant piètre amateur de théâtre, se rendait assez fréquemment au Burgtheater depuis un an, et il semblait toujours choisir un soir où Katharina Schratt jouait. Cependant, au cours de cette soirée, il ne fit pas le moindre effort pour la distinguer de ses collègues, et la jeune actrice aurait été la première à rire à l'idée que le grand empereur qui imposait le respect à tous pût en venir à jalouser le tsar qui avait abusé des boissons, la poursuivait de compliments appuyés et insistait pour qu'elle l'accompagnât prendre l'air dans les jardins illuminés.

Le lendemain matin, François-Joseph se plaignit à sa femme du comportement d'Alexandre qu'il jugeait impardonnable. Mais Elisabeth se contenta de rire. Elle était ravie de voir son mari suffisamment humain pour porter de l'intérêt à une jeune et jolie comédienne, au point d'en éprouver de la jalousie pour le tsar. A certains moments, elle se reprochait d'avoir, par ses négligences, conduit un homme chaleureux et affectueux, désirant par-dessus tout mener une confortable vie de famille, à devenir un bureaucrate desséché. Et à partir de ce jour-là, elle commença à porter une certaine attention à Katharina Schratt.

LA FILLE DE L'ÉPICIER

Baden bei Wien (Baden par Vienne), nichée sur les contreforts des Alpes Juliennes à la lisière de la forêt de Vienne, est une paisible petite ville, célèbre pour ses sources sulfureuses et bienfaisantes, pôle « touristique » dès l'époque romaine. Elle atteignit le sommet de sa popularité au début du XIXe siècle, lorsque l'empereur François en fit sa résidence d'été, ne s'installant ni dans un palais ni même dans une grande villa, mais dans une maison du centre qui, dans son élégante simplicité, reflète bien le style Biedermeier caractéristique de son règne. Quand la famille impériale transporta sa résidence d'été à Ischl, Baden ne perdit rien de sa splendeur et, de mai à octobre, voitures et carrosses se pressaient encore sur la route de Vienne. Le commerce marchait bien et Anton Schratt, propriétaire de la plus grosse épicerie de la ville, put se permettre d'acquérir une vaste maison sur le Theresienstrasse qui avait servi jadis d'auberge de voyageurs et où il y avait place pour une luxueuse voiture à deux chevaux qui le hissait sur un pied d'égalité avec la petite noblesse locale. Cet homme ambitieux et travailleur se faisait un devoir de ne rien refuser à sa famille et surtout pas à la petite fille qui naquit dans cette maison le 11 septembre 1853, alors que Baden était pavoisée de drapeaux jaunes et noirs à l'occasion des fiançailles du jeune empereur avec sa cousine

Elisabeth de Wittelsbach. Après quatre années de loi martiale, le pays avait retrouvé la paix. L'ambiance était à l'optimisme et à la confiance dans l'avenir, et le bébé, baptisé Maria Katharina Schratt, fut bercé au son des cloches carillonnant les Te Deum.

Seule fille au milieu de trois frères, Kathi, comme on l'appelait à la maison, fut gâtée et adorée par des parents exagérément fiers de cette jolie petite fille aux boucles d'or, aux grands yeux bleus, dotée d'un charme tel que personne ne résistait. Dès la plus petite enfance, elle montra un talent précoce pour apprendre des vers par cœur et les réciter, et à sept ans elle déclamait déjà des passages de Schiller et de Grillparzer à la grande admiration des visiteurs. En classe, elle ne montrait de grandes qualités qu'en art dramatique et en littérature. L'arithmétique était sa bête noire et sa mère dut bientôt admettre qu'elle ne parviendrait jamais à en faire une ménagère avisée et économe. Elle ne sut jamais tenir ses comptes et la couture l'ennuyait tout autant que la broderie. Baden ne manquait pas de liens avec la scène et durant la saison d'été le théâtre municipal accueillait les grandes compagnies de Vienne. Kathi n'eut pas grand-peine à convaincre un père indulgent de la conduire aux spectacles convenant à son âge et il s'amusait de la voir imiter tous les rôles, de l'héroïne jusqu'au traître. Mais il ne lui vint jamais à l'idée que sa fille pût un jour monter sur les « planches ». Ce fut seulement lorsqu'elle participa à un spectacle amateur et recueillit un triomphe dont l'ampleur lui échauffa l'esprit que le père et la mère décidèrent d'un commun accord qu'il était grand temps de mettre un terme aux ambitions artistiques de leur fille et l'envoyèrent dans une école en Allemagne. Elle était alors devenue une jeune fille de quinze ans, vive et épanouie, gaie et au caractère bien trempé, à qui il ne manquait plus que la discipline pour laquelle l'établissement dirigé par les sœurs Haas à Cologne était réputé.

Nous étions en 1868, deux ans après la désastreuse défaite autrichienne de Königgrätz où le triomphe du fusil à aiguilles prussien avait chassé les Habsbourg d'Allemagne, leur interdisant de faire la loi dans les Etats confédérés. Mais ce qui représentait l'un des coups les plus cruels dans la destinée malheureuse de François-Joseph ne semble pas avoir beaucoup dérangé les frivoles Viennois. Il y eut une panique de quelques jours pendant laquelle Baden vit affluer les réfugiés et monter vers de fabuleux sommets le prix des chevaux et des logements. Mais les négociations avaient à peine débuté et on apprenait tout juste la relative générosité que Bismarck mettait dans ses exigences que, déjà, les bourgeois comme Anton Schratt retournaient à leurs occupations et oubliaient l'humiliation infligée à leur armée. En dehors des infortunés conscrits enrôlés de force, la guerre restait en grande partie une affaire réservée aux professionnels et aux classes supérieures qui, avec un empereur rarement en civil, se faisaient un plaisir d'afficher galons et décorations à la Cour.

Les blessés encore à l'hôpital et les morts à peine enterrés, le carnaval de 1867 n'en fut pas moins l'un des plus brillants qu'on ait vus, avec Johan Strauss au sommet de sa gloire et les Viennois dansant pour la première fois sur l'air du « Danube Bleu ». La Saxe et le Hanovre qui refusaient de vivre sous l'hégémonie de la Prusse se pressaient en Autriche. Vienne restait la capitale de l'Allemagne, dans la mesure où Berlin ne pouvait pas rivaliser et parce que Cologne était trop liée à l'empire pour qu'on la considère comme une ville étrangère. Un homme du genre d'Anton Schratt, fier de ses origines allemandes, se trouvait plus d'affinités avec ses cousins du Rhin qu'avec ceux du Danube, mais sa fille n'était pas de nature à se laisser transformer en une jeune et docile Fraülein. Elle se rebella de bout en bout et la discipline scolaire ne réussit qu'à fortifier sa résolution de monter sur scène. Vers la fin de l'année, les sœurs Haas ne souhaitaient plus que se débarrasser de leur élève récalcitrante avant qu'elle n'ait contaminé ses camarades avec sa passion des planches. Dans le même temps, elles se montrèrent assez intelligentes pour conseiller à Herr Schratt de permettre à sa fille de suivre ce penchant naturel et de l'envoyer dans une école d'art dramatique où l'on aurait tôt fait de découvrir si la comédie était pour elle une véritable vocation ou seulement un caprice éphémère. Katharina n'avait gagné la bataille qu'à moitié car il lui restait encore à prouver qu'elle possédait un talent suffisant pour se lancer dans une carrière que ses parents voyaient semée d'innombrables embûches. Le fait qu'elle ait été reçue au conservatoire Kirschner, où personne n'était admis sans montrer de sérieuses intentions de monter un jour sur scène, prouve que dès cette époque ils s'étaient résignés à l'inévitable et le souci majeur de Frau Schratt devint de trouver un toit convenable pour sa fille de seize ans.

Katharina passa sa première année à Vienne dans la maison d'une femme écrivain d'âge moyen et de médiocre talent mais d'une moralité parfaite. Elle l'introduisit dans un cercle d'auteurs, de journalistes et d'acteurs dont beaucoup devinrent ses amis pour la vie. L'une de ses qualités dominantes était un don pour trouver des compagnons et ensuite se les attacher. Des voisins de Baden et des collègues du conservatoire Kirschner se retrouvèrent parmi les invités à Hietzing et à Ischl, et dans de nombreuses lettres adressées à Katharina, François-Joseph envoie ses salutations à Frau Dahn ou à Fraülein Bauer.

Le monde du conservatoire Kirschner avait pour centre le Burgtheater, et dans une ville où le théâtre avait une place prépondérante au sein de la vie culturelle, le Burg représentait La Mecque pour tous les acteurs en herbe qui espéraient un jour y entrer et porter le titre glorieux de *Keiserlicher und Königlicher Burgschauspieler* (comédien de la Cour impériale et royale). Plus d'un siècle auparavant, Joseph II, surnommé l'« Empereur du Peuple », dont les conceptions progressistes s'étaient souvent trouvées en opposition totale avec celles de sa mère, l'impératrice Marie-Thérèse, avait ouvert son théâtre privé au public. Maintenant encore, dans les années 1880, il était entièrement financé sur les fonds personnels de l'empereur et jusqu'en 1888, date à laquelle le nouveau bâtiment ouvrit ses portes sur le Ring, il se trouvait à l'intérieur du palais impérial, avec une entrée sur la Michaelerplatz. François-Joseph n'avait que quelques pièces à traverser pour se rendre de ses appartements à sa loge de théâtre.

La censure très stricte de la presse, qui réduisait les articles politiques au minimum, laissait une large place aux chroniques littéraires et théâtrales. La bourgeoisie cultivée trouvait ses héros parmi les acteurs, les écrivains et les musiciens plutôt que dans le monde politique. Même si aucune de ses pièces ne fut programmée au Burg, l'auteur satirique Nestroy (et d'autres écrivains de cette veine) se tailla un solide succès à l'époque de Metternich en faisant exprimer à ses personnages des critiques du gouvernement à peine voilées qui n'auraient jamais été tolérées dans la presse.

Lorsque Katharina Schratt arriva à Vienne, le principal sujet de controverse aussi bien au conservatoire Kirschner que dans les clubs et les cafés était la querelle hargneuse qui opposait l'ancien directeur du Burg au nouveau dont les défenseurs et les détracteurs semblaient aussi irréconciliables que les Montaigu et les Capulet. Heinrich Laube était le dieu foudroyé, après dix-huit ans de pouvoir sans partage au Burg. Sous sa direction inspirée, une institution démodée et exsangue, empêtrée dans les doctrines désuètes et les traditions dépassées, s'était muée en l'un des plus prestigieux théâtres d'Europe, centre du monde germanophone, si bien qu'on ne trouvait plus un auteur dont l'ambition première ne fût d'avoir une pièce acceptée au Burg. Laube avait une passion pour la langue et avec l'aide d'Alexandre Strakosch, le plus célèbre professeur de diction de l'époque, il abolit le phrasé maniéré et les gestes artificiels de la vieille école et enseigna à ses élèves l'art de bouger et de parler sur scène comme on le fait dans la vie.

Au Burg circulait la phrase : « Laube est Dieu et Strakosch est son prophète. » Mais les dieux ont le goût du pouvoir sans partage et dans les années 1860, le théâtre de la Cour, dépendant de la juridiction du Grand Chambellan, était inondé de règlements et de normes imposés par d'insignifiants officiels du palais avec qui Laube se trouvait en perpétuel état de guerre. Lorsque la décision fut prise de placer l'Opéra et le Burg sous la même tutelle administrative, Laube démissionna bruyamment et on nomma à sa place Franz von Dingelstedt. Alors que Laube avait été un grand metteur en scène avec un brin de génie, Dingelstedt fut un impresario brillant qui, après de nombreuses années passées à la tête de l'Opéra impérial, excellait dans les effets de théâtre et les décors à machines que Laube dédaignait. Scénographe inspiré, il convenait parfaitement aux grands spectacles et aux tragédies classiques qui allaient être montés lors des prochaines fêtes du Jubilé, à l'occasion des vingt-cinq ans de règne de l'empereur. De nombreux acteurs restèrent fidèles à Laube, mais il s'en trouva aussi pour voir dans le charme et la courtoisie de Dingelstedt une pause bienfaisante après les manières mordantes et sarcastiques de son prédécesseur.

Ayant quitté le Burg en même temps que Laube, Strakosch devint professeur principal au conservatoire Kirschner et y trouva une élève riche en promesses dans la personne de Katharina Schratt. D'autres étaient plus jolies, plus gracieuses et avaient peut-être plus de talent, mais derrière cet innocent visage de petite fille, cette bouche malicieuse et ces yeux expressifs capables de passer si rapidement du rire aux larmes, il y avait une forte personnalité et une ardeur bouillonnante qui la conduiraient au rang des stars. Dans les premiers mois de 1872, l'année où Katharina Schratt passa le concours de sortie du conservatoire Kirschner, Heinrich Laube, aidé par un groupe de financiers juifs, avait pris la tête du nouveau Stadttheater, sur la Seilerstätte et les ambitieuses jeunes comédiennes à la recherche d'un emploi avaient maintenant le choix entre Dingelstedt et Laube. Le Burg avait un plus large prestige mais Laube avait un plus grand nom, et Strakosch conseilla à Katharina Schratt de tenter sa chance sur la Seilerstätte. Dans un article publié bien des années plus tard, elle fit la description de sa première entrevue avec Heinrich Laube :

> Strakosch me fit entrer dans une pièce où le grand homme, assis derrière un bureau, était en train d'écrire. Il me regarda de la tête aux pieds et grommela : « Alors c'est la jeune demoiselle ». Puis il me dit de lui jouer des extraits variés de mon répertoire et il se laissa aller en arrière dans son fauteuil et regarda le plafond. Tremblante de peur, je m'acquittai de ma tâche sans qu'il me donne le moindre signe d'encouragement. Au bout d'une heure il m'arrêta et dit : « C'était mauvais. Il faut que ce soit beaucoup plus ramassé que ça ». Mais le ton de sa voix s'était adouci et il ajouta : « Nous allons voir ce que nous pouvons faire. Ne prenez aucune décision avant que je vous donne ma réponse. »

Strakosch, qui connaissait bien la façon d'opérer de Laube, assura que l'audition était réussie, mais c'était surtout pour redonner confiance à la jeune fille intimidée. Une seconde audition dans la même journée, mais cette fois au Burgtheater, fut presque aussi terrifiante :

> On me fit monter sur le plateau illuminé et jouer mes différents rôles devant une immense salle noire, perdue sur une scène déserte. Invisible au milieu de l'orchestre avec les directeurs techniques, Dingelstedt criait de temps en temps le nom du rôle qu'il voulait que j'interprète. Lorsque l'audition prit fin, une autre voix sortit de l'obscurité pour me dire qu'on me ferait savoir dans quelques jours la décision de la direction concernant un engagement éventuel.

Si l'on en croit Katharina Schratt, il y eut une troisième audition devant Ascher, directeur du Karlstheater, une salle spécialisée dans les comédies légères (Lustspiele). A cette occasion, le directeur semble avoir été un peu trop enthousiaste pour son goût. Bouleversé par ses charmes, il bondit de sa chaise et lui demanda sans détours de lui donner un baiser, sur quoi elle fondit en larmes et menaça de partir immédiatement. Ascher, qui n'était pas habitué à voir ses avances repoussées de cette façon, tenta de l'amadouer en assurant que sa conduite n'était rien de plus qu'une marque de son admiration. Mais elle refusa de l'écouter, s'écriant que jamais de sa vie, quelles que puissent être les circonstances, elle n'accepterait l'idée de travailler dans un tel endroit. Quand, plus tard, Ascher et Katharina Schratt devinrent amis, le souvenir de cette rencontre les faisait toujours beaucoup rire et il lui dit qu'il n'avait jamais vu de mimiques aussi drôles que celles provoquées par son trouble à ce moment-là. Les résultats des auditions au Burg et au Stadttheater ne furent pas de nature à satisfaire une jeune fille rêvant de vedettariat. Bien que Dingelstedt et Laube reconnussent tous deux les qualités potentielles de Katharina Schratt et que ni l'un ni l'autre ne souhaitât la perdre au profit de son rival, ils ne se sentaient pas disposés à offrir un contrat de premiers rôles à une novice de dix-neuf ans. Aussi ne lui offrirent-ils qu'un engagement pour des emplois de doublures et de petits rôles. A leur grande surprise Mlle Schratt les fit attendre avant de leur donner sa réponse.

Pendant ce temps, le directeur du théâtre de la Cour de Berlin se trouvait à Vienne pour y chercher de nouveaux talents. Apprenant qu'une jeune comédienne avait réussi à intéresser à la fois Laube et Dingelstedt, il entra immédiatement en contact avec son agent et, sans même prendre la peine de l'auditionner, il proposa à Katharina Schratt un contrat concernant des grands rôles. Katharina n'hésita pas une seconde et le contrat fut signé au terme d'un dîner chez Sacher, avant même qu'elle eût reçu l'autorisation de ses parents. Son père rugit, sa mère pleura, mais tous deux durent bien admettre que, cette fois, le théâtre leur avait bel et bien enlevé leur fille. Tout ce que la pauvre Mme Schratt put faire, fut d'accompagner sa Kathi à Berlin et veiller à ce qu'elle y soit convenablement logée. Mais la fille la plus ambitieuse ne peut que se sentir perdue et bouleversée lorsqu'il s'agit de dire adieu à sa mère et de regagner ce qu'on appelle une *pension*[1] de famille, c'est-à-dire un endroit qui ne possède ni la chaleur ni le confort des appartements viennois. Berlin était une ville froide et hostile. Ce qui avait été jadis une vieille et charmante cité prussienne se retrouvait maintenant asphyxiée par les immenses palais et les monuments d'une nouvelle capitale impériale entièrement abandonnée aux parades militaires. C'était une ville-exhibition, encore animée par la victoire sur la France, une victoire que les Prussiens n'avaient pas encore

1. En français dans le texte.

appris à accepter naturellement. Les jeunes officiers, fiers héros du jour, n'avaient pas su acquérir la nonchalance et le goût du rire de ceux avec qui Katharina avait flirté à Vienne. Ici tout semblait lourd, sans humour et gris. Même la campagne alentour, les lacs tristes, les marécages et les pinèdes battues par les vents se liguaient pour lui donner le mal du pays.

Mais cette année de solitude et de tristesse à Berlin lui trempa le caractère et approfondit son penchant naturel pour la liberté, une qualité peu répandue chez les femmes de cette époque et qui, alliée à son apparence ultra-féminine, surprenait et fascinait à la fois. Personne ne put jamais se vanter d'avoir tenu Katharina Schratt en son pouvoir et, pendant les dix premières années qu'elle passa sur scène, on ne lui connut jamais de ces riches protecteurs dont dépendaient alors la plupart de ses collègues. Dès qu'elle apparut pour la première fois dans le rôle-titre de *Gustl von Blasewitz*, la pièce tirée d'une anecdote de Schiller, le succès vint à sa rencontre. Et pour la première fois elle vit son nom écrit en lettres énormes : « Fraülein Schratt, artiste viennoise », acclamée par la critique comme un talent nouveau et original. A partir de cette date, elle fut toujours surchargée de travail, recevant de plus en plus de rôles à apprendre et à répéter. Sa popularité était si grande auprès du public que vers la fin du printemps elle fut choisie pour interpréter le personnage de Käthchen dans le chef-d'œuvre de Kleist *Das Käthchen von Heilbronn*, l'un des classiques les plus populaires de la scène allemande. Une nouvelle adaptation devait être montée à l'automne, dont l'auteur ne serait autre que Heinrich Laube, à l'époque aussi réputé pour ses pièces que pour ses mises en scène.

La grande ambition de Katharina Schratt était de s'attirer les faveurs de Laube et de se faire acclamer par la critique en incarnant Käthchen jusqu'à la perfection. Elle renonça à ses vacances et resta dans la ville étouffante pour étudier son rôle et s'identifier si totalement à Käthchen que ses amis eux-mêmes eurent du mal à reconnaître la jolie petite Kathi bien épanouie dans la fille pâle aux airs romantiques qui, le soir de la première en octobre, avait les nerfs aussi éprouvés que ceux de sa malheureuse héroïne.

Il s'agissait d'un défi énorme de la part d'une actrice si jeune et si peu expérimentée, et le résultat fut un triomphe. La critique unanime, y compris le très exigeant *Vossiche Zeitung*, écrivit que malgré son jeune âge et son manque de maturité Fraülein Schratt donnait la plus belle interprétation de Käthchen qu'on ait vue sur une scène allemande depuis plusieurs décennies. Il y eut une seule exception. Assis au fond de la loge d'avant-scène, Heinrich Laube était venu de Vienne pour assister à la première de son adaptation. Il reconnaissait que Katharina Schratt était une excellente Käthchen et même qu'il serait difficile d'en trouver une meilleure. Mais il continuait de penser, comme il l'avait fait lorsqu'il l'avait vue pour la première fois, que cette fille avait trop de personnalité pour les rôles d'ingénues sentimentales et qu'avec un apprentissage approprié celle qui ne ressemblait encore qu'à une petite colombe pourrait bien se transformer en oiseau de paradis. Il la voulait pour le Stadttheater et surtout qu'elle y joue Käthchen lorsqu'il présenterait son adaptation à l'occasion des prochaines fêtes du Jubilé. Mais, pour tout encouragement, il se contenta de lui dire de passer le voir quand elle serait de retour à Vienne.

Il n'en fallut pas plus pour que Katharina mît un terme à son engagement à Berlin dès la fin de l'année. De retour à Vienne, elle réserva sa première visite au Stadttheater où Laube la reçut de façon bourrue et glaciale, comme d'habitude, et lui proposa approximativement le même contrat qu'avant son départ pour Berlin. Mais Katharina Schratt avait mûri, et elle savait que Laube était le seul metteur en scène susceptible de faire d'elle une vedette ; elle signa le contrat et s'en remit complètement à lui. Il ne se passa pas beaucoup de temps avant qu'une rumeur ne circule dans les cafés de la Ringstrasse qu'on venait de terminer, selon laquelle Katharina Schratt allait, à dix-neuf ans, jouer le rôle principal dans le spectacle monté par Laube à l'occasion du Jubilé : *Das Käthchen von Heilbronn*. Tout ce qu'elle avait appris au cours du long été étouffant de Berlin, elle dut l'oublier pour tout réapprendre sous la direction de Laube qui la retenait en répétitions du matin au soir, la tourmentant jusqu'à la faire pleurer. Au cours de cette saison pourtant brillante de 1873, ce fut le Stadttheater de Laube affichant Katharina Schratt dans le rôle de Käthchen von Heilbronn qui attira les plus grandes foules. Comme l'écrivait un critique : « Avec ses cheveux blonds et son visage tout frais de petite fille, elle avait conquis le public avant même d'ouvrir la bouche. »

La jeune comédienne se laissa emporter dans l'euphorie de ce printemps de Jubilé. Elle se retrouva fêtée et gâtée dans une ville où la grande exposition occupait le Prater et attirait, pour le prix fabuleux de dix-huit millions de florins, des visiteurs du monde entier. Ce fut une véritable orgie de dépenses. Depuis la défaite de la France dans la guerre franco-prussienne de 1870, Vienne avait supplanté Paris comme première bourse d'Europe. Le marché libre encourageait les petites sociétés et les banques privées à se multiplier et tout le monde, des archiducs aux plus petits épiciers, s'abandonnait à la fièvre du jeu. Dans leurs magnifiques palais sur la Ringstrasse, les nouveaux millionnaires autrichiens, venus pour la plupart des ghettos de l'Europe de l'Est, introduisirent une opulence toute orientale dans la vieille capitale des Habsbourg. Si les portes de la *Erste Gesellschaft* (la « Première Société »), les grandes familles féodales pressées autour du trône, restaient hermétiquement closes à tout profane, la *Zweite Gesellschaft* (la « Deuxième

Société »), qui représentait tout ce qu'il y avait de plus brillant et de plus gai dans la capitale, accueillit avec joie la venue de ce qu'on appelait les *Finanz-Barons*, qui possédaient les meilleurs chevaux, engageaient les meilleurs musiciens et donnaient les plus grands bals dans leurs palais décorés par Makart.

En effet, l'un des phénomènes de la société viennoise des années 1870 fut la domination de Hans Makart qui, plus doué pour le spectaculaire que pour l'art, transformait les banalités d'une société entièrement matérialiste en un glorieux monde de rêve peuplé de chevaliers du Moyen Age, de princes de la Renaissance et de voluptueuses odalisques. Il était le grand maître des reconstitutions historiques et des processions qui se multipliaient en cette année du Jubilé, et les touristes payaient des centaines de florins pour être admis dans les fantastiques réceptions qu'il organisait dans son atelier sur la Gusshausstrasse. Toute maîtresse de maison à la page avait au moins une pièce aménagée *à la*[1] Makart, avec ses miroirs dorés, ses meubles en bois de rose et ses éventails en plumes de paon ; quiconque voulait suivre la mode, portait un chapeau à plume *à la*[1] Makart, et Katharina Schratt ne devait pas faire exception à cette règle. On se la représente très bien en train de dîner chez Sacher après le spectacle, arborant l'un de ces somptueux chapeaux de velours baissé sur ses yeux rieurs, des yeux qui promettaient tant de choses, mais n'en tenaient aucune : ses admirateurs ne tardaient pas à s'apercevoir que « la petite Schratt » n'avait pas la moindre intention de se laisser entraîner dans quelque aventure sentimentale que ce soit. Laube la faisait travailler dur, veillant sur elle avec la sévérité d'un père, l'essayant dans des rôles différents jusqu'à ce qu'il découvre qu'elle était instinctivement faite pour la comédie. Sans prêter attention à sa beauté, il exploita ses défauts, les grands pieds

1. En français dans le texte.

qui contrastaient avec la fragilité des mains et des bras ; ses allures de garçon ; sa voix profonde aux accents rugueux ; et son rire moqueur, si clair. Personne d'autre ne savait aussi bien être à la fois si comique et si charmante, si provocante et si mutine.

Ses progrès de comédienne passèrent presque inaperçus. Le magnifique printemps du Jubilé s'était terminé en catastrophe : l'ouverture de l'Exposition Universelle coïncidait avec un effondrement de la bourse et une série de faillites frauduleuses. La dépression se changea bientôt en panique. D'énormes sommes avaient été risquées sur l'exposition, mais les pluies de printemps empêchèrent de terminer les bâtiments à temps, embourbant les exposants et les restaurateurs installés sur les pelouses du Prater. Ceux qui avaient engagé leurs économies se réveillèrent un beau jour au bord de la ruine, et comme toujours les petits investisseurs furent les plus touchés et se retournèrent contre les promoteurs et les financiers qu'ils tenaient pour responsables de leurs pertes. Il y eut une vague de suicides, une atmosphère de désespoir et de mélancolie et les spectacles se jouèrent devant des salles vides. Pourtant dès le mois de septembre les Viennois avaient recouvré leur optimisme naturel.

Ce fut un automne chaud et ensoleillé. Une fois de plus, Johann Strauss dirigeait ses concerts dans les Volksgarten et les foules se massaient sur la Ringstrasse pour voir leur empereur parader aux côtés de ses visiteurs royaux. Ceux-ci vinrent nombreux et François-Joseph paya de sa personne. Chaque invité, depuis le prince héritier d'Allemagne jusqu'au plus obscur des princes des Balkans, était personnellement accompagné pour la visite de l'exposition. Certains d'entre eux, comme le Shah de Perse, avec sa suite couverte de bijoux et ses chevaux à crinière rose, donnèrent plus de joie aux foules que l'exposition elle-même. Mais pour l'empereur, ce fut une année terrible. La catastrophe boursière l'avait atteint intimement. L'homme le plus fier et le plus honorable du monde avait vu son propre frère, l'archiduc Louis-Victor impliqué dans une faillite frauduleuse et son aide de camp, le comte Folliot de Crenneville, endetté au point qu'il avait dû remettre sa démission. Malgré cela, l'empereur poursuivait sa tâche à sa manière, scrupuleux et désintéressé, réconforté par la présence de sa femme qui, dans les périodes de crises, venait toujours l'épauler et qui, malgré son aversion pour la foule et les cérémonies officielles, fut présente à toutes les occasions d'un bout à l'autre de l'année.

L'une des dernières obligations officielles du calendrier royal pour l'année 1873 était une représentation de gala au Stadttheater. Tout le monde pensait que, pour la première visite de Leurs Majestés au théâtre, on choisirait *Das Käthchen von Heilbronn* en raison de son succès populaire. Aussi accueillit-on avec beaucoup de surprise et non moins de réprobation la décision de Laube de donner une production entièrement nouvelle de *la Mégère apprivoisée*. Le rôle était traditionnellement confié à une actrice mûre, rousse ou brune. Le voir attribué à une blonde de vingt ans autorisée de surcroît à jouer sans perruque déclencha aussitôt des rafales de protestations de la part des protecteurs des autres dames de la troupe et l'on cria au favoritisme. Mais la *Mégère* fut l'un des plus grands rôles de Katharina Schratt et elle s'y montra la plus subtile et la plus parfaite des comédiennes. Dirigée par Laube, la Katherine de Shakespeare n'était plus une virago hurlante, réduite à la soumission par les coups et la faim, mais une fille pleine de malice, jalouse et capricieuse qui, en dépit de ses manières insupportables et de son mauvais caractère, avait un pouvoir de fascination suffisant pour que Petrucio sente que l'argent n'est pas le seul intérêt du combat. Personne, dans la salle, ne crut une seconde que Katherine était devenue au dernier acte une créature soumise et peureuse, prête à servir son mari comme une esclave ; interprétée par Katharina Schratt, c'était une femme qui prenait plaisir à être dominée par son compagnon mais qui triomphait en même temps dans la certitude d'avoir gagné son amour.

Le rideau tomba sur une tempête d'applaudissements. Katharina eut des rappels sans fin. Jamais public de gala officiel n'avait manifesté pareil enthousiasme. La petite Schratt faisait sensation et même ceux qui avaient jusque-là soutenu Dingelstedt voulaient bien admettre ce soir-là que Laube était le plus grand metteur en scène du monde. Leurs Majestés le firent venir dans leur loge et le félicitèrent pour cette représentation, mais il fut déçu car ni l'empereur ni l'impératrice ne dirent le moindre mot sur la jeune comédienne qu'il venait de révéler. « Es war sehr schön, es hat mir sehr gefreut » (C'était très bien et j'ai eu beaucoup de plaisir). C'est par cette phrase classique que l'empereur donna son avis sur chaque représentation, concert ou exposition où il se rendit tout au long de cette année. Sans doute était-il trop fatigué, et l'impératrice trop blasée, pour s'intéresser à ce qui se passait sur scène. Mais Katharina Schratt remarqua à peine l'indifférence de Leurs Majestés. Car pour la première fois Heinrich Laube l'avait félicitée, l'appelait « son petit oiseau de paradis » et lui disait qu'elle n'avait pas une seule rivale sur toutes les scènes de langue allemande.

LE « PETIT OISEAU DE PARADIS » DE LAUBE

Pendant trois ans le Stadttheater ne désemplit pas et Katharina Schratt approfondit sa popularité auprès du public viennois. Les photographes de la Kärntnerstrasse exposaient son portrait en vitrine et les chasseurs d'autographes se pressaient à la sortie des loges, mais les commanditaires de Laube n'avaient plus d'argent. L'effondrement de la Bourse de 1873 obsédait encore les esprits et la conjoncture était aux économies, ce qui contrariait les plans grandioses d'un metteur en scène de plus en plus intransigeant avec les années. On en arriva bientôt à la crise ouverte. Laube présenta sa démission et accepta ce qui ressemblait à une offre magnifique venue d'Amérique. Par loyauté envers Laube, Katharina Schratt suivit son exemple et quitta le Stadttheater au plus fort de son succès, se rendant à l'invitation du Théâtre royal allemand de Saint-Petersbourg. La capitale russe abritait une colonie allemande nombreuse et prospère et une grande partie de l'aristocratie, comme d'ailleurs la famille impériale, avait une part de sang allemand, ce qui assurait aux artistes invités des publics vastes et enthousiastes.

Le goût de l'aventure, la curiosité pour les pays inconnus et l'attrait d'un salaire comme elle n'en avait jamais gagné avec Laube, conduisirent Katharina Schratt en Russie. C'était un monde nouveau et passionnant pour une jeune femme de vingt-trois ans, très familiarisée avec les pièces et les romans des grands auteurs russes. Ici la séparation des classes n'était pas si nette, il n'y avait pas vraiment de *Erste Gesellschaft* et la populaire comédienne autrichienne fut accueillie dans les grands palais de marbre des bords de la Neva et submergée par une avalanche de cadeaux d'une magnificence toute orientale, ce que Mama Schratt aurait été la première à désapprouver. Katharina avait, par tempérament, un côté classe moyenne et confort viennois, qui la retenait d'être vraiment heureuse loin du *Steffel*[1]. Malgré les splendeurs de Saint-Petersbourg, elle se sentit aussi désorientée qu'à Berlin. Dès qu'elle apprit le retour de Laube au Stadttheater après une désastreuse tournée en Amérique au cours de laquelle un agent malhonnête s'était approprié la presque totalité des fonds, Katharina tourna le dos à l'opulence et aux scintillements de la capitale russe et revint auprès de son vieux mentor. Mais Laube n'était peut-être pas l'unique raison. Avant de quitter Vienne, elle avait vu son nom attaché à celui de l'acteur Alexander Girardi — une rumeur qui, du fait que Girardi était l'acteur le plus adulé de sa génération, avait reçu beaucoup d'échos. Il représentait pour la Vienne de son époque ce que serait plus tard Maurice Chevalier en France. Il se peut d'ailleurs que le célèbre canotier de Chevalier ait été inspiré par Girardi qui lança la mode de cette coiffure à Vienne au point qu'on n'en parlait plus que comme d'un « Girardi ».

Le plus aimable et le plus aimé des comédiens, il était l'ami et l'*alter ego* de Johan Strauss dont il interpréta quelques-unes des opérettes les plus réussies. S'il avait abouti à un mariage, son attachement pour Katharina Schratt aurait fait d'eux le couple le plus populaire de la scène allemande. L'idylle commença en

1. En dialecte viennois : le clocher de la cathédrale Saint-Etienne.

été 1878, mais malheureusement le printemps suivant vit l'arrivée de Nicholas Kiss von Itebbe à Vienne et cet Hongrois brun et beau dans son uniforme romantique fit totalement perdre la tête à Katharina qui se laissa emporter dans une histoire d'amour tumultueuse conduisant à un mariage désastreux. Vue de l'extérieur, cette union paraissait très avantageuse pour elle. Son fiancé descendait d'une famille de riches propriétaires de Temésvar et évoluait dans les cercles à la mode de la capitale autrichienne, mais la famille Kiss restait loin de la perfection. Le grand-père avait été condamné à mort comme général des armées révolutionnaires en 1848 et ses biens confisqués par la couronne. Les deux petits-fils, ayant récupéré leurs richesses, dépensaient la totalité de leurs revenus à Vienne, et perdaient même maints acres fertiles au Jockey Club. Katharina, qui avait eu le bon sens, quelques années plus tôt, de refuser sa main au jeune comte Coronini sous prétexte qu'elle ne voulait pas consacrer sa vie à un homme qui ne pourrait l'entretenir qu'avec ses gains aux cartes, se retrouvait irrévocablement amoureuse d'un joueur à la cheville duquel ce pauvre Coronini ne pouvait même pas espérer se hisser un jour.

Après des fiançailles passionnées, ils se marièrent à la fin de l'automne 1879 et s'installèrent dans un splendide appartement de quatorze pièces dans la Gumpendorferstrasse où Kiss, en homme du monde accompli, initia sa femme à l'art de la société, la formant en hôtesse parfaite dont les dîners à Hietzing seraient plus tard appréciés aussi bien des gourmets que des gourmands. En fier Hongrois qu'il était, il ne lui permit pas de continuer sa carrière d'actrice et, à cette époque, Katharina se sentait tellement soumise qu'elle obéissait à tout ce qu'il disait. Laube ne lui pardonna jamais cet abandon et ses relations avec le seul homme capable de faire d'elle une grande comédienne prirent fin avec son mariage. La scène et ses anciens amis lui manquaient. Nicholas passait ses journées au club ou sur les champs de courses, et comme elle ne savait que faire de son temps, elle se laissa délicieusement aller à dépenser de l'argent sans se rendre compte que, pour la première fois de sa vie d'adulte elle ne gagnait rien elle-même et que la jolie dot que lui avait donnée son père avait servi à éponger les dettes de jeu les plus voyantes de son mari.

En 1880 elle se trouva enceinte et la naissance d'un fils, Anton, ou Toni comme on l'appela bientôt, entraîna de nouvelles dépenses pour la chambre d'enfant, la layette achetée à Paris, la nurse anglaise... rien n'était trop beau pour le bébé de Katharina. Les soucis financiers suscitèrent des disputes et des reproches mutuels concernant les dépenses inutiles de chacun, à quoi vint s'ajouter la jalousie de Nicholas et Katharina, qui n'avait vécu depuis son enfance qu'entourée d'admirateurs, devait supporter de violentes scènes dès qu'elle osait rendre un sourire à un homme. Leur fils n'avait pas encore deux ans que déjà la situation s'était détériorée jusqu'à l'intolérable. Le grand amour avait dégénéré en chamailleries sordides et le couple décida de se séparer. Nicholas Kiss se précipita à Budapest comme les huissiers se présentaient chez lui et sa femme dut faire front toute seule à leurs créanciers. Ses parents, qui avaient durement souffert au moment du krach boursier ne pouvaient beaucoup l'aider, sinon en lui offrant leur toit, mais Katharina était déjà allée trop loin pour accepter de s'installer dans une vie bourgeoise à Baden, aussi décida-t-elle de revenir au théâtre. Après trois années d'absence, le retour s'annonçait difficile. Laube était à la retraite, le Stadttheater avait fermé ses portes, les règles rigides du Burgtheater en interdisaient l'entrée à toute comédienne ayant des dettes, et aucun autre théâtre n'était en mesure d'offrir un salaire susceptible de résoudre les problèmes d'une jeune femme dont le passif s'élevait à près de trente mille florins.

Une proposition fortuite du théâtre allemand de New York

lui donna l'occasion de fuir un temps cette situation qui menaçait de la décourager, malgré son optimisme naturel. Laissant Toni à ses parents, elle prit le bateau pour New York où elle débarqua en janvier 1882, affichée par ses producteurs comme « la Bernhardt allemande », titre qu'elle-même n'aurait jamais osé revendiquer.

Le théâtre allemand se trouvait dans le quartier peu élégant du Bowery, mais les critiques enthousiastes saluant « L'exploit de Mlle Schratt » dans Cyprienne du *Divorçons* de Sardou attirèrent en masse les habitués de Broadway au Thalia Theater. Un important chroniqueur qui regrettait le « manque de nouveauté » dans le théâtre à New York écrivait :

> Il y a une exception, le Thalia Theater où j'ai vu *Divorçons* dans une présentation très élégante et une interprétation à rendre jaloux les théâtres du centre. Tout le mérite en revient à Mlle Kate Schratt, vedette viennoise, et Herr Basserman, grand premier rôle à Berlin, qui ont atteint la perfection dans leurs personnages de femme légère et de mari sensible. Bien que le vieux Bowery soit aujourd'hui oublié, victime des caprices de la mode, le théâtre est plein tous les soirs des New-Yorkais les plus chics. Le public ira au bout du monde pour voir un bon spectacle.

Sur une photographie de Katharina Schratt prise devant un paysage de neige à New York, on la voit coiffée d'un chapeau à plumes et vêtue d'une robe de satin et d'un manteau bordé de fourrure, et elle paraît si jeune qu'on a peine à imaginer qu'elle a déjà trente ans et un mariage malheureux derrière elle. Le petit visage arrondi aux sourcils fortement accentués et au menton volontaire ne la fait ressembler en rien à la jeune première type. Elle est restée fidèle à elle-même, une fille toute simple de Baden dont le charme et la spontanéité ont su conquérir le public de New York, comme ils avaient conquis ceux de Berlin, de Vienne et de Saint-Petersbourg. Seule la barrière de la langue l'empêcha de devenir une vedette à Broadway, et la chaleur et l'amitié de ses admirateurs américains, pour la plupart d'origine allemande, l'aidèrent à retrouver la confiance qu'elle avait perdue l'année précédente. Plusieurs de ces jeunes gens timides et solides lui proposèrent le mariage et on peut imaginer qu'à certains moments, à la pensée des ennuis qui l'attendaient à Vienne, elle fut tentée de faire venir Toni près d'elle et de refaire sa vie en Amérique.

Mais de tels moments ne devaient pas durer longtemps. Rien ne pouvait vaincre sa détermination d'élever Toni en gentleman hongrois qui hériterait de ses biens libérés de la moindre dette. Pour le présent, ce programme semblait bien irréalisable et il fallait, pour s'y lancer, posséder des trésors de courage et d'optimisme. Pour Katharina Schratt, l'amour maternel était devenu un leitmotiv. La mère l'emportait sur l'artiste. Elle fut bientôt obsédée par l'idée de respectabilité. Et c'est à cause de cette idée qu'elle fit le sacrifice de rester liée à un homme qui sut parfaitement profiter de la situation jusqu'à la fin de ses jours.

Ses relations avec son époux rejeté demeurent ambiguës. Son adoration pour Toni, qui ressemblait à son père aussi bien par le caractère que physiquement, montre que son affection pour Nicholas Kiss n'était peut-être pas tout à fait morte et que par-delà toutes les désillusions elle lui avait conservé une place dans son cœur. Quand il se décida enfin à travailler et entra dans la carrière diplomatique, et elle avait très largement œuvré dans ce sens, ce fut elle qui trouva l'argent pour payer ses dettes et qui, année après année, essaya de le faire avancer dans la hiérarchie, bien que le rang le plus élevé qu'il pût atteindre fût celui de consul à Alger. Elle l'accueillait chez elle chaque fois qu'il venait en vacances, et ses plus proches amis ne l'entendirent jamais formuler la plus petite critique à son égard. Elle n'éprouva pas non plus de ressentiment envers ce mari qui, à force d'insouciance et d'égoïsme, avait épuisé en elle toute la passion dont elle était capable. Dans ses amitiés les plus vives et les plus affectueuses, dans ses amours, même, elle ne permit plus désormais à un homme quel qu'il soit de dominer sa vie. Elle eut d'innombrables flirts, quelques aventures discrètes et prudentes, mais elle ne perdit jamais de vue ses responsabilités envers Toni, même et surtout avec l'homme qui allait lui donner une place dans l'Histoire.

Lorsqu'elle revint à Vienne pour faire face à ses créanciers et tenter de reconquérir son public, elle avait trente ans. Le succès était venu si naturellement dans sa jeunesse, lorsqu'elle était la petite Kathi Schratt, gâtée et adorée, « l'oiseau de paradis » de Laube ! Mais le public autrichien est connu pour son inconstance et pendant son absence de nouveaux visages avaient séduit la scène viennoise. Ses trente mille florins de dettes continuaient de lui barrer la route vers son but ultime : devenir sociétaire du Burgtheater où Frau Kiss von Itebbe pourrait prendre place au milieu d'autres membres de la troupe titrés eux aussi, et profiter des privilèges réservés aux acteurs de la cour. Pour redonner un peu d'éclat à son nom, elle partit en tournée dans les villes de province. Au printemps 1883, elle joua au théâtre municipal de Czernovitz où le préfet de l'époque était un jeune comte Kielmansegg, l'un des nombreux Hanovriens entrés dans l'administration autrichienne après la guerre de 1866, et qui devait faire une brillante carrière.

Dans ses mémoires, le comte Kielmansegg consacre un chapitre à Katharina Schratt, qu'il avait vue pour la première fois en 1872 lors de ses débuts de comédienne au Stadttheater.

Déjà, il avait été frappé par la vigueur de sa personnalité et le naturel de son jeu. La seule chose qui, à ses yeux, gâtait le charme général, était la grandeur de ses pieds chaussés de souliers serrés sur des chaussettes blanches. Mais lorsqu'ils se revirent à Czernovitz, la comédienne accomplie avait depuis longtemps appris à camoufler ses défauts. Katharina était encore plus séduisante à trente ans que jeune fille. Le jeune préfet se sentit flatté lorsqu'elle lui demanda son aide pour obtenir des articles de faveur dans la presse locale. Aucun critique n'était assez obscur pour qu'on pût se permettre de l'ignorer, car chaque chronique devait s'ajouter à la collection de coupures de journaux qu'elle avait l'intention de montrer à Wilbrandt, le directeur du Burg.

Le comte Kielmansegg jette un éclairage intéressant sur la façon dont Katharina Schratt réussit à pénétrer dans la troupe du Burgtheater. Sa version de la première rencontre de la comédienne avec François-Joseph est très différente (et en même temps beaucoup plus crédible) de celle qu'on peut lire dans *La Vie de l'empereur* du comte Corti ou dans la préface du baron Bourgoing pour son édition très soignée des lettres adressées par François-Joseph à Katharina Schratt. Ni l'un ni l'autre de ces deux auteurs ne mentionne le nom de la personne qui a payé les dettes de l'actrice, lui permettant ainsi de faire son entrée au Burg. Tous deux semblent admettre l'explication fournie par son fils le baron Anton Kiss et peut-être même Frau Schratt en personne car, devenue une vieille dame honorable et immortalisée en tant que *gnädige Frau* de Schönbrunn, elle répugnait sans doute à se rappeler l'époque où elle entrait au Burgtheater grâce à l'aide d'un banquier juif et de ses amis.

Les commanditaires de Laube étaient pour la plupart des financiers juifs et Katharina entretenait des relations nombreuses avec le milieu riche et influent de la banque. Comme femme de Nicholas Kiss, elle avait reçu les plus grands noms de la *Zweite Gesellschaft* et, parmi eux, le plus important et le plus puissant de tous, le président de l'une des plus grosses sociétés minières d'Autriche, la Alpine-Montan Gesellschaft. Edward Palmer était un célibataire bon vivant et vieillissant doté d'un vaste appartement sur le Kolowratring où il aimait recevoir de jolies actrices ainsi que des dames de mœurs plus douteuses. Il était fort apprécié des jeunes élégants de la ville qui pouvaient compter sur sa discrétion lorsqu'ils lui empruntaient son appartement pour leurs rendez-vous clandestins et le prince héritier Rodolphe ne répugnait pas à utiliser les services de cet aimable juif car son mariage récent avec une princesse belge inexpérimentée ne l'avait pas guéri de ses habitudes de célibataire.

Palmer avait été un admirateur de Katharina Schratt dès les premiers jours de son mariage avec Nicholas et il rendait souvent visite aux Kiss. Katharina et lui s'étaient découvert un talent réciproque pour l'amitié comme on en trouvait peu dans leur milieu matérialiste. Lui, pour sa part, était sans doute plus qu'amoureux de cette charmante jeune femme qui allait montrer tant de courage dans l'adversité. Dès son retour à Vienne, elle s'adressa à lui pour lui demander son aide. Il la prodigua généreusement et librement, sans la moindre condition et sans même la suggestion qu'il pourrait devenir le « riche protecteur », un titre que d'autres se seraient sentis en droit de revendiquer. Mais la fortune de Palmer n'était pas sans limite et il avait lui-même trop de charges pour assumer personnellement la totalité de la dette. Aussi ouvrit-il une souscription auprès de ses amis, apportant pour l'exemple la participation la plus importante. La somme énorme de vingt-trois mille florins fut ainsi réunie en quelques semaines : quelle meilleure preuve de la popularité de Katharina Schratt, comme actrice et comme femme.

Il restait encore à trouver sept mille florins et, d'après le comte Kielmansegg, c'est à ce moment-là que Palmer se tourna vers son bon ami le baron Mayr, administrateur des fonds privés et des revenus des possessions impériales. Mayr, lui-même grand amateur de théâtre, fut prié d'intervenir auprès de l'empereur au sujet d'une jeune comédienne de grand talent que le directeur Wilbrandt souhaitait fortement voir entrer au Burg.

François-Joseph consacrait peu de temps et peu d'intérêt au théâtre mais il considérait le Burgtheater comme une affaire de famille et se sentait directement concerné par sa bonne marche. Katharina Schratt ne lui avait sans doute pas fait une grosse impression en tant qu'actrice mais il se souvenait de l'enthousiasme du public lors du gala de *la Mégère apprivoisée*. Bien peu au fait des choses de l'art, il s'en remettait au jugement de ceux en qui il avait confiance. L'un d'eux était justement le baron Mayr qui n'eut pas grand mal à persuader l'empereur d'aider de ses fonds privés une comédienne promise au Burgtheater. François-Joseph, qui n'avait jamais d'argent sur lui, avait si peu conscience de sa valeur qu'il se serait aussi bien départi de cinquante mille florins que de cinq cents. Econome, presque frugal, pour ce qui le concernait, il vivait dans un inconfort de spartiate au milieu d'une cour dépensière.

Au début de l'année 1884, Katharina Schratt avait réussi ce qui représentait une gageure six mois auparavant. Elle était devenue membre du Burgtheater, bien qu'elle dût attendre trois ans avant de mériter le titre convoité de *Kaiserliche und Königliche BurgSchauspielerin*, ainsi que tous les privilèges attachés à ce qui était virtuellement une pension royale. Tout naturellement, elle demanda audience à l'empereur pour le remercier de sa gracieuse bienveillance. A cette occasion elle semble avoir été si impressionnée par la magnificence du décor et le faste de la scène qu'elle en oublia totalement le compliment qu'elle avait appris par cœur et, se retrouvant face à l'empereur, elle ne sut que balbutier :

« Oh, mon Dieu, Majesté, j'allais vous dire de si belles choses et voilà qu'elles me sont complètement sorties de la tête. »

Ces mots, prononcés en joli dialecte viennois à la mode de Baden, étaient si naturels et si visiblement dépourvus de toute affectation que les doux yeux bleus de François-Joseph s'éclairèrent de plaisir. Enfin quelqu'un venait le reposer de toutes ces actrices de cour, de leurs attitudes étudiées, de leurs mines gracieuses et de leur diction subtilement modulée. Son sourire dissipa les terreurs de la jeune femme et lorsque celle-ci se retira, les gardes remarquèrent que l'audience avait duré beaucoup plus que les deux minutes et demi protocolaires.

Katharina Schratt avait dû raconter l'incident à Edward Palmer peu après et c'est par lui que le comte Kielmansegg en apprit les détails. Si l'on en croit l'autre version, celle du baron Bourgoing, la comédienne rencontra l'empereur pour la première fois lorsqu'elle vint lui adresser une supplique au nom de la famille Kiss qui souhaitait récupérer les revenus de ses terres confisquées en 1848 et rendues seulement quelques années plus tôt. Mais Katharina était bien trop intelligente pour se mêler d'une affaire qui, comme ses amis le lui firent sans doute remarquer, avait bien peu de chances d'aboutir favorablement ; de plus, parmi les papiers hérités par Anton Kiss et jusqu'ici inédits on trouve quelques brouillons de lettres adressées par sa mère à l'empereur qui ont une importance toute particulière puisque les lettres elles-mêmes n'ont jamais été retrouvées et ont très certainement été détruites.

L'un de ces brouillons montre tout à fait clairement que la famille Kiss n'a essayé d'utiliser Katharina Schratt qu'après qu'elle fût devenue l'amie de l'empereur. Dans une lettre non datée, la comédienne souhaite qu'on l'excuse pour un incident...

> dont [elle n'est] pas responsable. A mon retour de Schönbrunn après une promenade en compagnie

de Votre Majesté, j'ai été abordée par mon beau-frère, Elemér Kiss, à qui je n'ai pratiquement jamais adressé la parole jusqu'ici. Il me dit qu'il voulait me voir d'urgence pour un problème concernant également mon fils, et que, le lendemain, il devait être reçu en audience par Votre Majesté pour la prier de faire rouvrir le dossier d'une affaire qui a appauvri sa famille. Il voulait que je l'accompagne à cause de Toni. J'ai évidemment refusé. J'imagine fort bien l'horreur de Votre Majesté en me voyant paraître tout à coup. Vous auriez eu l'impression de voir surgir un fantôme.

Dans un second brouillon non daté mais certainement écrit quelques semaines plus tard, la comédienne déclare qu'elle joint le document que le frère de Kiss « m'a donné il y a quelques jours. Si je me permets l'audace d'un tel geste, c'est parce que tout cela me semble verbeux et peu clair ». Il semble que ce soit là tout ce que Katharina a bien voulu consentir pour aider la famille de son mari. La requête fut rejetée par François-Joseph sur les conseils du gouvernement hongrois et les autres tentatives d'Elemér Kiss pour relancer l'affaire se soldèrent par des échecs.

Lorsque le baron Bourgoing publia les lettres de François-Joseph à Frau Schratt, Anton Kiss, conseiller d'ambassade en retraite, vivait encore. D'un côté il avait profité des relations de sa mère avec l'empereur, mais d'un autre il en avait souffert. Il avait été gâté et choyé non seulement par elle mais aussi par François-Joseph qui accorda à l'enfant des faveurs qu'il refusait aux plus titrés du pays. Envoyé au collège Theresianum réservé à l'élite, où il semble avoir été bien accepté par les autres garçons, il se retrouva néanmoins plus d'une fois en butte aux jalousies et à la vindicte de ceux qui n'hésitaient pas à s'en prendre au fils pour atteindre la mère. Un enfant de douze ans qui reçoit des lettres anonymes a bien du mal à les oublier. Dans le cas de Toni, il en résulta, semble-t-il, une loyauté exagérée envers son père et une fierté peu justifiée pour ses ancêtres hongrois. En même temps, d'après les dires de Hugo Thimig, le célèbre acteur-metteur en scène qui joua avec Katharina, son fils éprouvait un déplaisir teinté de mépris à la voir liée au milieu du spectacle.

Toni et sa mère, qui vécurent plus de quarante ans après qu'elle ait pris sa retraite du Burgtheater, sont peut-être bien tous deux à l'origine de cette légende montrant la belle implorante venant voir l'empereur pour plaider la cause de sa famille persécutée. Mais, dans ce cas, François-Joseph lui aurait sans aucun doute montré beaucoup moins d'intérêt. Une chose lui plaisait plus que tout : la « brillante comédienne » décrite par le baron Mayr n'était en réalité qu'une jeune provinciale timide qui parlait le dialecte de Baden et qui avait le trac en sa présence. La curiosité poussa l'empereur jusqu'au Burgtheater afin de voir Katharina Schratt jouer pour la première fois dans *Dorf und Stadt* le rôle de la fille d'un aubergiste, délicieuse dans son costume de la Forêt Noire et jouant avec tant de verve et d'humour que François-Joseph, qui ne se détendait que très rarement, en fut ravi et amusé. Durant les longs mois d'hiver et de solitude, alors que l'impératrice voyageait au loin, il prit peu à peu l'habitude d'aller passer une heure ou deux au Burgtheater chaque fois qu'il avait une soirée de libre, et, comme par hasard, Katharina Schratt jouait toujours ces soirs-là.

« LES HEURES INOUBLIABLES DE FRAUENSTEIN »

L'un des événements les plus éclatants du carnaval de Vienne fut le *Industriellenball* qui se tint, avec l'autorisation de l'empereur, dans la grande *Redoutensaal* de la Hofburg. C'était là une des rares occasions pour les diverses classes de se côtoyer ; ainsi l'empereur et les archiducs pouvaient-ils rencontrer femmes et filles de la bourgeoisie. L'impératrice en était toujours absente et la plupart des membres de l'aristocratie y venaient sans se faire accompagner de leurs épouses. Mais le monde des affaires et de l'industrie, les milieux judiciaires et artistiques s'y trouvaient largement représentés et on voyait à ce bal les plus jolies femmes de Vienne. Les dames du Burgtheater faisaient partie des privilégiés qui pouvaient se tenir sur l'estrade d'honneur et être présentés à l'empereur.

Ce fut au cours du *Industriellenball* de février 1885 que François-Joseph rencontra Katharina Schratt pour la seconde fois et échangea avec elle une conversation que tout le monde remarqua comme étant particulièrement animée. Des témoins ont rapporté qu'elle était ce soir-là au sommet de sa beauté, dans une robe de satin blanc au décolleté orné d'un bouquet de jasmin et de roses, et l'empereur avait bien du mal à s'éloigner d'elle.

L'année précédente n'avait apporté que des bonheurs à Katharina. Libérée de ses dettes, jouissant d'un salaire confortable, sans toutefois être exagéré, elle avait les moyens de garder Toni chez elle et d'avoir un train de vie que sa mère, veuve maintenant, trouvait extravagant, mais qu'elle-même considérait comme parfaitement normal. Elle avait regagné le cœur du public viennois et, ce qui était encore plus méritoire, elle avait su s'attirer les grâces de ses collègues de théâtre. Hugo Thimig, tout comme l'actrice Rosa Albach-Retty, qui mourut en 1980 à l'âge de 103 ans, en parlait comme de *ein lieber Kerl* (un brave type), expression qu'on attribue plus souvent à un homme qu'à une femme, et qui dénote une nature généreuse et chaleureuse sans aucune mesquinerie ni pointe d'hypocrisie.

Elle entraînait dans son sillage toute une troupe d'admirateurs tels que le loyal et dévoué Palmer et les trois élégants frères Baltazzi, Hector, Aristide et Alexander qui grâce à leur prodigalité, leur talent d'écuyer et leur mariage avec l'aristocratie hongroise, avaient réussi à se frayer un chemin dans une classe qui n'acceptait pas d'habitude ceux qui, comme eux, descendaient d'une douteuse origine levantine. Elle avait su également charmer le comédien Alexander Girardi, alors au sommet de sa gloire, collaborateur de Johan Strauss au Theater an der Wien. Mais le plus fascinant de tous ses admirateurs était le fameux comte Hans Wilczek, personnage de la Renaissance italienne plutôt que du Vienne des années 1880. Il était tout ensemble explorateur et mécène, libéral et humaniste ; et, durant la guerre austro-prussienne de 1866, il s'était engagé comme simple soldat pour connaître et faire connaître les rigueurs endurées par les hommes du rang. De nos jours, il reste celui qui a fondé la caisse d'épargne autrichienne dont il fut le premier président, et celui qui a fait construire Kreuzenstein, réplique parfaite d'un château médiéval dont il demeura propriétaire et qu'il remplit de trésors achetés dans toute l'Europe.

Lorsqu'il rencontra Katharina Schratt, Wilczek approchait la cinquantaine. Il s'était marié à l'âge de vingt ans avec une belle Vénitienne et avait de nombreux enfants et petits-enfants. Il ne comptait plus ses aventures et on le considérait encore comme irrésistible auprès des femmes. Mais son histoire d'amour avec Katharina Schratt semble avoir été plus sérieuse et plus durable que de coutume, au point même de figurer dans les souvenirs de la famille. Le décor n'en fut pas Kreuzenstein, mais Moosham, un autre château qu'il avait acheté en ruine et restauré pour son usage personnel, mais qu'il n'ouvrit à sa famille que bien des années plus tard.

Là, au fond des bois de Carinthie, s'est épanouie une relation dont on ne sait pratiquement rien. C'est seulement après la mort de Wilczek que les vieux gardiens montrèrent à ses enfants les chambres où Katharina Schratt et son petit garçon venaient passer les mois d'été. Toni Kiss se souvenait avoir logé à Moosham dans son enfance, et avoir admiré les armures rutilantes et les trophées de chasse accrochés aux murs. Mais sa mère n'avait pas pour habitude de se laisser aller aux confidences. Aux yeux de ses admirateurs, sa discrétion était peut-être l'un de ses charmes les plus captivants.

Il y a tant de choses que nous aimerions savoir. Combien de temps dura cette aventure entre Katharina Schratt et Wilczek avant de se stabiliser dans une amitié suffisamment complice pour déclencher la jalousie de l'empereur ? D'ailleurs, Katharina n'était pas la seule cause de la jalousie qu'éprouvait l'empereur à l'encontre de Wilczek. Le jeune prince héritier Rodolphe avait une énorme admiration pour cet aristocrate libéral dont les idées politiques étaient diamétralement opposées à celles qu'affichait l'entourage borné de son père et la plupart des savants ou des philosophes juifs que Rodolphe considérait comme ses amis lui avaient été présentés par Wilczek. L'influence du comte fut tout à fait salutaire. Tout comme il avait influencé Rodolphe il influença Katharina Schratt qui commença à s'intéresser à la culture et à la politique. Sur les conseils de Wilczek, elle entreprit de réunir des meubles anciens et de fréquenter les musées et les galeries de peinture. Mais leur lien le plus fort était leur amour de la nature et de l'alpinisme qu'elle n'abandonna qu'à un âge assez avancé et que l'empereur, lui-même ardent alpiniste, semble avoir toujours désapprouvé. On peut se demander si Wilczek ne l'accompagnait pas quelquefois dans ce que François-Joseph appelait « ces expéditions hasardeuses et inutiles ».

Il a bien dû y avoir un moment où Katharina fut amoureuse de Hans Wilczek, ou peut-être son mariage avait-il été trop douloureux et trop éprouvant pour qu'elle s'abandonnât à des sentiments aussi forts envers un homme qui appartenait à un monde totalement différent et qui avait tant d'autres obligations ? Leur aventure commença au début des années 1880 et il semble que ses visites régulières à Moosham aient pris fin en 1885, quand, après une année de succès passée comme artiste invitée au Kurhaustheater de Ischl, elle loua pour l'été suivant une maison sur le Wolfgangsee.

Les représentations qu'elle donna au Kurhaustheater furent parmi les meilleures de sa carrière. Elle avait Alexander Girardi pour partenaire et leur talent ne pouvait rêver meilleur support que *le Dissipateur (Der Verschwender)* de Raimund. Même Hugo Thimig, qui d'ordinaire ne se comptait pas parmi ses admirateurs, écrivit : « Kathi a fait merveille dans le rôle de Rosl. Elle était fraîche, jolie et délicieuse. » L'empereur, qui passait toutes ses vacances à Ischl, a dû se rendre plus d'une fois au théâtre mais il ne reste rien de leurs rencontres. De la même façon, rien ne prouve qu'il ait essayé d'entrer en contact avec Katharina Schratt après la soirée du Industriellenball. Mais, au cours de l'année qui venait de s'écouler, ses visites au Burgtheater étaient devenues si régulières que la comédienne se permettait de lui adresser un sourire depuis la scène, si bien que ses collègues, pourtant bien disposées à son égard dans les débuts, commencèrent à montrer les premiers signes de jalousie. La direction décida d'inclure Katharina Schratt dans la troupe réduite des comédiens qui joueraient à Kremsier, non pas à cause de la visite de jadis à Saint-Pétersbourg, mais parce qu'on la savait déjà l'actrice favorite de Sa Majesté.

Tout changea lors de la rencontre à Kremsier en 1885, et en grande partie parce que l'impératrice comprit soudain que son mari pouvait éprouver des émotions dont elle-même ne se sentait plus capable. Au cours des premières années de son mariage, Elisabeth s'était montrée d'une jalousie si extrême envers François-Joseph qu'elle ne supportait même pas qu'il posât le regard sur une autre femme. Sa mésentente avec sa belle-mère, la redoutable archiduchesse Sophie, avait surtout pour origine cette jalousie. Elle avait fermement tenu tête à Sophie lorsque celle-ci avait insisté pour qu'elle se plie aux règles de la cour et paraisse en public même pendant ses grossesses, c'est-à-dire disgraciée, pensait-elle. Porter des enfants ne fut d'ailleurs jamais du goût d'Elisabeth qui avait peur à chaque fois que sa beauté en souffrît, cette beauté qu'elle chérissait plus que tout. La vie conjugale lui devint rapidement pénible et, malgré son adoration, François-Joseph qui était un jeune homme normal et vigoureux, se consola bientôt auprès d'autres femmes. Il manquait parfois de prudence dans ses choix. Un incident éclata en 1861 lorsque l'impératrice fut atteinte d'une maladie mystérieuse à laquelle les médecins refusèrent de donner un nom mais dont on s'accorda pour attribuer la responsabilité à l'empereur. Elle se réfugia immédiatement à Madère et les relations entre mari et femme devinrent si tendues qu'Elisabeth ne put se résoudre à passer plus d'une semaine à la fois sous le toit conjugal.

La défaite de l'Autriche contre la Prusse en 1866 la ramena à Vienne, lui rappelant ses devoirs envers son mari et son pays. La naissance de leur dernière fille, Valérie, consacra leur réconciliation – une réconciliation qui ne manquait pas d'arrières-pensées politiques. Voyant l'Autriche au plus bas, les hommes d'État hongrois Julius Andrássy et Franz Deák jugèrent le moment venu pour les deux pays d'oublier les blessures de 1848 et de faire la paix. Et ce fut Elisabeth, qui aimait la Hongrie bien plus profondément que l'Autriche, qui persuada son mari de négocier avec des hommes qu'il avait jadis condamnés pour rébellion. Le compromis historique ou *Ausgleich*, qui voyait la création de la double monarchie et donnait aux Hongrois une autonomie complète pour toutes les affaires intérieures, ne vit le jour que grâce à l'impératrice qui, après cette contribution apportée à l'empire, regagna une fois de plus son univers imaginaire, tournant le dos à sa famille et à ses responsabilités.

Tout l'amour dont elle se sentait encore capable fut consacré à son plus jeune enfant, Valérie, qu'elle accabla d'une adoration étouffante et possessive. Il lui restait tout de même de l'affection pour son mari, et une certaine reconnaissance. Lui eût-on demandé si elle l'aimait, elle aurait sans doute répondu par l'affirmative. Au cours de ses séjours de chasse en Angleterre, elle trouvait encore le temps d'écrire, le priant de venir la rejoindre pour quelques semaines et de ne pas se laisser réduire à l'esclavage par le travail. En rentrant de l'une de ses croisières en Méditerranée, elle aurait été amèrement déçue s'il n'avait pas été là, à l'attendre à Miramare, le château près de Trieste qui avait jadis appartenu à son frère Maximilien, le malheureux empereur du Mexique. Elle trouvait tout à fait naturel l'amour désintéressé et patient de François-Joseph et, dans un accès de clairvoyance, elle admit un jour : « La vie aurait été difficile pour moi, si je n'étais pas devenue impératrice. »

Parfois, elle se rendait compte du peu qu'elle donnait en retour à son mari et en concevait alors une sorte de remords. Ce fut dans un de ces moments-là qu'elle envisagea Katharina Schratt comme une compagne divertissante et agréable susceptible de réchauffer le cœur de l'empereur et de le distraire de sa solitude. L'idée ne vint jamais à l'esprit d'Elisabeth que son mari pût finalement tomber amoureux de la jolie comédienne, l'amour était réservé aux beaux jeunes gens évoluant dans les champs élyséens et non à un empereur vieillissant et grognon avec des pattes d'oie au coin des yeux. Elle avait eu connaissance, sans s'en offusquer, des histoires de femmes conduites en secret à la Hofburg et largement récompensées pour leurs services avant d'être renvoyées. Mais aucune femme de la Première Société ne pouvait se vanter d'avoir été la maîtresse de l'empereur, et d'ailleurs Elisabeth ne l'aurait pas supporté. De la même façon, elle ne permit jamais aux archiduchesses qui la représentaient pendant son absence d'être traitées avec les honneurs dus à une souveraine en exercice — un bien curieux trait de caractère chez une femme qui affichait son mépris pour la pompe et le protocole.

Durant l'année 1885-1886, l'impératrice demeura plus longtemps que de coutume à Vienne car sa fille Valérie grandissait et une série de *Hofbälle* (bals de Cour) fut donnée à la Hofburg où seuls les amis de sa fille et les jeunes gens de la Cour étaient invités. L'impératrice voulut faire un effort pour mettre ses jeunes convives à l'aise, mais elle était trop belle et trop lointaine et ne réussit qu'à les intimider. A l'inverse, François-Joseph, qui appréciait la compagnie de la jeunesse, se montra des plus charmants et des plus détendus, si bien qu'ils rentrèrent chez eux avec la certitude que l'empereur était de loin le plus abordable. Elisabeth accompagna aussi sa fille au Burgtheater, mais alors que jusque-là elle n'y avait applaudi que Sonnenthal ou Tewerle dans Shakespeare, elle l'emmena voir

Katharina Schratt jouer *Dorf und Stadt*, et la chaleur et la spontanéité de la comédienne la charmèrent tout autant qu'elles avaient charmé François-Joseph.

Elisabeth se montra bonne en encourageant une amitié qui n'aurait jamais existé sans son aide. Montant sur le trône à l'âge de dix-huit ans, François-Joseph n'avait jamais eu le temps de cultiver des amitiés. Sa mère lui avait appris qu'aucun membre de son entourage ne devait devenir indispensable : « Un empereur doit être capable de changer de ministres comme il change de gants. » Ses frères eux-mêmes le craignaient. Son fils unique était plus ou moins devenu un étranger et même son Premier ministre, le comte Taaffe, affable aristocrate bohémien d'origine irlandaise, pourtant camarade de jeunesse, n'aurait jamais osé intervenir dans sa vie privée.

Il fallut beaucoup d'intuition et d'imagination à Elisabeth pour préparer le chemin en commandant au peintre de la Cour Heinrich von Angeli un portrait de la comédienne dans l'intention d'en faire cadeau à l'empereur. Von Angeli était un artiste conventionnel et irréprochable qui suivait la tradition de Winterhalter en se spécialisant dans les portraits des souverains et de l'aristocratie, et c'était un immense privilège pour la jeune comédienne de prendre place parmi ses modèles. C'est seulement lorsqu'il fut presque achevé que Katharina apprit à qui le portrait était destiné.

Le 20 mai 1886, elle posait pour la dernière fois chez von Angeli, bavardant librement des potins du jour, de l'enthousiasme de Girardi concernant son rôle dans la prochaine création de Johan Strauss *Le Baron Tzigane*, du costume qu'elle porterait au bal de charité de la princesse Metternich – lorsque l'artiste l'informa que Leurs Majestés devaient venir ce matin même pour voir le tableau achevé. Il fut surpris de constater qu'elle était terrorisée à l'idée de rencontrer l'impératrice plus encore que l'empereur, – et de l'entendre demander l'autorisation de se retirer avant leur arrivée. Mais la voiture se présentait déjà à la porte, von Angeli se précipitait dans l'escalier et Katharina, transie de peur, se retrouva en train de faire la révérence devant ce qu'elle décrivit par la suite comme le plus beau visage qu'elle ait jamais vu.

Si l'on excepte la brève rencontre à l'archevêché de Kremsier, elle n'avait vu l'impératrice qu'à travers les feux de la rampe ou passant en voiture découverte sur le Ring — une apparition plutôt qu'un être humain. Mais maintenant Elisabeth lui souriait avec ce sourire envoûtant qui faisait naître des reflets d'or dans ses yeux bruns, et la voix qui lui parlait était si douce et si caressante qu'on avait peine à l'imaginer donnant un ordre. On ne pouvait admettre que cette femme approchât la cinquantaine. Les cheveux relevés sous le petit bonnet avait encore les nuances chaleureuses de la jeunesse ; la silhouette bien dessinée dans la robe moulante, car l'impératrice ne se pliait jamais aux modes, restait celle d'une jeune fille. Seule la peau montrait les premières atteintes de l'âge à cause des longs séjours à la chasse ou au bord de mer ; et aucun artifice ne venait dissimuler les minuscules rides aux coins des yeux et de la bouche.

Malgré sa grande amabilité — et l'impératrice fut parfaite avec les artistes, admirant le portrait et félicitant aussi bien le peintre que le modèle — Katharina la trouva mille fois plus impressionnante que l'empereur. En présence d'Elisabeth, la comédienne gâtée et adulée se sentait aussi maladroite et incongrue que le plus jeune des invités des *Hofbälle*. Elle ne se débarrassa jamais totalement de ce sentiment, même après que la tragédie de Mayerling les eût rapprochées, l'impératrice la traitant alors comme une amie sur qui on peut se décharger de certaines responsabilités.

Nul ne pouvait rencontrer Elisabeth sans tomber sous son charme. Même ses dames de compagnie, durcies et aigries par des années de dévotion à une maîtresse qui, enfermée dans un égoïsme monstrueux, se souciait peu de leurs sentiments d'êtres humains ordinaires, souhaitaient néanmoins continuer à gâcher leur vie à son service, et la comédienne qu'elle favorisait de sa gentillesse et de ses attentions se sentait tout à fait prête à devenir une adoratrice de l'impératrice souveraine. Mais la nature même de l'amitié encouragée par Elisabeth ne pouvait que rendre impossible à Katharina Schratt d'aimer l'empereur sans reprocher à sa femme sa froideur et son manque d'égards pour lui. Elle était elle-même trop normale pour entrer dans les humeurs et les obsessions des Wittelsbach et plus d'une fois François-Joseph prit la défense de sa femme dans ses lettres à son amie : « Quand vous la connaîtrez vraiment, vous comprendrez à quel point elle est merveilleuse. » C'est seulement après la mort d'Elisabeth que Katharina Schratt s'aperçut qu'elle devait beaucoup à l'impératrice car, privée de sa protection, elle se retrouva la cible de toutes les calomnies et mesquines humiliations dont est capable une Cour jalouse.

L'impératrice ne s'était jamais montrée aussi flatteuse envers von Angeli que durant cette visite à son atelier. Sa gracieuse condescendance alla même jusqu'à passer en revue toutes ses œuvres, laissant ainsi à l'empereur le loisir de parler à Frau Schratt qui, bientôt, se mit à bavarder avec lui sans le moindre signe de timidité ou de crainte. En sa compagnie, François-Joseph, d'ordinaire si parfaitement formaliste, semblait aussi détendu que s'il s'entretenait avec une amie de sa fille. Il semble bien que le secret de sa séduction fut, chez Katharina, cette jeunesse spontanée où paroles et éclats de rire jaillissaient, sans retenue ni calcul. Une telle qualité n'avait rien à voir avec la beauté, bien qu'à trente-deux ans la comédienne restait merveilleusement jolie et désirable, avec une fraîcheur et un épanouissement qui ne pouvaient qu'attirer un homme mûr dont la femme ne partageait plus le lit depuis plus de dix-huit ans.

Au bout de cette matinée, Katharina dut se rendre compte que quelque chose s'était produit qui allait changer totalement le cours de sa vie. L'empereur lui avait demandé quels étaient ses projets pour l'été et elle lui avait répondu qu'elle avait loué une maison dans le Salzkammergut sur le Wolfgangsee, sur quoi il avait ajouté qu'il viendrait lui rendre visite depuis sa résidence d'été à Ischl. Elle n'y crut pas sérieusement mais, juste avant de partir, il lui demanda l'adresse de la maison de vacances, et, une fois de plus, elle eut l'impression que cette viste avait été préméditée et que les événements se déroulaient sans qu'elle pût rien en contrôler.

Deux jours après, le bijoutier de la Cour livra un petit paquet qu'accompagnait une lettre. Dans celle-ci l'empereur, qui signait « Votre admirateur dévoué », écrivait : « Je vous prie de bien vouloir accepter ce petit présent comme l'expression de ma gratitude après que vous ayez bien voulu prendre la peine de poser pour von Angeli. Je vous assure que je ne me serais pas personnellement permis de vous demander un tel sacrifice, et mon plaisir de posséder ce précieux cadeau n'en est que plus grand. » Le « petit présent » était une splendide bague d'émeraude, suffisamment grosse pour impressionner une comédienne pourtant habituée aux cadeaux coûteux. Mais la simplicité et la pudeur du message la touchèrent encore plus que la bague. Deux semaines plus tard, le 6 juin, un second message arriva dans lequel l'empereur la priait de l'excuser pour ce nouveau dérangement et lui demandait des détails sur la date de son départ de Vienne et sur celle à laquelle il pouvait être certain de la trouver à Sankt Wolfgang. A sa manière précise et bureaucratique, François-Joseph lui demandait de répondre aux questions suivantes : Quel était le nom de la maison qu'il avait stupidement oublié ? Combien de temps fallait-il prévoir pour s'y rendre à pied depuis Sankt Wolfgang ? Et y résiderait-elle déjà au début de juillet ou seulement plus tard ?... Cette fois, la lettre de l'empereur était signée « Votre dévoué François-Joseph » et elle marquait le début d'une correspondance qui allait durer près de trente ans. Malheureusement, la plupart des lettres écrites par Katharina semblent avoir été détruites, mais si l'on en juge par les quelques brouillons qui ont survécu, elle se montra une épistolière fascinante pleine d'esprit et d'humour, avec un mélange de puérilité et de bon sens propre à ravir l'empereur.

Comme elle a dû corriger et réécrire ses premières lettres ! Comme elle a dû multiplier les questions auprès de ses amis pour savoir comment on s'adresse à un empereur ! Mais au bout de tout cela, elle a probablement décidé d'écrire à sa manière à elle, lui répondant tout simplement qu'elle irait à Karlsbad vers la fin de juin et qu'elle serait à Schloss Frauenstein après la première semaine de juillet.

Elle venait juste d'arriver, ses malles encombraient encore l'entrée, lorsqu'un messager se présenta à la porte ; la lettre qu'il apportait depuis la Villa Kaiser disait que, sauf objection de sa part, Sa Majesté viendrait lui rendre visite le lendemain à huit heures et demie du matin. Cet horaire aurait pu surprendre mais Katharina avait été prévenue que l'empereur se levait tôt et, dans un moment de distraction, pour lui faire plaisir, elle lui avait dit qu'il en était de même pour elle et qu'elle adorait sortir dans l'air frais du matin. L'empereur s'excusait d'ailleurs de se présenter à une heure aussi inhabituelle, « mais je sais que vous êtes déjà debout à ce moment-là, et c'est le seul où je peux moi-même échapper à mes devoirs ». Katharina connaissait François-Joseph depuis douze ans quand elle trouva enfin le courage de lui avouer que ses nerfs ne pouvaient plus supporter la tension de ces visites matinales. Un empereur qui se couchait à huit ou neuf heures du soir et se levait à l'aube pouvait trouver cela naturel, mais c'était par trop difficile pour une comédienne en vogue, bien décidée à profiter de la vie en société et des soupers après le théâtre, d'être habillée, coiffée et au meilleur de son charme à sept ou huit heures du matin, pour divertir l'empereur avec les derniers potins de la ville.

Schloss Frauenstein, situé au-dessus de Sankt Wolfgang, ressemblait plus à une villa qu'à un château et son principal attrait résidait dans sa situation, au milieu des bois et des prairies avec vue sur le lac. On y accédait par un petit sentier qui conduisait au village où François-Joseph abandonna sa voiture pour terminer l'ascension à pied dans ce matin ensoleillé de juillet 1886. C'était pour lui une expérience passionnante et nouvelle que d'aller rendre visite à une comédienne chez elle. Vêtu du costume tyrolien local, c'est-à-dire les pantalons de cuir et les grosses chaussettes, il ressemblait à n'importe quel gentleman d'âge mûr en vacances d'été. Mais il ne croisa personne sur la route qui ne reconnût immédiatement son empereur car François-Joseph était aimé dans ces régions comme nulle part ailleurs dans son empire.

Katharina Schratt mit un point d'honneur à se montrer bonne ménagère. Elle était réputée pour les mets délicieux qu'elle servait à ses invités, mais François-Joseph avait choisi un dimanche pour sa première visite et elle ne savait plus à quel saint se vouer pour trouver quoi lui offrir en guise de petit déjeuner. La cuisinière ne put que pleurer en constatant que tout était fermé le samedi. Elle manquait de cigares et tout le monde savait que Sa Majesté adorait fumer le matin. Mais l'hôtesse souriante qui accueillit l'empereur à la grille de Frauenstein ne trahit pas le moindre signe de nervosité et il fallut moins d'une minute pour que François-Joseph se retrouvât installé dans un confortable fauteuil, à écouter Katharina lui parler comme si elle l'avait toujours connu, lui dévoilant un monde qu'il ignorait presque totalement, le monde luxueux et insouciant de la « Deuxième Société », le régalant des anecdotes intimes du Burgtheater et des anecdotes internationales du casino de Karlsbad. Par ses imitations cocasses et ses commentaires impitoyables sur les critiques et les metteurs en scène, elle fit rire l'empereur comme il n'avait ri depuis des mois. Et puis, soudain, elle changea et devint la jeune mère pleine de fierté faisant venir son fils de six ans pour le présenter et glissant en confidence que sa plus grande ambition était d'envoyer Toni au Theresianum College.

Le petit déjeuner, offert avec tant de modestie et accepté avec tant d'ardeur, fut magnifique. Même les cigares, pourtant médiocres, devenaient excellents, fumés en compagnie d'une jeune femme délicieuse qui pendant un court moment escamotait les piles de dossiers en attente sur la table de travail, à Ischl. Ce dimanche matin 9 juillet 1886 inaugura une série de visites dont François-Joseph parlait comme de « ces heures inoubliables de Frauenstein ».

L'HÉRITAGE DES WITTELSBACH

Le 18 août de chaque année, les enfants de l'empereur se réunissaient à Ischl pour fêter l'anniversaire de leur père. A cette occasion, l'impératrice elle-même faisait l'effort d'être présente. Mais chaque année il était de plus en plus douloureusement visible que le plaisir laissait la place au devoir et François-Joseph devait repenser avec nostalgie à ces heureux anniversaires de son enfance où ses parents habitaient encore la vieille Villa Eltz, avant que sa mère fasse construire l'immense et fastueuse Villa Kaiser et la lui donne en cadeau de mariage.

L'impératrice détestait Ischl qui lui rappelait sa belle-mère. Elle n'était en bons termes avec aucun de ses grands enfants. Elle ne s'était jamais intéressée à Gisela qui avait épousé à dix-huit ans le prince Léopold de Bavière et s'occupait de ses enfants : rien ne déprimait davantage Elisabeth que lorsqu'on lui parlait de ses petits-enfants. Rodolphe était tombé en disgrâce le jour où, lors d'une visite en Angleterre, il avait osé critiquer sa conduite et ses amis. Elle ne pouvait supporter sa belle-fille, qu'elle qualifiait de « grosse jument des Flandres », et malgré ses infidélités, Rodolphe se montra suffisamment chevaleresque pour défendre sa femme contre les cruels sarcasmes de sa mère. Valérie était la seule à tenter d'égayer un peu l'anniversaire de son père. Mais ses efforts échouèrent, car en cet été 1886 l'impératrice était encore hantée par la tragédie du dimanche de la Pentecôte où par une nuit glaciale, son cousin, le roi Louis de Bavière, avait été trouvé mort dans les eaux pourtant peu profondes du lac de Starnberg.

A l'époque, Elisabeth se trouvait en Bavière, résidant de l'autre côté du lac à Feldafing et elle demeura obsédée par l'idée que Louis avait essayé de la rejoindre dans sa tentative désespérée d'échapper à ses gardiens. Ce roi, qui avait apporté tant de beauté dans un monde terre à terre, qui s'était identifié à Richard Wagner, le plus grand génie musical de son siècle, on l'avait déclaré fou et interné comme un vulgaire criminel, et l'homme qui avait signé le mandat d'arrêt n'était autre que le beau-père de Gisela, le régent de Bavière. Au temps où Elisabeth était encore une jeune femme normale, elle considérait son cousin comme un excentrique dont on pouvait se moquer ou sur qui il était permis de s'attendrir, mais qu'on ne devait surtout jamais prendre au sérieux. Elle avait partagé la colère de sa mère au moment où il avait rompu avec sa jeune sœur Sophie quelques jours seulement avant le mariage. Mais au cours des dernières années, alors que l'approche de la ménopause aiguisait l'instabilité latente qui caractérisait toute la famille, elle s'était découvert des affinités avec ce cousin qui vivait lui aussi dans un monde imaginaire, faisant surgir des châteaux de contes de fées au sommet des montagnes les plus inaccessibles et entrant en communication avec le fantôme de Marie-Antoinette dans un Versailles miniature érigé sur un lac bavarois. Les frères d'Elisabeth affirmaient que le roi Louis était fou et que ses lubies et ses extravagances ruinaient le pays. Quant à sa mère, qui n'avait jamais pardonné l'affront fait à Sophie, elle l'accusa d'avoir des vices contre nature. Mais le petit peuple aimait le roi et les histoires du beau prince-cygne avaient déjà leur place dans leurs légendes. Personne ne mentionnait le médecin étranglé dont on avait retrouvé le corps tout près de lui, dans la boue du lac de Starnberg.

La réaction à la mort de son cousin atteignit chez Elisabeth un tel degré d'hystérie que ses enfants se posèrent pour la première fois des questions sur sa santé mentale. Le soir du jour où elle apprit la nouvelle elle s'enferma dans sa chambre et Valérie qui vint la voir un peu plus tard la trouva étendue de tout son long sur le parquet, sanglotant et priant « le grand Jehovah, le dieu de vengeance, le dieu d'espoir, le dieu de sagesse ». Les cris de terreur de sa fille la ramenèrent à la réalité et, avec beaucoup d'embarras, Elisabeth essaya d'expliquer qu'elle s'était tourmentée à essayer de comprendre les impénétrables voies du Seigneur et le rachat dans l'au-delà. On ne s'étonnera pas que Valérie ait préféré l'affection calme et pudique de son père à ces scènes à la fois pathétiques et terrifiantes. Mais elle avait trop de loyauté pour parler de sa mère avec son frère ou sa sœur et elle se trouva bien embarrassée lorsqu'ils l'accablèrent de questions auxquelles elle ne savait comment répondre. Gisela, pour sa part, était une jeune femme normale et sensible qui aurait aimé venir en aide à sa mère mais celle-ci la traitait d'une manière glaciale et lui faisait partager la responsabilité de son beau-père, le régent, dans le sort réservé au roi ; quant à Rodolphe, que Louis avait aimé comme un frère, chaque fois qu'il entrait dans la chambre de sa mère, Elisabeth éclatait en interminables sanglots.

L'empereur était bien le seul à refuser d'admettre qu'il y avait quelque chose d'anormal chez sa femme. A cette époque où Vienne pouvait s'enorgueillir des meilleurs neurologues du monde, et où Wagner-Jauregg expérimentait de nouvelles méthodes de traitements pour les malades mentaux, les médecins de l'impératrice ne trouvèrent rien de mieux pour soigner ses nerfs que de l'envoyer de ville d'eau en ville d'eau, ce qui, ajouté aux diètes très strictes qu'elle s'imposait, ne fit qu'augmenter son déséquilibre.

Elle fit malgré tout l'effort de se rendre à Ischl pour l'anniversaire de l'empereur qui lui manifesta une touchante reconnaissance et eut la joie de parcourir avec elle les rues décorées de fleurs sous les acclamations de ses fidèles sujets agitant des drapeaux noirs et jaunes. Mais ce qui l'émut plus que tout, ce fut l'intérêt qu'elle porta à Katharina Schratt, en faisant tout pour la protéger des ragots, en accompagnant son mari lors d'une de ses visites à Frauenstein, et en suggérant à Valérie de réunir des photographies de la comédienne pour en faire cadeau à son père. Toute cette gentillesse et cette générosité étaient sans doute chez Elisabeth une façon de se mettre en règle avec sa conscience et d'amasser un capital de liberté pour l'avenir. Vers la fin du mois d'août elle repartait déjà avec Valérie et reprenait le cycle de ses voyages vers nulle part à travers l'Europe. Gisela regagna Munich avec sa famille. Rodolphe, déjà atteint d'une maladie vénérienne qu'il savait incurable, malheureux dans sa vie publique comme dans sa vie privée, en butte à la haine et à la méfiance de l'entourage de son père, rentra à Vienne pour y traîner une existence qu'il trouvait de plus en plus ennuyeuse.

L'empereur se retrouva tout seul, avec les visites à Frauenstein pour « seuls rayons de lumière dans ma vie par ailleurs lugubre ». Il passa à peine plus d'un mois à Ischl et ne vit Katharina Schratt pendant cette période qu'une douzaine de fois tout au plus. Mais ce fut suffisant pour que la comédienne parvînt à gagner à la fois la confiance et l'amour (bien qu'il n'osât pas prononcer ce mot) d'un homme timide et réservé qui n'avait jusque-là fait confiance à personne ni aimé personne à l'exception de sa femme. Le salon de Frauenstein était un boudoir d'Armide où un empereur vieillissant se laissait séduire par une jeune femme qui ne faisait rien pour le séduire, mais dont le talent suprême consistait à être complètement naturelle. Plus d'une fois, on lit dans les lettres de François-Joseph : « Je me sens si heureux, si détendu en votre compagnie. » C'était une femme qui, tel un caméléon, pouvait s'adapter aux besoins de n'importe quel homme, et ce dont François-Joseph avait besoin plus que tout, ce dont il manquait depuis son enfance à la Villa Eltz, c'était de la chaleur d'un foyer, la *Gemütlichkeit* (confort tranquille), que chaque Autrichien revendique comme un droit de naissance.

Au sein de cette *Gemütlichkeit* s'épanouit une amitié si intime et si tendre que vers la fin de l'été, lorsqu'ils se dirent au revoir au carrefour de Sankt Wolfgang, Katharina Schratt comprit qu'elle devrait désormais accepter des devoirs et des restrictions tout à fait contraires à son caractère. Elle devrait sans cesse avoir en tête des expressions qui n'avaient jusqu'ici aucune place dans son vocabulaire comme « attention », « prenez garde » ou « soyez discrète ». Dans un premier temps elle avait surtout songé à l'avenir de Toni, à sa propre carrière et à la perspective enivrante de connaître l'amitié de l'empereur. Mais maintenant elle se prenait à penser beaucoup moins à elle-même qu'à cet homme seul et pathétique, ayant un besoin si intense de chaleur humaine. Elle fut surprise de constater que ses visites matinales lui manquaient, tout comme sa courtoisie si charmante et un peu désuète et la sincérité de l'intérêt qu'il lui portait ainsi qu'à son petit garçon. Dès l'une de ses premières lettres, il écrivait : « Votre honneur et votre réputation sont sacrés pour moi. » Son sens des convenances lui interdisait formellement de lui rendre visite dans l'appartement de la Nibelungengasse, pourtant à quelques minutes à pied de la Hofburg. Ce qu'on pouvait se permettre à Ischl n'était même pas envisageable à Vienne. Plutôt que de transgresser ces lignes de conduite rigides, l'empereur acceptait sa vie solitaire et triste qui ne lui permettait de voir Katharina

Schratt qu'à travers la rampe d'un théâtre, dans un bal public ou dans la chapelle de la Hofburg où les comédiennes du Burgtheater avaient le privilège d'être admises pour la messe du dimanche.

François-Joseph ignora toujours quel sacrifice cela représentait pour Katharina de se lever dans l'obscurité d'un froid matin d'hiver et, au lendemain d'une représentation en soirée, de parcourir le Ring à pied ou en voiture pour aller assister à la messe de sept heures. Mais sa présence dans la galerie lui procurait un vif plaisir et il lui arrivait de se hâter vers ses appartements dans l'espoir d'apercevoir par sa fenêtre « sa chère silhouette si familière traverser la place ».

Le seul autre endroit où leurs deux mondes se croisaient, c'était les jardins du palais de Schönbrunn où l'empereur, passionné d'air pur et peu soucieux du mauvais temps, s'allait souvent promener entre une heure et deux heures de l'après-midi. Aussi, durant plusieurs mois, ces rencontres occasionnelles dans les jardins enneigés de Schönbrunn furent-elles ses seules chances d'échanger quelques mots avec la femme qui occupait constamment ses pensées et à qui il écrivait :

> Inutile de vous dire combien je rêve à ces merveilleuses heures de Frauenstein, puisque vous le savez. De vous voir l'autre jour au théâtre m'a rendu très triste, bien qu'évidemment je fusse ravi d'être là. Mais quelle différence, après ces autres jours si merveilleux pour moi. Je ne vous ai pas assez remerciée pour toutes vos gentillesses, aussi permettez-moi de le faire de tout mon cœur.

Comme beaucoup de comédiennes Katharina Schratt était superstitieuse et les serviteurs ou les aides de camp de François-Joseph ont dû s'amuser en trouvant des trèfles à quatre feuilles pressés dans ses portefeuilles ou dans ses boîtes de cigares, et des porte-bonheur suspendus à sa chaîne de montre. La gratitude avec laquelle il la remerciait pour les petits cadeaux qu'elle lui envoyait à l'occasion de son anniversaire ou pour Noël montre bien que son affection ne cessait de grandir et que la comédienne lui manquait de plus en plus. Il écrivait de son château hongrois de Gödöllo :

> Vos images avec le trèfle à quatre feuilles décorent ma chambre à Vienne. Votre calendrier avec l'inscription « *Dieu vous garde* »[1] est ici sur mon bureau, et j'ai utilisé votre étui à cigares à la chasse où il m'a porté chance. Je l'ai ici aussi mais ne l'utilise pas de peur de le perdre. Comme vous le voyez vos cadeaux me rappellent toujours et partout leur chère donatrice.

En retour elle recevait des perles et des diamants qui, à l'époque de la mort de l'empereur près de trente ans plus tard, constituaient une collection d'une valeur telle que, lorsque la monnaie autrichienne s'effondra à la fin de la Première Guerre mondiale, Katharina et les siens purent vivre confortablement pendant vingt ans uniquement en vendant une partie de ses bijoux. La vente d'une seule pièce, une libellule de diamant qu'elle avait léguée à une nièce, suffit à payer la restauration d'une maison entière détruite par les Russes pendant la Seconde Guerre mondiale.

François-Joseph ne se contentait pas d'offrir des bijoux. Pendant le mois du carnaval 1887, l'homme qu'on a si souvent accusé d'être un bureaucrate sans cœur écrivit une des lettres

1. En français dans le texte.

les plus charmantes et les plus pleines de tact qu'un personnage de son rang ait jamais envoyées à une femme à qui il proposait de l'aider financièrement. Katharina était connue pour ses extravagances et les dures leçons qu'elle avait subies au cours des premières années de son mariage ne l'avaient pas guérie de son goût pour les folles dépenses. Les comédiennes du Burgtheater devaient fournir leurs costumes, sauf les tenues historiques ou théâtrales, et il y avait une sérieuse compétition entre les jeunes premières quant à l'élégance des garde-robes. L'empereur semble avoir eu connaissance des difficultés d'argent de Katharina et il lui envoya ce qu'il qualifiait de « petite contribution », mais qui était en réalité une somme considérable, « pour participer aux frais de vos atours ». Il écrivit :

> Je vous considère comme une femme distinguée et talentueuse mais je ne suis pas très convaincu par vos talents en matière financière, ce qui plaidera en ma faveur. J'ajoute, pour apaiser votre conscience, que je fais des dons d'argent à mes enfants pour leur anniversaire et pour leur fête. Ils s'en accommodent fort bien. Aussi j'espère, chère madame, que vous ne serez pas offensée. Cette affaire d'argent restera strictement entre nous et lorsque vous me réchaufferez avec l'une de vos lettres je vous prie de ne pas en faire mention. La gratitude est toute de mon côté.

Identifier la comédienne à ses filles constituait le plus délicat des compliments et en retour Katharina l'appela son ange gardien et se demanda ce qu'elle pourrait faire pour le rendre heureux. Un extrait d'une de ses premières lettres qui nous est parvenue contient cette phrase : « Parfois je crois que je rêve et que ce n'est pas à moi que tout ceci arrive. » Mais Katharina Schratt n'était pas une rêveuse par nature. Elle était réaliste avant tout et au cours de cet hiver 1886-1887, sa carrière de comédienne lui causait bien du souci. Elle continuait à attirer un très large public et on la considérait comme l'une des actrices les plus populaires du Burgtheater mais elle n'était plus gratifiée des critiques enthousiastes qui l'encensaient à l'époque de ses débuts avec Heinrich Laube. Il suffit pour s'en rendre compte de comparer l'engouement avec lequel la presse avait salué sa performance dans *la Mégère Apprivoisée* montée par Laube en 1873 au Stadttheater avec la tiédeur, et parfois l'hostilité des articles qui lui furent consacrés onze ans plus tard lorsqu'elle interpréta le même rôle au Burgtheater. A cette occasion, on pouvait lire dans la très influente *Neue Freie Presse* :

> Elle a la voix trop sèche et trop cassante pour le rôle. Il lui manque cette légèreté, cette flexibilité et cette grâce féminine qui donnent du charme aux caprices et de la séduction à la perversité. Dans ce cas, le passage soudain à la douceur est difficile à accepter, et dans l'ensemble sa création n'est pas une grande réussite. On dirait que Frau Schratt est bien décevante pour le Burgtheater.

L'ovation exceptionnelle que Katharina avait reçue pour le même rôle à l'issue du gala de 1873 était due justement aux qualités qu'on lui reprochait aujourd'hui de ne pas montrer. Les critiques se trompaient-ils ou bien était-ce elle qui avait perdu cette magie que Laube avait alors réussi à lui insuffler pour en faire une vedette ? Il semble en tout cas que Wilbrandt, le metteur en scène, ait tenu compte de la presse. Pendant les deux années qui suivirent, aucun des grands rôles shakespeariens ne fut confié à Frau Schratt qui continua à remporter de grands succès dans les drames populaires et les comédies légères. Mais son ambition n'était pas satisfaite et elle sentait que d'autres recevaient des faveurs à ses dépens. L'une de ses principales rivales était la belle Stella Hohenfels, épouse du baron Berger, personnage influent dans la direction du Burgtheater. Les deux comédiennes étaient entrées au Burg la même année et, non seulement Stella était choyée par la critique mais encore une publicité tapageuse était faite autour de ses origines mystérieuses et supposées illustres. Les deux comédiennes louaient les services d'une claque pour étoffer leurs applaudissements, à tel point que Wilbrandt afficha un règlement qui en interdisait l'usage. Katharina estimait qu'on faisait une promotion déloyale à Stella Hohenfels et, à l'automne 1886, à peine trois ans après son entrée au Burg, elle se trouva en conflit ouvert avec la direction.

On pourrait croire qu'elle épargna la liste de ses griefs à l'empereur. Non seulement François-Joseph reçut un compte rendu détaillé de l'entrevue avec Wilbrandt, mais encore se vit-il prié d'intercéder en sa faveur. Le fait que Katharina Schratt ait osé lui faire pareille demande, mettant ainsi en péril l'existence même de leurs rapports, montre à quel point elle se savait sûre des sentiments de François-Joseph à son égard et nous conduit à penser que ces « heures merveilleuses de Frauenstein » ne furent pas toutes consacrées à un innocent bavardage devant un petit déjeuner. Beaucoup plus que par tous ses cadeaux, l'empereur donna une immense preuve de sa dévotion en se pliant à sa requête et en agissant d'une façon totalement contraire à ses principes. Quand Katharina lui écrivit une lettre des plus moroses, expliquant que son entrevue avec Wilbrandt s'était soldée par un échec et ajoutant avec des accents de reproche que jusque-là personne n'avait levé le petit doigt pour l'aider, il répondit :

J'ai pensé parler au baron Bezecny (le directeur) en votre faveur, mais je n'ai pas osé, car jusqu'ici j'ai toujours par principe refusé d'intervenir dans le choix des pièces et dans la distribution des rôles. J'ai toujours considéré, en effet, que ce théâtre était destiné au public et non à moi. D'autre part, je sais bien que je suis loin d'être un spécialiste dans ce domaine. En outre, je crains que ma protection ne jette sur vous un mauvais éclairage et ne vous fasse du tort plutôt que du bien. Mais si vous le souhaitez, j'essaierai et je lui parlerai pour vous dès que je le pourrai.

Quelques jours plus tard, il reprenait :

Juste un mot pour vous dire que, hier, j'ai parlé de vos problèmes au baron Bezecny. Je ne sais pas si cela aura été utile, mais du moins m'a-t-il semblé très bien disposé à votre égard et décidé à exhausser vos vœux. Il s'est beaucoup plaint du caractère et de l'obstination du metteur en scène (que cette remarque reste entre nous) et il pense que parmi les pièces reprises de l'ancien Stadttheater et qui vont être montées au Burg, quelques-unes contiennent d'excellents rôles qui vous conviendraient parfaitement.

Avec sa modestie habituelle, l'empereur ajoutait : « J'espère seulement que mon intervention sera de quelque utilité. »

Deux mois plus tard, Katharina Schratt avait la satisfaction de se voir choisie pour interpréter le rôle de Portia du *Marchand de Venise*. Elle s'attaqua à ce personnage avec une immense terreur et la visite inattendue de l'empereur le soir de la Première la rendit si nerveuse qu'elle en oublia presque son texte. Mais François-Joseph la rassura aussitôt : « Je suis désolé si ma présence vous a troublée. En tout cas votre interprétation n'en a pas souffert et n'a donné à Shakespeare aucune raison de s'agiter dans sa tombe. Je n'avais pas l'intention d'aller au théâtre ce soir-là, mais l'envie de vous voir a suffi à me pousser vers cette bonne vieille salle. »

Elle était bien la seule à lui réchauffer le cœur au cours de ces mois solitaires de 1887, alors que l'impératrice avait repris ses vagabondages et que le pays traversait une crise qui manqua déclencher une guerre avec la Russie. La Bulgarie, l'état le plus lointain des Balkans, était devenue le point chaud de la politique européenne depuis que les hommes d'État réunis au congrès de Berlin avaient divisé une ancienne province turque en deux, une Roumélie orientale restant sous l'administration du sultan, et une Roumélie occidentale, principauté semi-indépendante dirigée par Alexandre de Battenberg, cousin morganatique du tsar. Le père d'Alexandre, prince de Hessa et frère de la mère du tsar, était tombé en disgrâce auprès de la cour russe en épousant la dame de compagnie polonaise de sa sœur, la jeune mariée étant instituée comtesse de Battenberg. François-Joseph lui avait donné un poste dans l'armée autrichienne et ses fils furent faits par la suite princes de Battenberg ; l'un d'eux épousant une fille de la reine Victoria.

Alexandre, le second des frères Battenberg, n'avait que vingt-deux ans lorsque les hommes d'État de Berlin le désignèrent comme un candidat convenable pour la direction d'un pays éloigné, infesté de brigands et dont il ne parlait même pas la langue. Officiellement, la Bulgarie, ou Roumélie occidentale, demeurait un pays vassal du sultan et lui devait allégeance, mais c'était au tsar et non au sultan que le prince Alexandre devait son trône, car le souverain russe espérait trouver dans son jeune cousin la marionnette idéale pour diriger un pays que la Russie envisageait de faire tomber tout naturellement dans la zone d'influence de la propagande panslave. Des officiers et des conseillers russes vinrent aider à l'entraînement de la nouvelle armée bulgare et au recrutement des conscrits. Mais il devint vite évident que le prince de Battenberg n'avait aucune intention de devenir le jouet de la Russie et se sentait plus disposé à suivre les conseils du chef des patriotes bulgares Stefan Stambouloff que ceux de son cher cousin. Lorsqu'en 1885 la Roumélie Orientale s'affranchit du joug turc et se déclara unie avec la principauté, Alexandre trouva le courage de résister aux mises en demeure de Berlin et se proclama prince de « la Bulgarie unifiée ».

Le monde redouta les réactions de la Sublime Porte. Mais le sultan Abdul Hamid, comprenant que la survie de son empire bien mal en point dépendait pour une large part de la mésentente des Grands, se résigna à perdre une province rebelle et contempla avec un certain amusement l'inquiétude de l'Autriche qui avait mis le pied dans les Balkans en occupant la Bosnie et l'Herzégovine, ainsi que les réactions de colère de la Russie. Le prince Alexandre n'avait même pas pris la peine de consulter son cousin avant de prendre cette décision qui bouleversait tout l'équilibre des pouvoirs dans les Balkans et, en représailles, le tsar rappela tous ses officiers et ses conseillers, abandonnant la Bulgarie à la convoitise de ses voisins avec une armée à moitié entraînée. La Serbie attaqua la première et tout le monde pensa que c'en était fait de la Bulgarie. Mais, galvanisé par son prince allemand, le peuple combattit avec l'énergie du désespoir et en quelques semaines les Serbes durent s'avouer vaincus et virent leur territoire envahi par les Bulgares. Alexandre était le grand triomphateur et les Grands ne purent le dépouiller de ses conquêtes en le forçant à signer une paix maintenant le statu quo. Mais le tsar, qui convoitait déjà la côte bulgare de la mer Noire, n'avait aucune intention de laisser un héros populaire faire la loi à Sofia. Le 9 août 1886, alors que les maîtres de l'Europe se trouvaient en vacances, alors que les hommes d'État prenaient les eaux à Karlsbad et Bad Homburg, que François-Joseph se reposait à Ischl et la reine Victoria à Balmoral, une douzaine de mercenaires payés par la Russie enlevèrent le prince dans son palais et le conduisirent jusqu'au port de Rustchuk sur le Danube, où ils le firent monter dans un bateau qui l'emmena vers un poste russe de Bessarabie.

Mais cette fois-ci, les Russes étaient allés trop loin. Leur tentative pour installer un gouvernement provisoire, sous prétexte que les Bulgares ne sauraient s'accommoder d'une constitution, déclencha des émeutes et le sang coula dans les rues de Sofia. Sous la conduite de son chef Stefan Stambouloff, le peuple exigea le retour de son prince. La réaction ne fut pas moins violente en Europe. Les ministres regagnèrent leurs postes et on mobilisa. La reine Victoria et l'empereur d'Allemagne écrivirent personnellement au tsar tandis qu'à Vienne le parti antirusse, sous l'impulsion de l'archiduc Rodolphe et de l'ancien Premier ministre, le comte Andrássy, condamnait avec fracas la politique pusillanime de la Ballhausplatz et exigeait qu'on déclarât la guerre à la Russie. L'opinion publique força les Russes à capituler, comme on peut le lire dans le journal de Walpurga Paget, la femme de l'ambassadeur britannique à Vienne :

> Les Russes ont eu peur et, sous la pression très ferme de l'empereur d'Allemagne, ont relâché le prince Alexandre. Il est actuellement en route pour Sofia. Sa traversée de l'Autriche, de la Hongrie et de la Roumanie a été triomphale et il est aujourd'hui plus populaire que jamais. Les Russes sont bien trop habiles pour ne pas nous faire payer

un de ces jours la gifle qu'ils viennent de recevoir.

Les prévisions de Walpurga Paget se révélèrent exactes car le triomphe bulgare fut de courte durée. Le prince de Battenberg, qui retrouva sa capitale de Sofia après un emprisonnement de quelques semaines à peine, était tout à fait différent de l'ardent jeune homme qui était venu sauver son pays l'année précédente. Les mauvais traitements subis en prison l'avaient brisé moralement et physiquement et, à la totale consternation de son gouvernement, il déclara qu'il ne saurait gouverner sans l'agrément de la Russie de qui il tenait sa couronne. Mais le tsar refusa la branche d'olivier qu'on lui tendait, ruinant ainsi tout espoir de réconciliation, et Alexandre abdiqua, au grand chagrin du peuple bulgare qui maintenant aimait ce prince venu de l'étranger. Une dernière tentative du parti prorusse pour s'emparer du pouvoir échoua et le commissaire russe, le baron Kaulbars, n'échappa à la colère de la foule que grâce à la protection des autorités. Stefan Stambouloff instaura une régence et le trône bulgare se trouva une fois de plus mis à la disposition de tout prince étranger épris d'aventure. Mais les candidats ne se bousculèrent pas. Waldemar de Danemark et Charles de Roumanie déclinèrent tous deux l'offre sous prétexte qu'elle n'était sanctionnée ni par la Sublime Porte ni par aucun des Grands, et qu'elle se heurtait à la violente opposition de la Russie. Mais, dans les derniers jours de juin 1887, le jeune prince Ferdinand de Saxe-Cobourg, qui se trouvait à Karlsbad en même temps que Katharina Schratt, lui montra un télégramme par lequel on lui proposait le trône bulgare, et la comédienne, dont le goût pour l'aventure égalait le sien, lui répliqua sans hésiter : « Et évidemment, Monseigneur, vous allez accepter. »

INTRIGUES DANS LES BALKANS

De toutes les villes d'eau d'Europe, la plus à la mode et la plus cosmopolite était sans conteste Karlsbad, charmante petite ville de Bohême, non loin de la frontière allemande et aussi accessible de Vienne que de Berlin. Pendant la saison d'été, on pouvait rencontrer le prince Bismarck ou le prince de Galles prenant les eaux de la Schlossbrunne, ou croiser le roi Milan de Serbie traînant sa goutte vers le Casino. En descendant l'Alte Wiese, on reconnaissait l'acteur Adolf Sonnenthal ou le baron millionnaire Hirsch, qui avait fait fortune dans les chemins de fer des Balkans et prêtait non sans fierté quelques-uns de ses millions au prince Rodolphe ou au prince de Galles. Et dans les cafés abrités sous les tilleuls on était certain d'en apprendre un peu plus sur le dernier ragot politique ou le grand scandale international encore inédit.

Lorsque Katharina Schratt arriva à l'Hôtel Schloss dans les derniers jours de juin 1887, elle eut l'agréable surprise, toutefois légèrement mêlée d'embarras, de découvrir qu'elle était soudain devenue une personne considérable avec qui les diplomates étrangers étaient avides d'entretenir des relations et dont les faits et gestes étaient sans cesse épiés par les journalistes. Tout le monde semblait au courant de son amitié avec l'empereur bien qu'elle l'ait peu vu au cours des dix derniers mois.

A certains moments elle désespérait de pouvoir briser un jour cette discipline de fer qui empêchait François-Joseph de suivre son cœur ou de transgresser ses lois morales en lui rendant visite pour prendre le café avec elle. Leurs rencontres se bornaient encore aux promenades fugitives dans les jardins de Schönbrunn. Sa réserve allait jusqu'à lui faire éviter tout contact au cours des rares occasions où ils se trouvaient ensemble dans des galas de charité ou dans des bals publics. François-Joseph écrivit une lettre pathétique au lendemain du Concordia Ball, pendant lequel Katharina, comme d'habitude, avait été très sollicitée par ses admirateurs et où le pauvre empereur n'avait pas osé l'approcher...

> ... de peur de devoir écarter tous ces gens qui vous entouraient, sous tous ces yeux qui vous scrutent avec ou sans jumelles de théâtre, et toute la presse juive qui rôde à l'affût du moindre mot qu'on pourrait dire. Je n'ai hélas pas eu assez d'audace pour approcher mais je l'aurais pourtant voulu. De toutes façons, qu'aurions-nous pu nous dire dans cette Redoutensaal bondée ? Je suis si bien habitué à votre gentillesse et à nos bavardages confidentiels et ça n'aurait pas été possible. J'avais peur que vous ne m'en vouliez de ne pas avoir essayé de vous parler.

Mais Katharina le rassura bien vite. Alors que beaucoup d'autres femmes auraient souhaité mettre en lumière leur illustre conquête, elle affectait au contraire de se montrer encore plus prudente que l'empereur face à tout risque de *Tratsch* (ragot).

Vivant dans son splendide isolement, François-Joseph ignorait tout des médiocres calomnies et des jalousies qui étaient le lot du commun des mortels et Katharina ne manquait pas de lui rapporter les rumeurs dont personne d'autre n'eût osé faire mention. Dans son style noble et candide, il affirmait que « puisqu'il n'y a rien de trouble dans notre amitié, je ne vois pas pourquoi nous en ferions mystère ». Son seul souci était de ne pas causer de tort à la réputation et à l'honneur de la comédienne. Il trouvait convenable d'être vu en public avec elle dans les jardins de Schönbrunn et de lui rendre visite à Frauenstein et plus tard à Hietzing, mais il n'envisagea à aucun moment la possibilité d'aller la voir dans son appartement au troisième étage d'un immeuble de Vienne. Il vint pourtant une fois à la Nibelungengasse en 1896 à l'occasion du décès de la mère de Katharina et il écrivit alors à Elisabeth : « J'ai cru bon de me rendre chez la *Freundin* (amie) pour lui exprimer ma sympathie, mais je vous assure qu'une telle visite ne se reproduira pas. » Il écrivit ces mots alors qu'il allait voir Frau Schratt depuis six ans dans sa maison de Hietzing, une maison choisie parce qu'elle se trouvait à proximité de Schönbrunn, dans laquelle la comédienne résidait la plus grande partie du printemps et de l'été et y accueillait presque quotidiennnement l'empereur pour le petit déjeuner avant leur promenade matinale.

Ce qui paraît très surprenant, c'est que cette femme issue des classes moyennes de Baden ait compris et approuvé tous ces tabous et toute cette réserve, sans rien perdre de sa propre indépendance et sans jamais permettre à l'empereur de lui dicter sa conduite ou le choix de ses amis qui ne rencontraient pourtant pas tous son agrément. L'un d'eux était le prince Ferdinand de Saxe-Cobourg Kohary que Katharina rencontra à Karlsbad durant l'été 1887 et qui devint son ami pour la vie.

Il s'agissait d'un été décisif pour ce prince de vingt-six ans qui s'apprêtait à échanger la vie douillette d'un dilettante de haut rang contre les risques du trône bulgare. Vu de l'extérieur, on ne pouvait pas avoir fait plus mauvais choix que ce jeune homme mince aux boucles d'or, à la voix traînante et haut perchée, dont la mère, Clémentine d'Orléans, fille du roi de France Louis-Philippe, avait la réputation d'être l'une des princesses les plus habiles et les plus avisées. Tout le monde pensait que seule l'ambition sans bornes de cette femme avait pu venir à bout des réticences de son fils face à l'honneur discutable de devenir prince de Bulgarie. Sinon, comment admettre qu'un prince riche et raffiné pût choisir d'aller risquer sa vie dans un pays infesté de brigands, sans le soutien d'aucun état voisin et avec la perspective plus que probable de se faire assassiner par ses nouveaux sujets, dans les prochains mois, sans que quiconque dépêchât un seul bateau de guerre en mer Noire en signe de protestation.

La Russie s'opposait catégoriquement à toute candidature non choisie par elle-même et personne n'avait l'intention d'entrer en guerre avec la Russie pour le salut de la Bulgarie. Le prince Bismarck avait formellement déclaré devant le Reichstag que l'Allemagne ne se préoccupait absolument pas de savoir qui viendrait s'asseoir sur le trône bulgare ou ce qu'il pourrait advenir de ce pays. « Nous n'allons pas nous laisser prendre au lasso et tirer vers un conflit avec la Russie pour les beaux yeux de la Bulgarie. » Ce discours était destiné au parti antirusse d'Autriche et servait également d'avertissement à la France qui, en entretenant les ambitions de la Russie, espérait mettre sur pied une revanche après la défaite humiliante de ses armées à Sedan. Bien que François-Joseph fût tout aussi partisan de la paix que le prince Bismarck, il n'en vit pas moins une offense dans le ton de ce discours et il exigea des excuses du vieux Kaiser allemand. Ni François-Joseph ni son ministre des Affaires étrangères n'avaient la plus petite intention de s'impliquer dans l'affaire bulgare. L'Autriche s'était très peu engagée en faveur d'Alexandre de Battenberg, qui avait pourtant personnellement la sympathie de l'empereur, aussi François-

Joseph n'envisageait-il aucunement d'aider un Cobourg dont la famille lui était profondément antipathique. La folle ambition de Charlotte, sa belle-sœur Cobourg, avait poussé son frère Maximilien à s'embarquer dans la regrettable aventure mexicaine ; l'épouse Cobourg de Rodolphe, l'archiduchesse Stéphanie, s'était montrée incapable de donner naissance à un fils et ses scènes de jalousie poussaient son mari vers l'alcool et la débauche. Le père de Stéphanie, le roi Léopold de Belgique, était un homme dont il méprisait le caractère et la moralité, et d'après ce qu'on disait de lui Ferdinand ne valait guère mieux que le reste de la famille. Ayant hérité de vastes terres en Hongrie d'un grand-père paternel, le comte Kohary, il avait eu le privilège de servir dans l'armée austro-hongroise mais ne s'y était pas distingué le moins du monde. Et, dans une lettre à Katharina Schratt, l'empereur fait allusion avec mépris au « *petit Ferdinand* »[1].

Aucun prince, même pas ses cousins Orléans, ne semble avoir tenu en haute estime les talents de Ferdinand. Apprenant sa nomination, la plus illustre de ses parentes, la reine Victoria, télégraphia à son Premier ministre, lord Salisbury : « J'espère qu'il n'y a rien de vrai dans cette candidature du prince Ferdinand de Cobourg au trône bulgare. Il n'est absolument pas qualifié et trop faible, excentrique et efféminé. Il faut empêcher cela tant qu'il est encore temps. » Le lendemain, elle télégraphiait encore : « Il est important qu'on sache que ni moi ni ma famille n'avons quoi que ce soit à voir avec les prétentions absurdes de mon imbécile de jeune cousin. » Peut-on imaginer réponse plus humiliante que celle que fit la vieille reine à la princesse Clémentine lorsque celle-ci lui confia ses espoirs et ses ambitions pour son Ferdinand chéri : « Ma chère cousine. J'ai reçu votre lettre avec, je dois bien l'avouer, un peu de

1. En français dans le texte.

surprise. Sachant à quel point vous aimez votre fils, je suis étonnée que vous souhaitiez la réalisation de son projet. A votre place, je remercierais le ciel s'il l'abandonnait. » Mais aux yeux de la princesse Clémentine n'importe quel trône était préférable à pas de trône du tout, et il semble bien que son fils ait partagé cette opinion.

Tout en absorbant le nombre de gobelets d'eau minérale prescrit à la Schlossbrunne et en exécutant la promenade quotidienne prévue dans la cure, Katharina Schratt écoutait les projets ambitieux d'un jeune homme qui allait, dans les années à venir, conduire un petit pays du fin fond de l'Europe sur le devant de la scène politique mondiale. Elle savait bien peu de choses sur les Bourbons et les Saxe-Cobourg, mais au cours des quinze jours qu'elle passa à Karlsbad, elle fréquenta suffisamment le prince Ferdinand pour comprendre que sous ses allures de jeune fille il cachait un esprit froid et brillant et toutes les qualités qui lui permettraient plus tard de vaincre les obstacles les uns après les autres, de charmer, de tromper, de mener double jeu, de combattre ses adversaires avec leurs propres armes. Bien sûr elle se sentait flattée par l'attention qu'il lui portait – n'importe quelle femme jolie et vaniteuse aurait apprécié d'avoir le prince Ferdinand comme cicérone. Son goût du drame trouvait son compte dans les méandres de la politique des Balkans qui ressemblait plus à une opérette de Strauss qu'à la vie réelle. Dans ses longues lettres dénuées d'artifices, qui apprenaient à François-Joseph tant de choses qu'il aurait ignorées sans elles, elle ne cessait de parler du prince Cobourg. De son côté, Ferdinand semble avoir été l'un des premiers à comprendre que les sentiments de l'empereur pour Katharina Schratt représentaient beaucoup plus qu'un coup de cœur passager, et que dans l'avenir cette femme pourrait être une amie bien utile, autant pour lui-même que pour son nouveau pays.

François-Joseph avait tendance à désapprouver l'amitié de la comédienne avec le prince Cobourg dont la présence en Bulgarie ne pouvait qu'aggraver les choses car on ne voyait pas comment il aurait pu réussir là où le si populaire Alexandre Battenberg avait échoué. Tout en remerciant Frau Schratt pour l'un des porte-bonheur qu'elle aimait tant lui offrir, l'empereur en profita pour laisser percer son exaspération : « J'espère que ce talisman ajouté à vos prières suffira à nous protéger de la guerre et du malheur pour lesquels votre ami déploie tant d'efforts. » Mais Ferdinand allait stupéfier le monde par son courage et son envergure et par la façon dont il réussit à déjouer tous les pièges que les Russes lui tendirent pour l'empêcher de rejoindre la Bulgarie.

A l'aube du 9 août 1887, il quitta son château autrichien de Ebenthal et, voyageant dans le plus grand secret, embarqua à Marchegg dans une voiture de seconde classe de l'Orient Express qui le mena à Orsova, sur le Danube. Là, passant ce qu'on appelle les Portes de Fer, l'étroit défilé de granit que les légions de Trajan avaient emprunté pour aller conquérir la Dacie, Ferdinand et son petit groupe de messieurs élégants qui, avec leurs panamas et leurs gants gris perle, semblaient bien incongrus dans ce décor sauvage et romantique, empruntèrent un petit vapeur de la Lloyd autrichienne qui les conduisit jusqu'à la frontière bulgare. Stefan Stambouloff, le faiseur de roi, les attendait sur le bateau même que le tsar russe avait proposé à son cousin Battenberg et sur lequel, quelques mois plus tôt les conspirateurs à la solde de la Russie avaient kidnappé le prince et l'avaient emmené jusqu'en Bessarabie.

Tandis que le prince Ferdinand se rendait en Bulgarie, Katharina Schratt faisait route vers Frauenstein. Depuis Karlsbad, elle avait écrit à l'empereur :

> Une lettre de Votre Majesté me fait plus de bien que tous les Sprudels et les Schlossbrunnen du monde. Chaque matin au réveil mes yeux se posent sur un certain portrait dont il n'existe que cinq exemplaires, et mes premières pensées sont pour le cher et vénéré modèle. De cette façon je peux commencer ma journée de la plus joyeuse manière qui soit et je me précipite aux sources pour y boire le nombre exact de gobelets qui m'a été prescrit.

Elle avait toutes les raisons de se sentir joyeuse car l'empereur répétait son besoin de la voir dans chacune de ses lettres : « Vous n'imaginez pas à quel point je serai heureux en vous revoyant, car les trois semaines qui ont passé depuis que je vous ai parlé pour la dernière fois m'ont semblé une éternité. » L'apercevoir aux courses, en voiture sur le Ringstrasse ou sur la Michaelerplatz lorsqu'elle se rendait au théâtre, procurait à François-Joseph les seuls moments de joie de ses mornes journées. Jamais il ne s'était senti aussi déprimé que l'année précédente, année qui n'avait pas vu l'impératrice séjourner chez elle plus de quelques semaines. La villa construite dans la réserve de chasse de Lainz afin d'abriter leurs vieux jours avait manqué son but. Les officiels de la Cour et les architectes royaux avaient transformé le projet d'une simple maison de campagne en celui d'un *château* à la française combiné d'hôtel de villégiature. François-Joseph l'estimait bien trop grand pour son goût, lui qui avait toujours peur des gaspillages. Sa fille Valérie trouvait déprimants tous ces marbres et toutes ces cheminées bardées de bronze. Mais Elisabeth adorait "immense gymnase doté de toutes sortes d'appareils, y compris l'inévitable balance où elle venait se peser trois fois par jour. Même les architectes de la Cour ne parvinrent pas à gâter la vue splendide qu'on avait des fenêtres et il suffisait de traverser la terrasse pour se trouver en pleine forêt. Mais la maison que, dans un premier mouvement d'enthousiasme, l'impératrice avait baptisée villa Hermès ne reçut pas sa visite pendant plus de quelques semaines et le plus triste fut que le mari et la femme découvrirent justement à la faveur de cette relative solitude de Lainz à quel point ils avaient peu de choses à se dire. L'empereur était des plus doux et des plus courtois, mais son caractère ne s'était pas amélioré avec l'âge, et par périodes les errances poétiques de sa femme l'irritaient au-delà du supportable. A l'écouter philosopher sur le vide et la futilité de la vie et citer Heine durant des heures entières, il perdait patience au point de devenir brusque et presque violent, ce qui déclenchait chez elle des larmes qu'elle allait épancher sur l'épaule de Valérie en se plaignant qu'il était vraiment impossible de vivre avec son père.

Valérie était le principal sujet de dispute. Cette fille, pour qui l'impératrice éprouvait une adoration obsessionnelle, était tombée amoureuse de son cousin François Salvador de la branche cadette toscane des Habsbourg, un jeune homme qui présentait bien peu de qualités en dehors de sa généalogie parfaite et d'une beauté plastique indéniable. Bien qu'Elisabeth fût inconsolable à l'idée de perdre sa fille, elle faisait tout ce qui était en son pouvoir pour encourager une idylle qui la garderait en Autriche et donc sous son contrôle. L'empereur, qui avait très bien compris cet égoïsme sous-jacent, formait d'autres projets pour sa fille. Les héritiers présomptifs de Saxe et du Portugal devaient venir cet hiver-là à Vienne, avec l'intention de demander tous deux la main de Valérie, mais s'il s'avisait de remarquer que l'un comme l'autre représentait un meilleur parti qu'un cousin sans un sou, sa femme éclatait en sanglots et lui reprochait sa cruauté envers Valérie ou envers elle-même à qui il préparait un avenir de solitude et de malheur. Quel agrément pour cet homme d'entendre la femme qu'il avait choyée et adorée toute sa vie lui dire presque sans détours que la vie ne vaudrait plus du tout la peine d'être vécue après le départ de Valérie !

Cet été-là, Elisabeth ne passa que quelques jours à Ischl et François-Joseph se retrouva seul pour plusieurs semaines de vacances. On pouvait chasser les chamois dans les montagnes et à Sankt Wolfgang tout proche se trouvait une charmante jeune femme dont le seul souci était de le voir joyeux et content. Peu d'endroits sont plus romantiques que Sankt Wolfgang, en plein cœur du Salzkammergut, avec les clochers brillants de l'église de Sankt Gilgen qui se reflètent dans le lac et les balcons de la fameuse auberge du Cheval Blanc d'où les géraniums font pleuvoir leurs pétales sur l'eau. Aux beaux jours d'été, les clients de l'auberge apercevaient l'empereur et Frau Schratt traverser le lac dans une barque conduite par la femme d'un fermier de Frauenstein. Même par temps pluvieux, comme c'est souvent le cas dans le Salzkammergut, l'empereur et la comédienne sortaient marcher sur la colline et on la voyait lui parler, toujours gaie, son petit visage frais lui souriant sous son ombrelle. Elle avait tant de choses à lui dire, toutes les anecdotes du Burgtheater, où la démission de Wilbrandt ouvrait la voie à d'interminables intrigues pour le choix de son successeur. Une tempête agitait ceux que Katharina avait surnommés « les dieux de l'Olympe ». Sonnenthal était Jupiter et Charlotte Wolther Junon tandis que Stella Hohenfels (Diane) faisait flèches de tout bois pour que son mari obtienne le poste de directeur. François-Joseph, qui s'était jusqu'ici médiocrement intéressé au théâtre, s'amusait au plus haut point et formulait sa part de critiques sur tous ceux qu'il sentait susceptibles de faire du tort à son amie.

Mais ce qui le passionnait encore plus que les bruits de coulisses, c'était les nouvelles de Bulgarie. Durant tout l'été 1887,

Ferdinand tint Frau Schratt minutieusement informée de ses aventures et de ses tribulations. Son arrivée dans sa nouvelle patrie avait suscité son lot de difficultés. Un message loyal et courtois à son suzerain le sultan n'avait pas eu d'autre effet qu'une sommation de quitter le pays immédiatement. Abdul Hamid avait beau se désintéresser de savoir qui allait prendre la tête de la Roumélie occidentale, il n'avait pas pour autant l'intention de donner à la Russie une occasion de ramener ses bateaux dans les Dardanelles. Aucun consulat étranger, à une exception près, ne sortit ses drapeaux lorsque le prince Ferdinand fit son entrée officielle dans sa capitale. L'exception était l'Autriche car il avait délibérément choisi le 18 août pour entrer dans Sofia, c'est-à-dire le jour anniversaire de l'empereur, et ce tour fit beaucoup rire François-Joseph quand Katharina Schratt lui rapporta ce que le ministre des Affaires étrangères n'avait pas osé lui dire. Mais malgré les contretemps et les humiliations, ses plaintes auprès de Frau Schratt à propos du retard de son pays, du manque de confort de l'ancien palais de Battenberg et de la nourriture épouvantable, Ferdinand se montrait fermement décidé à demeurer en Bulgarie avec ou sans la reconnaissance des Grands. Et, vers la fin de l'été, François-Joseph écrivait à Katharina : « Votre ami bulgare se montre de plus d'envergure que je ne l'aurais cru. »

L'empereur afficha une certaine jalousie pour ce nouvel admirateur (qui se qualifiait lui-même de « fraternel ami »), « mais je suis flatté d'apprendre que vous tardez à répondre à ses lettres alors que vous m'écrivez si assidûment ». Certains détails contenus dans les lettres du prince étaient d'une grande utilité pour François-Joseph et ses ministres constataient avec surprise que celui-ci était particulièrement bien informé de la situation dans les Balkans.

Ce fut au cours de cet été 1887 que l'amitié entre l'empereur et Katharina Schratt atteignit un degré d'intimité qu'elle n'aurait jamais approché si Elisabeth était restée chez elle. Malgré tout ce qu'on a pu écrire pour affirmer le contraire, et Katharina Schratt était la première à le nier dans ses vieux jours, il est bien difficile de croire que la discipline de fer de François-Joseph ne souffrît jamais d'accroc et que leurs relations ne dépassèrent jamais le stade innocent de l'*amitié amoureuse*[1]. Depuis Ischl, il écrit à Frau Schratt pour la prier de l'excuser de n'avoir pas suffisamment exprimé sa reconnaissance pour le cadeau d'anniversaire qu'elle lui avait fait, « mais j'étais encore bouleversé par les choses merveilleuses qui me sont arrivées ». Et lorsque ces « semaines radieuses » prirent fin et qu'il regagna Schönbrunn pour les manœuvres d'automne, il lui envoya une petite note triste : « Il y a à peine huit jours que je ne vous ai vue et pourtant j'ai l'impression qu'il y a une éternité, tellement on s'habitue rapidement au bonheur. »

Katharina Schratt ignorait encore que François-Joseph ne se croyait aucun droit au bonheur et s'était résigné à revenir à la vieille routine des visites au théâtre, à leurs rencontres de hasard, aux promenades dans le froid des jardins de Schönbrunn, avec seulement leurs lettres pour entretenir la braise de quelques souvenirs soigneusement préservés. En outre, il n'était pas brillant épistolier ; et il avait douloureusement conscience des limites de ses capacités : « Je suis très lourd, et vous devez trouver mes lettres bien ennuyeuses. » Il n'envoyait pas une lettre sans lui préciser le temps qu'il faisait, lui décrivait par le menu les manœuvres militaires et précisait toujours le nombre exact de chevreuils ou de sangliers tués au cours de la moindre chasse impériale.

Apprenant que l'empereur devait participer à une chasse dans les environs de Eisenerz où sa tante avait épousé le

1. En français dans le texte.

pharmacien, Katharina trouva l'audace de suggérer une rencontre, mais l'inévitable réaction ne se fit pas attendre :

> Je vous écris en toute hâte pour vous prier de ne pas venir à Eisenerz, même si vous pouvez obtenir ce congé, ce que vous jugez vous-même peu probable. Toute ma suite vous connaît et il y aura là plusieurs journalistes juifs pour couvrir cette chasse. Tout le monde irait dire que vous m'avez suivi jusqu'ici et il s'ensuivrait d'inutiles rumeurs. En outre, ce serait très pénible pour moi de vous sentir proche sans pouvoir vous parler. Pardonnez-moi ces remarques et ne m'en veuillez pas, je vous en prie.

Loin de lui en vouloir, elle se sentit contrite et pleine de remords. Elle avait toujours beaucoup de scrupules dans ces premières années, et dans les quelques brouillons qui nous restent des lettres qui durent être si difficiles à écrire, on peut lire : « Pardon, pardon, je prie votre Majesté de bien vouloir me pardonner si, comme d'habitude, j'ai été trop audacieuse et trop familière. » Et il répondait : « Vous ne serez jamais trop familière ni trop audacieuse pour mon goût. Vous ne pouvez pas imaginer comme c'est agréable pour un homme dans ma situation d'avoir quelqu'un d'aussi franc et d'aussi vrai que vous à qui parler. » Il lui fut reconnaissant de ne pas avoir montré de contrariété après qu'il l'eût empêchée de venir à Eisenerz :

> Vous savez combien j'eusse été content de vous voir et peut-être même d'avoir une occasion de vous parler. Mais il est préférable que ce plaisir m'ait été refusé. Je me suis consolé en regardant la

> pharmacie qui se trouve tout en bas de la maison que j'occupe, et comme toujours mes pensées ont été pour vous.

Etait-ce un hasard si François-Joseph abordait dans cette même lettre le sujet de l'éducation de Toni ? La plus grande ambition de Katharina était de le faire entrer au Theresianum, mais ce n'était pas chose facile, même pour une comédienne du Burgtheater, de faire admettre son fils dans une école destinée à l'origine par sa fondatrice l'impératrice Marie-Thérèse aux fils des officiers et des hauts fonctionnaires, et qui était alors devenue l'un des collèges les plus fermés de Vienne. A sa manière nodeste et sans prétention, l'empereur écrivait : « D'après votre dernière lettre, j'ai compris que vous souhaiteriez voir Toni entrer au Theresianum. Nous parlerons de ce problème dès notre prochaine rencontre et peut-être pourrai-je vous être de quelque utilité. » A l'automne 1888, Toni devint l'un des élèves du Theresianum, et dans le même temps son père entra dans le Corps Consulaire Impérial et Royal, avec une nomination de Vice-Consul à Tunis.

Katharina Schratt n'avait plus aucun souci familial ou financier qui pût la distraire de sa carrière : ces années 1887-1889, saluèrent sa consécration comme l'une des vedettes féminines du Burgtheater. Sans doute lui manquait-il la puissance dramatique d'une Charlotte Wolther, ou les qualités poétiques d'une Stelle Hohenfels, mais comme le remarquait le critique Hermann Bahr : « Elle était l'idéal féminin de l'homme moyen, une Mélusine avec une louche à la main. » Elle était à la fois séductrice et ménagère, rustique et sophistiquée, tout aussi à l'aise dans un drame populaire que dans l'une de ces comédies légères de salon dont on ne comptait plus les exemples dans le répertoire du Burg. Si l'on consulte les vieux programmes, on rencontre le nom de Katharina Schratt en vedette dans de nombreuses pièces adaptées du français telles que *le Maître de forges* de Claude Ohnet, *la Bataille de dames* d'Eugène Scribe ou *le Roman d'un jeune homme pauvre* d'Octave Feuillet, œuvrettes légères et élégantes aptes à plaire au goût frivole du public du Burgtheater qui en était encore à considérer les satires d'un Nestroy avec soupçons et à taxer Grillparzer de révolutionnaire. Les jeunes dramaturges autrichiens à la mode imitaient la qualité française et il fallut attendre encore quelques années avant qu'un étudiant en médecine nommé Arthur Schnitzler ne se détourne de sa vocation première pour se consacrer à la scène et ne tende un miroir aux Autrichiens, jetant le masque de leur frivolité superficielle afin de mettre à jour la souffrance d'un empire à l'agonie. Si elle était née dix plus tard, Katharina Schratt eût été la parfaite héroïne de Schnitzler, le prototype de la « *süsse Mädel* » (suave jeune femme) viennoise qu'il immortalisa sur la scène de langue allemande. Mais l'empereur l'aurait vue d'un mauvais œil interpréter les héroïnes de Schnitzler ; comme elle s'en plaignit un jour à une amie : « Sa Majesté veut toujours me voir jouer les grandes dames. » Et les rôles ne manquaient pas qui donnaient l'occasion de revêtir des tenues somptueuses qui, dans certains journaux, retenaient presque davantage l'attention que son jeu de comédienne.

Les besoins de sa garde-robe de théâtre vinrent s'ajouter aux sommes déjà astronomiques qu'elle dépensait pour s'habiller et elle devint peu à peu dépendante des billets de change contenus dans les lettres de l'empereur. François-Joseph lui écrivait de Hongrie :

> Maintenant que me voici autorisé à agir pour vous en tant que ministre des Finances, j'aimerais vous poser une ou deux questions concernant votre garde-robe la prochaine fois que nous nous verrons à Schönbrunn. Ne craignez rien, je n'ai

pas l'intention de vous faire le moindre reproche mais j'aimerais que vous me répondiez aussi franchement que possible, de façon à ce qu'il n'y ait aucun secret entre nous.

Il était difficile pour Katharina d'être claire sur le chapitre de ses finances ; il y régnait un tel désordre qu'elle ignorait totalement combien elle pouvait devoir. La réponse qu'elle donna à cette occasion dut sembler peu satisfaisante, car quelques jours plus tard, le 6 février 1888, l'empereur, qui dans l'intervalle était revenu à Vienne avant de repartir en Hongrie, écrivait encore :

Ci-jointe la somme que je vous ai promise et je vous prie de me faire savoir immédiatement si elle est insuffisante. Excusez mon insistance sur ce sujet, mais vos intérêts me tiennent tant à cœur, et je désire si fort mettre vos finances en ordre que je prends le risque de vous paraître déplaisant et ennuyeux. Il est impossible que vous ayez des dettes ou, ce qui revient au même, que vous laissiez des factures impayées pendant des mois. J'ai fait une liste des dépenses que vous avez accumulées cet hiver. Vos divers costumes de théâtre, votre nouvelle robe pour le *Industriellenball*, et une autre pour ce soir, tout cela représente une somme considérable qui va faire une énorme ponction dans votre bourse. Je vous serais infiniment reconnaissant de bien vouloir m'écrire ici la somme exacte qu'il vous faut, et je la mettrai immédiatement à votre disposition. Bien sûr, vous allez dire : « Il est vraiment insupportable », mais j'accepte bien volontiers cette critique. Je ne suis d'ailleurs pas très inquiet car je sais qu'au fond de votre cœur, vous m'aimez bien.

Comment ne pas être touché par la douceur et la générosité d'une telle lettre ? Katharina répondit à sa manière chaleureuse et impulsive. Bouleversée de gratitude, sentant qu'elle ne lui donnait peut-être pas assez en retour, inspirée par un amour qui tenait de l'admiration, elle écrivit à François-Joseph une lettre qu'il allait lire et relire pendant plusieurs années, y trouvant une consolation dans les pires moments et, dans sa solitude, le réconfort de savoir qu'une personne au moins l'aimait réellement pour lui-même. Malheureusement, il ne reste ni brouillon ni double de ce qui fut sans doute une lettre magique, dans laquelle Katharina Schratt proposa du fond de son cœur à l'empereur de devenir sa maîtresse. Mais c'était passer outre le mystérieux pouvoir qu'exerçait Elisabeth sur son mari et qui faisait de lui l'adorateur d'un autel vide. Et, à l'automne 1887, l'impératrice était de retour chez elle.

AMIS OU AMANTS ?

A la Cour on pensait généralement que l'impératrice était revenue pour mettre un terme à l'attachement croissant de l'empereur pour Frau Schratt. Mais en réalité Elisabeth avait pour l'heure bien d'autres soucis. Elle rentrait pour apaiser son mari et le préparer à l'avenir ; une fois Valérie mariée, elle avait l'intention de se retirer du monde et de terminer ses jours sur une île grecque. Durant tout le mois d'octobre elle avait parcouru les mers Ioniennes par des temps épouvantables, causant une gêne extrême à sa suite et de graves problèmes à la famille royale grecque qui avait dû faire tracer de nouvelles routes sur des îles désertes pour lui permettre de s'adonner à sa toute dernière passion, l'archéologie.

Le responsable de cette passion était le consul d'Autriche à Corfou, helléniste vieillissant répondant au titre de baron Warsberg et dont les écrits réunis dans un ouvrage intitulé *Odysseiche Landschaften* représentaient la bible de l'impératrice. Tout comme les pauvres dames de compagnie éprouvées par le mal de mer, les officiers du *Greif* détestaient cet érudit pédant qui entrait en transes devant la moindre ruine, mais personne n'osait s'en moquer en présence de l'impératrice qui buvait chacune de ses paroles et, par les mers les plus démontées, forçait le capitaine du *Greif*, le plus vieux et le moins sûr des yachts impériaux, à jeter l'ancre dans des ports dangereux ou à la conduire dans un petit canot pour qu'elle pût cueillir un bouquet de fleurs séchées sur les plages qu'Ulysse avait quittées pour ses périlleux voyages. Si François-Joseph avait pu prévoir l'influence désastreuse qu'allaient exercer le baron et son *Odysseische Landschaften* sur sa femme, il l'aurait démis de ses fonctions sur-le-champ. Mais comme il était trop tard, il se contenta d'écrire à Elisabeth avec sa résignation habituelle : « Je n'ai pas la moindre idée de ce que vous avez pu trouver à faire à Ithaque pendant quatre jours, mais le principal est que vous en soyez satisfaite, ce qui semble être le cas ». Il n'a pas dû vraiment goûter le poème qu'elle lui envoya, dédié au « royaume d'Ulysse » et il était blessant de découvrir qu'elle se sentait plus heureuse à errer parmi les îles grecques en compagnie d'un obscur consul que de venir retrouver sa famille à Lainz, dans la villa qu'il avait fait construire pour elle avec tant d'amour.

Mais elle allait enfin rentrer et François-Joseph se réjouissait : « Comme je suis heureux que vous mettiez un terme dès demain à ces expéditions maritimes et à ces dangereuses excursions dans cette Albanie si peu sûre. Mais je ne me sentirai pleinement rassuré que lorsque je vous saurai en sécurité ici. » Après une traversée sous la tempête, la fragile impératrice arriva éclatante de santé alors que les membres de sa suite avaient atteint les limites de la résistance. Même le baron Warsberg reconnaissait dans son journal que « l'épuisement dépassait tout ce que j'avais pu connaître au cours de mes voyages en Asie où les fatigues ne manquaient pourtant pas ».

La famille se trouva réunie à Gödöllo, la propriété que le peuple hongrois avait donnée à sa souveraine bien-aimée pour la remercier de son appui lors de l'élaboration du Compromis historique. L'annonce de quelques cas isolés de scarlatine avait suffi à retenir Elisabeth loin de Vienne pour protéger Valérie de l'infection. Elle préférait toujours résider en Hongrie et pendant les premières semaines qui suivirent son retour, elle s'appliqua à se montrer agréable envers son mari, le ramenant ainsi à son état habituel d'adorateur docile.

Le Tout-Vienne, qui faisait tant de cas de l'extraordinaire passion de l'empereur pour une comédienne du Burgtheater, aurait été bien surpris de savoir que, dans ses lettres à sa femme, François-Joseph ne manquait jamais de mentionner ses rencontres avec Frau Schratt qui y répond au pseudonyme de « *Kriegsminister* » (ministre de la Guerre). Dans une lettre envoyée à Corfou, on peut lire : « Je suis allé faire une promenade à Schönbrunn avec le *Kriegsminister* qui s'est montrée très gaie et avait beaucoup de choses intéressantes à me raconter. » Quelques jours plus tard, il reprenait : « A une heure, j'ai rencontré le *Kriegsminister*. La veille, elle avait obtenu un gros succès à la matinée de charité de l'opéra où elle interprétait une tragédie de Anzengruber écrite en dialecte autrichien. Les journaux ne tarissaient pas d'éloges. » De son côté, Elisabeth envoyait souvent d'affectueux messages au *Kriegsminister* et peu de temps après son retour François-Joseph apprit à Frau Schratt que, dînant seul en compagnie de l'impératrice et de Valérie à l'occasion de la Sainte-Catherine, « j'ai été très étonné de voir qu'on apportait des coupes à champagne, alors que d'habitude nous ne nous permettons pas le luxe d'un tel vin, et l'impératrice m'a informé qu'elle-même avait commandé ce champagne pour que nous puissions vous porter un toast, ce qui fut fait de tout cœur. C'était là une surprise bien agréable ». Comme la comédienne a dû rire, et peut-être pleurer en même temps, devant la touchante simplicité du monarque le plus riche d'Europe qui traitait le champagne comme un luxe alors qu'il coulait à flots dans la vie de plaisir et de dépenses du monde du théâtre.

L'humeur agréable d'Elisabeth ne dura pas plus de quelques semaines. L'approche de Noël, qui correspondait à son cinquantième anniversaire, la replongea dans le désespoir. Toute la famille, à l'exception de ses parents trop vieux pour supporter le voyage, arrivait à Gödöllo pour célébrer ce qui pour elle était un sujet de deuil, et elle avait invité le baron Warsberg pour qu'il l'aide à supporter ces pénibles festivités, sans prendre le temps de considérer à quel point sa présence allait être insolite dans une réunion de famille. François-Joseph et Rodolphe le trouvèrent immédiatement antipathique, alors que les Wittelsbach l'ignoraient totalement, même dans les moments les plus chaleureux. Elisabeth continuait pourtant de penser que le baron était la seule personne digne de son attention et elle le poussa à réciter de longs passages d'Homère devant un public glacé. Ravi, Warsberg se rêvait déjà en confident privé et il se délectait dans son journal : « Sa Majesté est merveilleusement bonne, et personne peut-être n'a été à ce jour aussi proche d'elle. Je crains seulement qu'une telle attention de sa part ne me fasse du mal par ailleurs ». Tout vaniteux qu'il fût, il ne pouvait pas ne pas remarquer une certaine froideur de la part de l'empereur qui se serait montré tout à fait glacial s'il avait pu deviner qu'au cours de cette visite, l'impératrice avait donné à Warsberg mission de chercher une villa à Corfou dans l'intention de la louer et éventuellement de l'acheter.

Le Noël en famille que François-Joseph appelait de ses vœux depuis si longtemps était complètement gâché et il se consola en emmenant ses invités à la chasse avec une meute qu'on gardait dans le voisinage, et en tirant le canard sauvage dans les marais du Danube. Il ne se passait pas un jour sans qu'il écrivît à Frau Schratt. Mais à son retour à Vienne avec l'impératrice au tout début de l'année, il apprit que Toni Kiss était alité avec la varicelle et, à cause de la hantise de contagion d'Elisabeth, il se trouva privé pendant trois semaines de rencontres avec la comédienne et même de ses lettres. Au cours de l'année précédente la présence de Katharina lui était devenue si nécessaire que l'empereur ressentait la petite varicelle de Toni, pourtant bénigne, comme une tragédie de première importance.

Le 11 janvier 1888, il comptait déjà les jours qu'il venait de passer sans pouvoir lui parler : « Ces quatorze jours depuis notre dernière rencontre me semblent une éternité. J'ai sans cesse la terreur de vous savoir atteinte du mal de Toni. » Quatre jours plus tard, il reprenait : « C'est terrible pour moi de savoir si peu de choses sur ce que vous faites, et devoir vivre sans les lettres qui me rendent si heureux. Quand cette quarantaine si effroyablement longue prendra-t-elle fin ? Depuis des jours j'ignore tout de votre vie et vous pouvez imaginer mon inquiétude. Je ne sais même pas si j'occupe encore vos pensées. »

La saison de Vienne battait son plein, avec encore plus d'éclat que d'habitude du fait de la présence tant attendue de l'impératrice. La femme de l'ambassadeur d'Angleterre, Walpurga Paget, qui rencontra Elisabeth à un dîner de la Cour, notait dans son journal : « L'impératrice est de retour, ravie d'être plus mince que jamais et les étoffes d'or et d'argent où elle s'est glissée, sans faire le moindre pli, donnent l'impression de recouvrir un être à peine humain jaillissant de fantastiques décorations de cheveux et de fourrures. » Mais tous ceux qui virent Elisabeth même lorsqu'elle s'appliquait à être agréable eurent l'impression qu'elle vivait sur une planète tout à fait différente et qu'elle ne s'intéressait pas vraiment aux affaires de ce monde. Personne ne ressentait mieux cet éloignement progressif que François-Joseph qui, à l'issue d'un de ces dîners de Cour, regagnait ses appartements et se réchauffait le cœur en relisant les lettres que Katharina lui avait envoyées depuis le début de leur amitié. Il lui affirmait : « C'est le plus agréable des passe-temps car elles sont écrites avec tant de grâce et évoquent, dans leur ordre chronologique, tant d'instants exquis. »

Pendant tout ce temps, le médecin de la cour, le Dr Widerhofer, était chargé de le tenir informé de l'évolution de la maladie de Toni, et le docteur, célèbre pour sa discrétion, a dû bien s'amuser en secret de l'intérêt de Sa Majesté pour cette varicelle. La quarantaine arriva enfin à son terme et l'empereur de cinquante-sept ans écrivit à Frau Schratt : « Si je n'étais pas si vieux, et si je n'avais pas cette toux, je crierais de joie à la pensée de vous revoir. » Et ni la toux ni l'âge ne l'empêchèrent de la rencontrer pour faire une promenade dans la neige au cours de laquelle, timide comme un jeune lieutenant, il lui murmura : « Le sol sera peut-être suffisamment glissant pour me permettre de prendre votre bras. »

C'était la saison des bals publics que l'empereur honorait de sa présence à tour de rôle et où chaque dame ambitieuse de la « Deuxième Société » souhaitait paraître. Protégé par ce qu'il appelait son « aura », François-Joseph faisait « sa tournée », courtois et aimable avec chacun, infiniment poli et infiniment lointain, ne cessant de chercher le sourire ami et les yeux rieurs de la seule personne qui l'intéressait dans la salle. Au lendemain du *Industriellenball* il écrivait à Katharina Schratt : « Merci d'avoir si bien manœuvré au cours du bal et de m'avoir ainsi procuré le grand plaisir de pouvoir vous parler. Vous étiez entourée d'une compagnie si brillante que je suis certain d'avoir dit bien des stupidités. »

Il n'eut que le temps de se rendre une fois au théâtre pour la revoir jouer dans une comédie populaire, *le Poisson rouge*, et de faire une dernière promenade à Schönbrunn avant de devoir regagner Budapest pour affronter les revendications et les exigences des politiciens magyars qui refusaient de reconnaître les droits des minorités en dehors d'eux-mêmes. Même la présence de l'impératrice ne suffit pas à compenser les tracas et les frustrations de ces semaines passées en Hongrie. Pendant les vingt dernières années, François-Joseph avait mis son honneur à essayer de s'en tenir à la lettre du compromis historique, mais s'était vu systématiquement poussé dans des positions intenables par des hommes qui ne se souciaient pas de l'empire mais uniquement de la Hongrie. Elisabeth, qui se rangeait toujours du côté des Magyars, ne manifestait ni intérêt ni compréhension pour les problèmes qui préoccupaient son mari. Et peu à peu l'empereur se laissa aller à confier ses difficultés à Frau Schratt qui, bien que peu savante et peu expérimentée dans les affaires du monde, n'en comptait pas moins parmi ses amis de nombreux journalistes et même quelques ministres, et se trouvait ainsi d'une façon plutôt inattendue assez bien informée de la situation politique. Mais ce n'était pas tant son intelligence que sa chaleur et quelque chose d'enfantin dans son caractère, qui attiraient François-Joseph.

Dans l'un des rares brouillons de lettres qui nous restent, on peut lire : « J'aimerais être une fée et jeter un sort qui ferait une petite blessure sur la langue de tous ceux qui osent contrarier Votre Majesté ou vous causer le plus léger souci. » Elle a une photographie du château de Budapest près de son lit et elle veut savoir avec exactitude « où se trouve la chambre de Votre Majesté pour que mes pensées puissent entrer par la fenêtre et rester près de Votre Majesté à chaque heure du jour... Comme je serais heureuse de venir m'asseoir en silence auprès de la table de travail de Votre Majesté. Je ne dérangerais pas le moins du monde mais peut-être pourrais-je à l'occasion vous tendre un porte-plume ou sécher l'encre d'une de vos lettres ».

Ne nous étonnons pas si l'empereur guettait avec impatience ces lettres qui apportaient un élément de gaieté dans le sinistre château donnant sur le Danube gelé, où Elisabeth n'acceptait de parler que hongrois et où les obligations sociales pesaient encore plus lourd qu'à Vienne. « L'énervement et les contrariétés me rendent très grincheux » confessait-il. Et un jour l'impératrice lui dit bien en face qu'elle était persuadée qu'il ferait mieux « d'être concierge dans la Nibelungengasse que de régner comme roi de Hongrie ». Rapportant cette remarque de sa femme à Katharina Schratt, l'empereur ajoutait : « Et, dans un sens, elle n'a pas vraiment tort. »

François-Joseph n'avait encore jamais admis avec autant de franchise à quel point le confort de la vie de famille ordinaire lui manquait et la réaction instinctive de Katharina Schratt fut de répondre en lui offrant toute l'affection dont elle était capable ; la célèbre *Gedankenbrief* (lettre de sentiments), que l'empereur devait chérir pendant toutes les années à venir et qu'il a dû détruire peu de temps avant sa mort, nous ne pouvons en juger qu'à travers la réponse qu'il y fit et les quelques brouillons incomplets des lettres que Katharina écrivit probablement dans des moments de remords et de peur d'avoir été trop loin, au risque d'apparaître comme une « böse Verführerin » (une tentatrice perverse).

Elle ne se jetait pas à la tête de l'empereur en proposant de devenir sa maîtresse. On peut même penser qu'elle ne le désirait pas vraiment car Toni et sa situation de mère comptaient encore plus dans sa vie que sa carrière. Il s'agissait probablement d'un geste dicté plutôt par la tendresse et la générosité que par la passion. Mais elle ne s'attendait sans doute pas à une réponse qui était en même temps une déclaration et une renonciation à l'amour. Ayant conservé pour s'adresser à elle le titre de Gnädige Frau (chère madame), l'empereur rédigea ce qui dut être pour lui l'une des lettres les plus difficiles qu'il eût jamais à envoyer.

> A mon grand plaisir, j'ai reçu aujourd'hui votre bonne lettre. Celle qui y était enfermée et que vous nommez lettre de sentiments m'a rendu

énormément heureux, et si je ne savais pas que vous vous montrez toujours franche avec moi, je trouverais cela bien difficile à croire, surtout quand je regarde dans un miroir et que ma vieille figure ridée me rend ce regard. Il va m'être très difficile de répondre à ces lettres qui sont si bien pensées et écrites avec tant de charme. En outre, vous me laissez peu de temps puisque vous semblez souhaiter une réponse rapide. On me demande de dire mes sentiments mais vous savez sûrement déjà que je vous adore ou du moins le soupçonnez-vous. Cette affection n'a fait que grandir depuis le jour où j'ai eu la chance de vous rencontrer. Voici donc que nous nous sommes tous deux dévoilés et c'est très bien ainsi. Mais il faut s'en tenir là et notre relation doit demeurer dans l'avenir ce qu'elle a été jusqu'ici — enfin, si elle doit durer, et il faut qu'elle dure, car elle me donne tant de bonheur. Vous dites que vous saurez contrôler vos sentiments, et j'essaierai d'en faire de même, ce qui ne sera pas toujours très facile pour moi. Mais je ne ferai rien de mal. J'aime ma femme et je tiens à ne pas tromper sa confiance et l'amitié qu'elle a pour vous. Comme je suis trop vieux pour être un ami fraternel, permettez-moi d'être votre ami paternel et traitez-moi avec cette même gentillesse dont vous avez bien voulu me gratifier jusqu'ici. Votre lettre de sentiments sera l'un de mes plus précieux trésors et comme preuve de votre affection j'espère seulement que vous me garderez toujours à la place que j'occupe aujourd'hui dans votre cœur chaleureux et accueillant.

Après avoir traité d'autres sujets l'empereur termine sa lettre : « Je vous supplie de ne pas vous irriter de ce que j'ai écrit, car vous savez que je vous idolâtre, mais à l'avenir je ne vous dirai plus jamais une telle chose. »

« Je vous idolâtre. » François-Joseph n'avait jamais dit ces mots à personne d'autre qu'à Elisabeth et Katharina Schratt aurait dû s'en contenter pour étouffer ses scrupules d'avoir osé mettre sur le papier « des sentiments qu'on aurait mieux fait de tenir secrets ». Elle écrivait :

> Je continue à me faire des reproches à propos de cette « lettre de sentiments ». Non que je veuille en retirer le moindre mot, ce serait insulter la vérité. Mais je crains que Votre Majesté ait pu mal juger mes termes et m'imaginer sous le jour d'une séductrice intrigante, ce qui serait affreux pour moi... Un double de cette fâcheuse lettre est près de moi, comme beaucoup de celles que j'adresse à Votre Majesté elle n'aurait jamais pu passer les censeurs impériaux, et peut-être aurait-ce été préférable car je continue à en être préoccupée.

Ce brouillon, non daté, devait faire partie d'une lettre à laquelle l'empereur répondit le 18 février :

> Ainsi vous avez encore des craintes de me voir vous considérer comme une calculatrice et éprouver de la colère contre vous — comme si une telle chose était possible. Vous êtes en vérité si belle, si bonne et si adorée que vous pourriez bien devenir dangereuse pour moi. Mais je resterai toujours fort et puisque j'ai votre lettre de

> sentiments et que je connais votre affection, je ne suis pas seulement heureux mais tranquille. La franchise vaut toujours mieux que tout, même si elle doit parfois vous conduire aux limites de la correction. En outre je me sens maintenant à l'abri de cette jalousie silencieuse qui m'a si souvent empoisonné... La fâcheuse lettre a déjà été lue et relue je ne sais combien de fois.

Il s'intéressait à tout ce qui la concernait. Le déroulement de l'éducation de Toni, l'intrigue de la pièce qu'elle était en train de répéter et son état de santé, qu'il s'agît d'un simple refroidissement ou de ses règles. Il parlait fréquemment de ce qu'il appelait « *die stille Woche* » (la semaine calme) à l'occasion de laquelle il était fréquent pour une comédienne gâtée de jouer les malades et de passer deux jours au lit. Dans ce domaine Frau Schratt semble avoir utilisé pleinement ses privilèges. Au bout d'une grande dépense d'énergie, de deux représentations par jour, suivies d'un souper ou d'un bal, et forcée de se lever tôt le matin pour assister à la messe de sept heures, elle se retirait alors dans son lit, épuisée et souffrant de dépression, ce « Weltschmerz » si répandu à l'époque.

Par tempérament, Katharina était robuste et forte, mais il ne fait aucun doute que la nature équivoque de sa relation avec l'empereur, les interdits qui en découlaient dans sa vie de tous les jours, et sa position incertaine par rapport à l'impératrice, tout cela contribuait à éprouver fortement son équilibre nerveux. La réponse de François-Joseph à sa « lettre de sentiments » signifiait clairement que leur amitié dépendait entièrement d'Elisabeth qui, avec sa nature capricieuse et instable, pouvait se retourner contre elle à tout moment, créant une situation que l'empereur n'aurait jamais le courage de résoudre. Pourtant Katharina ne ressentait pas de jalousie envers cette femme qui était aussi sa souveraine et que plus tard, assez bizarrement, elle apprit à aimer. La seule critique qu'elle se permettait concernait le peu d'attentions qu'Elisabeth accordait à l'Empereur.

Une vieille tradition autrichienne veut que le 1er mars, on vende des violettes dans les rues et qu'on en offre aux amis, et pour la deuxième année consécutive Katharine Schratt envoya des violettes à la famille impériale à Budapest. Si l'on en juge par la lettre de remerciements de François-Joseph, il semble que personne d'autre que Frau Schratt n'ait pensé, ou peut-être osé envoyer des fleurs à ses souverains.

> Vous auriez aimé voir combien l'impératrice et Valérie se sont réjouies de votre délicieux cadeau et comme elles ont été surprises et touchées que vous ayez pensé à elles cette année encore. Mais pour vous dire la vérité, ce que je fais toujours, j'avais l'audace d'espérer l'arrivée de ces violettes pour aujourd'hui et quand on a apporté la boîte j'ai su immédiatement qu'elle venait de vous. Les fleurs sont tout à fait fraîches et leur odeur est merveilleuse.

Deux jours plus tard, l'impératrice partait pour l'Angleterre avec sa fille et l'empereur se retrouva seul une fois encore, à tel point que Katharina se demandait parfois si Elisabeth se serait alarmée de voir François-Joseph la prendre pour maîtresse. Mais le comportement de l'impératrice lors de son retour en mai, quand Katharina fut invitée dans la villa du couple impérial au Lainzer Tiergarten, invitation donnée par l'empereur au nom de sa femme, lui montra qu'ils étaient beaucoup plus proches l'un de l'autre que ce qu'elle avait imaginé, et qu'Elisabeth ne l'aurait jamais reçue si elle avait prêté foi aux scandaleuses rumeurs qui circulaient dans toute la Cour.

Aucun trac de première ne pouvait égaler la terreur de la comédienne au moment où elle se présenta pour la première fois devant les grilles de Lainz et trouva l'empereur et l'impératrice qui l'attendaient pour la conduire à pied à la villa. Charmante et détendue, Elisabeth la guida à travers bois, éloignant un cerf sauvage du bout de son ombrelle, puis s'arrêta dans le jardin pour lui cueillir les premières roses. De son côté, François-Joseph, quelque peu raide et embarrassé, sembla heureux de lui montrer leur maison. C'était le premier des nombreux après-midi qu'ils devaient passer ensemble aussi bien à Lainz qu'à Ischl et Schönbrunn et ce fut sans doute la seule fois où la comédienne, d'ordinaire si bavarde et si spirituelle, resta muette de peur et se montra incapable de venir à bout des délicieux cafés glacés et autres gâteaux à la crème que l'impératrice avait tout spécialement commandés pour elle. Cette nuit-là, elle resta éveillée à se demander quelle impression elle avait pu faire sur Elisabeth, mais François-Joseph ne tarda pas à la rassurer :

> Je suis sincèrement désolé que vous ayez passé une nuit blanche après votre visite d'avant-hier. Malgré le thé et le café glacé, j'ai dormi comme cela ne m'était pas arrivé depuis longtemps. Vous pouvez vous rassurer tout à fait quant à l'impression que vous avez laissée en partant d'ici. L'impératrice ne cesse de parler de vous de la façon la plus favorable et la plus affectueuse qui soit et je vous garantis qu'elle vous aime vraiment beaucoup. Si vous connaissiez un peu plus intimement cette splendide femme vous seriez très certainement remplie des mêmes sentiments à son égard.

Avant la fin de l'été Elisabeth ne parlait plus de Katharina Schratt comme du *Kriegsminister* mais comme *die Freundin* (l'amie) dont la vie riche et variée lui faisait une compagnie délicieuse. Et Katharina Schratt pouvait s'enorgueillir de son amitié non plus seulement avec l'empereur mais également avec l'impératrice. Pourtant la réponse de François-Joseph à sa lettre de sentiments avait porté ses fruits et elle se sentait plus que jamais décidée à protéger son indépendance et à ne jamais le laisser intervenir dans ses amitiés, ce qui n'était pas toujours facile car l'empereur se montrait jaloux et exigeant. Elle ne faisait aucun mystère des visites du comte Wilczek, des lettres du prince Ferdinand, ni de ses promenades à cheval en compagnie des frères Baltazzi. Mais elle se gardait de dire trop de bien de ses amis : « Votre Majesté n'ignore pas qu'une seule personne m'intéresse et que cette personne chère et adorée, c'est vous. »

Elle disait la vérité mais pas toute la vérité et l'empereur ne savait rien des riches cadeaux que lui offraient ses admirateurs fortunés. Il n'aurait pas non plus beaucoup apprécié le ton de certaines lettres qu'elle adressa au prince Ferdinand et qui portaient en titre « Votre Altesse Royale, et mon Plus Cher Ami. » François-Joseph était encore plus préoccupé par sa réputation que par son entourage. Il n'aimait pas la voir partir en promenade avec les riches frères Baltazzi, personnages bien connus du monde des jeux.

La comédienne, très vulnérable aux critiques, n'apprécia pas de voir l'empereur lui demander si elle était l'amie de la femme d'Hector Baltazzi, et il s'excusa de l'avoir blessée inutilement :

> Ma question ne comportait aucune arrière-pensée lorsque j'ai souhaité savoir si vous connaissiez Frau Baltazzi, mais comme vous semblez avoir décidé d'espacer vos promenades avec son mari, je puis vous déclarer franchement que je

préfère cela, d'abord parce que je ne suis pas très tranquille quant à la sûreté des chevaux qu'il peut vous confier... Et puis il y a aussi autre chose, que je vous prie de garder pour vous : Hector Baltazzi, bien qu'il m'arrive de lui adresser la parole et que l'impératrice elle-même les ait vus jadis assez régulièrement sa femme et lui, ne jouit pas d'une réputation parfaite dans les domaines des courses et des affaires d'argent, à tel point qu'il a été pendant un temps interdit des champs de courses anglais. Je ne connais pas exactement sa situation et je ne voudrais pas le calomnier, c'est pourquoi je vous prie de ne rien répéter de mes remarques.

L'empereur terminait sa lettre par une plaisanterie concernant un possible duel : « Comme évidemment je ne pourrais pas lui donner réparation dans les jardins du Prater, même dans la lumière blême de l'aube. »

François-Joseph était loin de se douter que moins d'un an plus tard il aurait besoin de Frau Schratt et de son amitié avec les Baltazzi pour l'aider à traverser la plus grande tragédie de sa vie.

UNE ALLIANCE DIFFICILE

Le 15 mars 1888 François-Joseph écrivait à Frau Schratt : « Je ne pourrai pas être demain matin à Schönbrunn car, à onze heures, je dois assister aux funérailles du vieux Kaiser allemand qui se tiendront en l'église protestante de la Gumpendorferstrasse et comme je n'ai jusqu'ici jamais participé à une cérémonie religieuse de ce type j'ignore combien de temps cela durera. » Ces quelques mots concernaient un ancien ennemi que les circonstances avaient transformé en allié et dont la mort marquait la fin d'une époque.

L'avenir restait incertain car le successeur du vieux Guillaume était mourant. Le Kaiser Frederick aux idées libérales et dont on attendait tant la venue au pouvoir venait d'entrer dans la phase ultime d'un cancer au point de ne même pas pouvoir prononcer le serment lors de son couronnement et derrière cette douce et noble figure se profilait l'ombre agressive et emphatique d'un fils de vingt-huit ans, qui attendait le trône avec impatience.

Ni dans cette lettre à Frau Schratt ni dans aucune autre, François-Joseph ne fait mention des détestables manifestations qui eurent lieu dans les rues de Vienne à la veille de la mort du vieux Kaiser et au cours desquelles des membres du nouveau « parti pangermanique » avec à leur tête George von

Schönerer, investirent les bureaux du *Wiener Tagblatt*, journal dirigé par des israélites, parce qu'il avait publié la nouvelle avant qu'elle soit annoncée officiellement. Le comte Taaffe, le Premier ministre dont la politique consistait à ne jamais inquiéter inutilement son maître avec des nouvelles déplaisantes, a dû faire le nécessaire pour que l'empereur ne sache rien de l'affaire, car Maurice Szeps, le rédacteur en chef du *Neue Wiener Tagblatt*, était un ami intime du prince Rodolphe bien connu pour ses sympathies pro-juives. Mais ce que l'empereur ignorait était bien sûr parvenu à Katharina Schratt qui vivait dans un monde comptant une grande majorité de Juifs et que les activités de George von Schönerer ne laissaient pas indifférent. Schönerer, petit propriétaire siégeant au Parlement, était un démagogue fanatique, violemment antisémite, qui croyait au mythe teutonique et à la grandeur du peuple allemand, et aurait aimé voir les Hohenzollern prendre la place des Habsbourg.

Dans son salon de la Nibelungengasse où elle recevait la plupart des dirigeants de l'époque, Katharina Schratt n'a rien pu ignorer de ce qui se passait dans les rues de Vienne. Mais on peut se demander si elle se confia à l'empereur ou si, comme le comte Taafe, elle s'appliqua à lui épargner des inquiétudes inutiles. Elle n'avait pas le moindre préjugé contre les juifs ; la première fois où, à notre connaissance, elle intervint pour un protégé, ce fut en faveur d'un vieux rabbin hongrois dont on avait arrêté les deux fils pour détournement de fonds. Comme elle était bonne et crédule par nature, les escrocs ne se comptaient plus parmi ses protégés et l'empereur dut lui répondre qu'après avoir consulté le dossier il avait été forcé de se rendre à l'évidence que les deux fils de l'honorable rabbin étaient de tels bandits que tout pardon devenait impossible.

Les manifestations des nationalistes allemands, suivies de l'arrestation et du procès de Schönerer, éveillèrent un vif intérêt dans une ville où les sentiments antisémites s'étaient développés au cours des années précédentes, surtout depuis le krach financier de 1873 dont les barons juifs de la finance avaient été tenus pour responsables. Les classes supérieures, à l'exception du prince héritier et de quelques intellectuels éclairés comme le comte Hans Wilczek, avaient toujours été antisémites. Même François-Joseph, tout humaniste et tolérant qu'il était, aurait dit, si l'on en croit le journal de sa fille : « On doit évidemment tout faire pour protéger les juifs, mais y a-t-il une seule personne qui les aime vraiment ? » Mais quoi qu'il ait pu confier en privé à sa fille, dans la vie publique l'empereur était le premier à rendre honneur à toute personnalité juive éminente. Et la renaissance en art et en littérature, les énormes progrès obtenus en médecine, dans la dernière décennie de ce qu'on a appelé la *Franz-Josefzeit*, était en grande partie le fruit de la protection que l'empereur avait apportée aux minorités juives de l'empire

L'attaque des bureaux du *Neue Wiener Tagblatt* fut un avant-goût des émeutes et des manifestations organisées par les pangermanistes en 1888, année qui vit l'achèvement du Ringstrasse, l'inauguration du monument à Marie-Thérèse au printemps et l'ouverture du nouveau Burgtheater en automne. Le premier événement fut une cérémonie patriotique haute en couleur, en présence de la famille impériale au grand complet, y compris l'impératrice, et les journaux consacrèrent de longs éloges à la gloire des Habsbourg. A cette occasion Elisabeth provoqua bien des critiques en se présentant vêtue d'une simple robe marron, alors que toutes les dames de la « Première Société » arboraient leur plus belle toilette printanière. Pauline Metternich nota que « l'impératrice était habillée comme une bonne endimanchée », mais Elisabeth se souciait peu de ce que pouvait dire la princesse Metternich ou quiconque. Sa robe était le symbole de sa protestation contre toutes les cérémonies publiques auxquelles elle n'assistait qu'à son corps défendant.

Peu de membres de la famille impériale avaient eu connaissance des scènes détestables qui s'étaient déroulées la veille sur le Ring, lorsque l'annonce du verdict au procès de Schönerer avait jeté la foule de ses partisans dans la rue, protestant contre la sévérité de la sentence qui le condamnait à quatre mois d'emprisonnement, la perte de son titre et celle de son siège au Parlement. De jeunes excités brandissant les couleurs noir, rouge et or des Hohenzollern constituèrent un cortège sur le Ring en criant des slogans hostiles aux juifs et en chantant *Die Wacht am Rhein*. Ils se heurtèrent à la police et la circulation fut interrompue. Une voiture de la Cour ramenant le prince Rodolphe du Burg se trouva bloquée dans l'embouteillage. Quelle expérience traumatisante pour ce prince, idole de son peuple dans sa jeunesse, que d'entendre des insultes vulgaires et hystériques accabler des hommes qu'il comptait parmi ses amis ! Bien qu'une censure très stricte interdît toute critique écrite contre un membre de la famille impériale, plusieurs journaux aussi bien à l'intérieur qu'à l'étranger ne s'étaient pas privés de dénoncer « une certaine personne haut placée qui s'était mise entre les mains des juifs ». Rodolphe, de constitution nerveuse et dépressive, ne manqua pas de ressentir certains des slogans qu'on clamait ce soir-là dans les rues comme visant sa propre personne.

Au matin de l'inauguration du monument à Marie-Thérèse, le prince héritier avait l'air si misérable que l'impératrice, qui remarquait rarement ce genre de choses, lui demanda s'il n'était pas malade. Mais la mère et le fils étaient devenus si étrangers l'un à l'autre qu'Elisabeth était bien la dernière personne à qui Rodolphe aurait aimé confier les doutes et les craintes qui l'assaillaient depuis quelques années. Ce manque de confiance entre eux n'avait pas l'impératrice pour seule responsable. Chacun se méfiait de l'autre car il y reconnaissait cette même instabilité de caractère et cette même indiscrétion qui, au début du mariage d'Elisabeth, avaient choqué tant de ses amis et de ses alliés, et qui, dans le cas de Rodolphe, avaient poussé les ministres de l'empereur à lui conseiller de ne pas confier de documents secrets au prince héritier, de peur de les voir prendre le chemin de la presse étrangère. Son précepteur, le comte Latour, avait été le premier à constater que son élève avait bien plus de talent que de caractère et que son défaut le plus sérieux était un manque de courage, qualité que chacun de ses parents possédait pourtant au suprême degré.

En juin, François-Joseph écrivait de Budapest à Frau Schratt qu'il devait assister à de nouvelles funérailles protestantes, cette fois-ci pour le pauvre Kaiser Frederick qui venait de mourir après un règne de quatre-vingt-dix-neuf jours, « une destinée tragique, bien que la fin soit venue comme une délivrance ». François-Joseph n'avait jamais éprouvé une grande sympathie pour ce Frederick aux idées si libérales, alors que sa femme Victoria, fille aînée de la reine Victoria était l'une des rares têtes couronnées qu'Elisabeth considérât comme une amie. Instinctivement, l'impératrice souhaita faire une visite de condoléances à la veuve, suggestion immédiatement repoussée par l'empereur prétextant qu'elle supporterait mal cette épreuve. Beaucoup affirmèrent que cette rigidité ne venait pas tant de l'empereur que du comte Kalnoky, le ministre des Affaires étrangères, qui, étant donné les relations notoirement mauvaises entre le nouveau Kaiser et sa mère, informa son maître qu'une visite de ce genre rencontrerait la désapprobation de la Cour de Prusse. Empêchée de se laisser aller à ce geste spontané d'affection, Elisabeth se vit forcée de participer à la visite officielle allemande de l'automne, visite qui représentait une épreuve bien plus grande pour son état nerveux.

L'antipathie de l'impératrice pour Guillaume, le fils du Kaiser Frederick, n'était rien en comparaison de l'aversion qu'il suscitait chez Rodolphe qui avait le même âge que lui et qui avait toujours dû afficher le simulacre de l'amitié dans l'intérêt de l'Alliance. La mort du Kaiser Frederick sonnait le glas de ses espérances politiques car Frederick et son épouse anglaise auraient insufflé de nouvelles orientations à la politique allemande. On aurait vu se resserrer les liens avec l'Angleterre, des ouvertures amicales auraient pu être tentées en direction de la France qui auraient peut-être conduit à la restitution de l'Alsace-Lorraine, et l'Autriche-Hongrie aurait trouvé un allié solide pour l'aider contre l'agression russe dans les Balkans. Et avant tout, cela signifiait la fin de l'hégémonie de Bismarck en Europe centrale. Mais maintenant le trône revenait à l'un de ses élèves, *Junker* vaniteux, agressif et sûr de lui. Guillaume avait parfaitement réussi. Il avait une grande famille et quatre fils et héritait d'un empire vaste et prospère à l'âge de vingt-neuf ans. En comparaison, Rodolphe se voyait dans la peau d'un raté, de santé fragile, atteint d'une maladie vénérienne incurable, marié sans bonheur et sans héritier mâle pour assurer la succession sur le trône, épié par les ministres de son père qui ne lui accordaient aucune confiance, et doté d'un père qui à cinquante-huit ans était en pleine force de l'âge et semblait devoir régner encore de nombreuses années. Les événements d'Allemagne versaient la dernière goutte dans une coupe déjà débordante d'amertume, de frustration et de désespoir.

François-Joseph qui, au cours d'une vie riche en revers politiques, avait appris à se résigner devant l'inévitable, était disposé à accepter Guillaume II comme nouvel allié, et à lui témoigner la même loyauté scrupuleuse qu'il avait montrée envers son grand-père. Mais il détestait recevoir des ordres chez lui et le refus de Guillaume de visiter Vienne en même temps que son oncle le prince de Galles conduisit les deux pays au bord de l'incident diplomatique. Le prince qui venait souvent en visite en Autriche où il était très populaire et qu'une amitié très intime liait à Rodolphe malgré leur différence d'âge, devait assister aux manœuvres de septembre et participer à quelques chasses impériales. En restant pour la visite officielle allemande, il avait espéré trouver l'occasion de rencontrer son neveu en terrain neutre. Mais le prince Reuss, l'ambassadeur d'Allemagne, eut la tâche désagréable d'informer le comte Kalnoky que la présence du prince de Galles serait *non grata* pour son maître impérial. Et le dilemme ne fut résolu que par le prince qui, avec le tact qui devait si bien réussir à l'Angleterre par la suite, annonça son intention de quitter Vienne pour une excursion en province. Rodolphe fut le premier à l'inviter dans son pavillon de chasse de Transylvanie, affirmant dans une lettre à Stéphanie : « Je suis ravi de recevoir Galles. Si je devais inviter Guillaume, ce serait uniquement pour arranger un discret petit accident de chasse qui lui ferait quitter ce monde. »

On trouve bien peu de traces de ces problèmes politiques dans les lettres de l'empereur à Katharina Schratt. Pourtant, à l'automne 1888, leur relation avait atteint un tel degré d'intimité qu'il se laissa aller incidemment à tourner en dérision ses invités royaux. Depuis les manœuvres de septembre en Croatie, il écrivait :

> La population locale m'a réservé un accueil des plus chaleureux et les manœuvres se sont magnifiquement déroulées sous un ciel radieux. Nous avons fait beaucoup de cheval et que ce soit au trot ou au galop, j'ai fait tout mon possible pour rester à distance du prince de Galles, mais je n'y ai pas réussi. Le gros homme collait à mes talons

> s'accrochant d'une façon incroyable. Seulement il était si tendu qu'il a déchiré le pantalon de son uniforme rouge de hussard et il a dû se sentir bien mal à l'aise car il ne portait rien en dessous.

Edouard n'était pas un étranger pour Frau Schratt, car à Karlsbad il s'était arrangé pour rencontrer la dame qui avait su envoûter l'austère François-Joseph. Mais Katharina était un produit du cru, peu susceptible de séduire ce prince de Galles beaucoup trop sophistiqué.

Cet été-là, les vacances de l'empereur à Ischl avaient été écourtées par une série de visites royales, mais le mal se trouva compensé par la présence de l'impératrice qui se montra d'humeur particulièrement charmante et fit même des efforts pour faciliter les rencontres avec « l'amie ». Pour tuer le temps, qui lui semblait toujours interminable, Elisabeth prit des leçons d'élocution auprès d'Alexandre Strakosch, le vieux professeur de Katharina et invita deux de ses collègues du Burgtheater à venir lire des poèmes à la villa Kaiser. Une excursion dans le Jainzen, la montagne favorite d'Elisabeth, fut gâchée pour Katharina quand on lui demanda de composer un poème destiné à ce qu'Elisabeth appelait son « livre de Jainzen ». La comédienne, qui n'avait aucun talent de poète, livra deux petits vers librement adaptés du satiriste renommé Wilhelm Busch qu'elle rehaussa d'une charmante dédicace adressée à « la princesse que les muses ont embrassée ». Elisabeth, qui se prenait pour une poétesse, en fut ravie et François-Joseph se félicita du succès de « l'amie ». Immensément flattée par la condescendance de l'impératrice, Katharina écrivit à une collègue de Berlin :

> Les gens disent de l'impératrice qu'elle est froide, mais avec moi elle parle le plus franche-

> ment du monde, et me confie des choses que j'ai du mal à croire tellement elles sont touchantes. Elle a évidemment des qualités exceptionnelles dont bien sûr sa beauté encore prodigieuse. Le fait que celle-ci soit quelque peu marquée par de nombreuses tristesses et des déceptions ne la rend que plus expressive encore.

Mais Katharina ne se sentit jamais vraiment à l'aise avec Elisabeth et elle confessa à l'empereur que, malgré tous ses efforts, elle se trouvait aussi intimidée par elle que lors de leur première rencontre. Comment pouvait-on rester naturel en face d'une femme qui vous confiait l'un des secrets les plus intimes de sa vie et quelques heures plus tard vous accueillait avec à peine un sourire ? Même sa beauté pouvait être décourageante et Katharina voyait parfois l'empereur contempler sa femme avec une telle adoration et une telle humilité qu'elle se demandait quel rôle elle venait jouer dans cette étrange *partie à trois*. Mais en les rencontrant plus souvent, elle en vint à comprendre que François-Joseph ne se sentait pas non plus très à l'aise avec sa femme et que l'une des raisons qui le poussaient à se rendre si souvent à Frauenstein était un besoin de passer quelques heures en compagnie d'un être humain comme les autres. Il se plaisait à entendre parler de la vie du village proche, de la fête de l'église de Sankt Gilgen où l'un des fermiers avait forcé Katharina à danser et, après lui avoir écrasé les pieds, lui avait donné une claque sur les fesses en lui assurant qu'elle « dansait bien ». François-Joseph aurait tant aimé pouvoir se trouver là, à la regarder danser « si bien » plutôt que de participer à un dîner de gala en l'honneur de la reine et du roi du Portugal.

Katharina Schratt quitta Frauenstein vers la fin de l'été 1888. Les propriétaires avaient refusé de renouveler le bail et elle a sans doute trouvé plus commode de se rapprocher de

Ischl où on avait mis la villa Felicitas à sa disposition. Ce n'était ni aussi joli ni aussi romantique que Frauenstein, mais on pouvait y venir à pied de la villa Kaiser. D'ailleurs l'empereur s'attachait à elle plus que jamais. Lorsque Toni alla à l'école pour la première fois, il envoya des vœux au petit Thérésianiste « que j'aimerais bien voir dans son uniforme ». A la veille de la visite de l'empereur d'Allemagne il se rendit au Burgtheater où elle jouait dans le « vieux théâtre » pour la dernière fois. « J'ai passé une soirée paisible et heureuse, à vous voir si merveilleusement belle. Merci d'avoir mis mes hirondelles de diamants dans vos cheveux. »

Il s'intéressait de si près à sa carrière qu'il était même disponible pour écouter ses plaintes, « car tout ce qui vous touche me concerne et exprimer le fond de votre pensée vous fera certainement du bien ». Ces plaintes étaient principalement dirigées contre Sonnenthal qui assurait la direction provisoire du Burgtheater et qui, étant un bien plus grand artiste que Katharina Schratt, n'avait pas l'intention de se prêter à ses caprices sous prétexte qu'elle était l'amie de l'empereur. On lui refusait ses demandes de congés exceptionnels, de plus jeunes comédiennes se voyaient confier des rôles qu'elle estimait lui appartenir, des galas en tant qu'artiste invitée dans les théâtres d'été étaient supprimés, et si elle se plaignait d'être insuffisamment employée il lui répondait en lui présentant une feuille de service sur laquelle elle était distribuée pour six soirées consécutives. « Je vois que s'annonce une semaine Schratt, écrivait François-Joseph, s'agit-il d'une punition ou d'une récompense ? »

De nombreuses querelles éclataient parce qu'elle prenait la défense de collègues plus faibles. Certaines des remarques sarcastiques que lançait l'empereur aux dépens du plus éminent acteur d'Autriche montrent bien à quel point François-Joseph subissait l'influence de Katharina. Un jour il écrivit : « Jupiter était présent et aussi affecté que d'habitude. Mais je ne devrais pas vous dire cela, c'est contraire à la discipline et au respect que vous devez à votre chef. J'espère que vous garderez strictement pour vous mes remarques peu obligeantes. » Il n'osait jamais dire son admiration pour l'une de ses rivales ; il écrivit à propos de Stella Hohenfels : « Je crains que Diana (Hohenfels) ne m'en veuille d'être parti pendant la première scène de la dernière pièce. Mais pour parler brutalement " Das ist mir ganz wurst " (argot autrichien signifiant " Je m'en fiche pas mal "). »

Katharina savait maintenant éviter de demander à l'empereur d'intervenir en sa faveur ; il pensait ne pas servir ses intérêts en le faisant. Il lui donnait des conseils du genre : « Forcez-vous à modérer vos colères, à vous montrer plus conciliante et à faire moins souvent de ces scènes qui ne sont pas dignes de votre noble caractère. » Mais Katharina avait la lutte dans le sang et son indépendance aussi bien que son refus de se soumettre à toute injustice quelle qu'elle soit étaient les qualités qu'il admirait justement le plus.

Elle se trouva au centre de la polémique qui faisait rage autour du nouveau Burgtheater qu'on inaugurait à l'automne et le public comme la presse s'en prit durement à elle. C'était un bâtiment élégant et massif, un mélange de fausse renaissance et de baroque qui caractérisait l'architecture de la Ringstrasse dans les années 1880, et ses défauts de construction incombaient moins à l'architecte Karl Hasenauer qu'aux incessantes interventions des officiels de la Cour qui ne connaissaient rien ni à l'architecture ni au théâtre. On eut pour résultat un plafond beaucoup trop haut, une acoustique catastrophique et un lourd dôme ornemental qui masquait la visibilité du balcon et de la première rangée de loges. Les comédiens, très attachés à leur vieux théâtre de la Michaelerplatz et qui n'avaient d'ailleurs jamais demandé à partir, se lamentaient. Beaucoup d'entre eux craignaient que leur voix ne se perde dans cet immense auditorium plein d'échos. Tout l'argent englouti dans le splendide foyer de marbre, l'escalier monumental décoré des fresques de Gustave Klimt, le nouveau rideau créé par le peintre Joseph Fux sur lequel Charlotte Wolther incarnait la tragédie et Katharina Schratt la comédie — tout cela ne dissimulait pas que le nouveau théâtre était un échec.

Ses collègues faisaient leurs doléances à Katharina dans l'espoir qu'elles arriveraient jusqu'aux oreilles de l'empereur. Dans ses mémoires, Hugo Thimig rend hommage au courage de la jeune femme en rapportant une conversation qu'elle eut avec l'empereur sur ce sujet du nouveau théâtre.

Lorsque François-Joseph lui demanda si elle l'aimait, elle répondit : « Eh bien, Votre Majesté, Vous l'aimez, aussi personne n'ose rien dire contre.

— Que voulez-vous dire, je l'aime ?... Je ne l'aime pas du tout.

— Mais Votre Majesté, c'est bien de votre faute s'il est si haut. C'est bien vous qui avez voulu le *Logengang*.

— Je n'ai jamais rien voulu de tel, déclara-t-il alors.

Mais Katharina Schratt insista : « C'est pourtant ce que disent les gens, Votre Majesté. »

Thimig ajoute : Ce sont sans doute les premières paroles de vérité que l'empereur entendait concernant notre malheureux théâtre. »

Un an plus tard à peine, ses collègues persuadèrent Katharina Schratt de présenter en leur nom une pétition à l'empereur pour la construction d'un petit théâtre en annexe du nouveau où seraient données des pièces en un acte et des comédies légères qui avaient toujours trouvé leur place dans la tradition de l'ancienne salle. François-Joseph accordait évidemment toute sa sympathie aux comédiens et aurait été disposé à satisfaire cette demande s'il n'avait craint d'offenser le prince

Hohenlohe, grand chambellan, qui avait été le principal artisan de l'existence du nouveau théâtre et qui aurait dit, lorsque le sujet fut abordé : « Si Votre Majesté fait construire une nouvelle salle, cela revient à dire que l'actuelle est inutilisable et je serai publiquement étiqueté comme imbécile. » Huit ans plus tard on ferma le Burgtheater pour six mois afin d'y apporter les modifications nécessaires, à la suite de quoi la troupe, qui entretemps s'était accoutumée à la dimension du plateau, put s'enorgueillir de posséder l'un des plus beaux théâtres d'Europe.

Ce nouveau théâtre du Ring, qui devait ouvrir ses portes pendant la visite officielle allemande, ne fut prêt que quinze jours plus tard. Après avoir fait visiter le chantier au Kaiser, François-Joseph écrivit à Katharina : « Je me suis rendu hier au nouveau Burgtheater en compagnie du Kaiser Guillaume et j'ai vu le magnifique rideau de Joseph Fux. On ne vous y reconnaît pas mais Toni y est beaucoup plus ressemblant. » Ayons une pensée pour cet écolier de huit ans que sa tendre mère fit représenter en cupidon gambadant à ses pieds. Et ne nous étonnons pas trop si Toni Kiss maudit en grandissant les rapports de sa mère avec la scène.

Les lettres de François-Joseph datant de la visite allemande ne dévoilent rien de ses sentiments personnels en face du jeune Kaiser qui se conduisait déjà comme si l'Allemagne était le partenaire majeur de l'Alliance, se permettant même de critiquer l'inefficacité de l'infanterie autrichienne pendant les manœuvres, sans tenir aucun compte du fait que cette infanterie avait pour inspecteur-général le prince héritier. Une rumeur circula selon laquelle il alla jusqu'à suggérer, en présence de l'empereur et de l'impératrice, qu'on remplaçât le prince héritier par un général de carrière, et Elisabeth se sentit insultée par ce manque de tact au point de prétexter une migraine pour quitter la pièce. Il donna une autre preuve de son indélicatesse en remettant l'ordre prussien de l'Aigle Noir au comte Tisza, le

Premier ministre hongrois sans en faire autant pour le comte Taaffe, le Premier ministre autrichien qui avait irrité Sa Majesté prussienne en venant en aide aux minorités tchèques en Bohème. Le Kaiser ne devait pas ignorer non plus que Taaffe avait donné des ordres spéciaux pour empêcher les partisans de Schönerer de se regrouper dans les rues et avait interdit toute manifestation pangermaniste pendant la durée de la visite.

Mais tout ce qu'on peut lire dans la lettre de François-Joseph à Frau Schratt, c'est :

> ... nous avons vaillamment survécu aux festivités de ces derniers jours. Au dîner d'hier j'ai porté mon toast dont la perspective me rendait si nerveux, mais heureusement je m'en suis acquitté sans erreur ni oubli. Et maintenant je dois accompagner mes invités pour passer l'après-midi à Mürzsteg, et il me semble bien que nous allons avoir le même temps exécrable qui nous poursuit depuis plusieurs années dans nos chasses d'automne en montagne.

Tout au long de son règne, François-Joseph avait supporté trop de visites royales pour se laisser impressionner par la grossièreté d'un jeune homme qui n'avait pas encore appris à se conduire en souverain et en gentleman.

Elisabeth avait vécu cette visite allemande comme une torture et elle n'avait pas fait le moindre effort pour adoucir les choses ou se montrer agréable. L'épouse de l'ambassadeur d'Angleterre décrit son arrivée à un concert de gala où il faisait très chaud ; « vêtue d'une robe de l'hiver dernier, bordée de fourrure, et qui semblait usée ». Les autres pouvaient bien critiquer, l'empereur lui était reconnaissant pour sa présence. Elle s'était montrée particulièrement bonne envers lui au cours des derniers mois, allant jusqu'à prier Katharina Schratt de lui rendre visite à la Hofburg. En transmettant son message, François-Joseph dit à la comédienne » « Comme je vais être heureux de vous montrer de l'intérieur la fenêtre même où vous avez si souvent eu la bonté de porter les yeux depuis la rue. »

Mais dès le milieu d'octobre l'impératrice avait pris le chemin de Corfou où Warsberg lui avait loué une villa et son mari, désolé, écrivait : « Je suis d'humeur bien triste à la pensée de votre départ pour le sud lointain, et de votre longue absence, surtout après nos retrouvailles qui furent si heureuses et si harmonieuses. Vous avez été particulièrement charmante et douce et je vous en remercie une nouvelle fois. Pensez souvent à votre petit solitaire infiniment amoureux. » Cette lettre est d'un mari fervent, mais au cours de la même semaine, il écrivait à Katharina Schratt dont il n'avait pas reçu de nouvelles depuis plusieurs jours :

> Courrier après courrier j'espérais une lettre et la désirais comme un rayon de lumière dans mon existence épuisante et sans agrément. Mais j'ai été chaque jour déçu. J'espère que la raison est simple, soit que vous trouviez assommant d'écrire, ce qui serait tout à fait compréhensible, soit que vous craigniez de me déranger pendant la chasse, ce qui serait moins compréhensible, car vous savez sans doute bien maintenant que vos chères lettres me sont infiniment précieuses.

[illegible]
[illegible]
[illegible]
[illegible]
[illegible]
[illegible] ce que la bonne ne portât ses yeux, [illegible]

Mais dès le [illegible] l'abbé [illegible]
[illegible]
[illegible]
[illegible]
[illegible]
[illegible]
[illegible]
[illegible]
[illegible]
[illegible]
[illegible]

> [illegible]
> [illegible]
> [illegible]
> [illegible]
> [illegible]
> [illegible]
> [illegible]
> [illegible]
> [illegible]
> [illegible]

DÉSASTRE IMMINENT

Les nuits d'insomnies dont se plaignait François-Joseph dans ses lettres à Katharina Schratt avaient-elles pour origine l'agitation croissante autour du budget de défense hongrois ou l'éclosion de nouvelles forces politiques au sein du peuple, ou bien y avait-il d'autres raisons plus personnelles en jeu ? Il parle de son « existence épuisante et sans agrément » mais les racines de ses soucis ne se trouvaient peut-être pas tant dans la politique que dans les rapports de la police secrète concernant les activités subversives de l'héritier du trône. François-Joseph, qui adorait son fils, ne voulait pas le faire surveiller par la police. Mais le comte Taaffe possédait des preuves irréfutables des liens directs que le prince héritier entretenait avec les extrémistes hongrois qui complotaient pour saper le budget de défense dans le but d'obtenir une armée séparée pour la Hongrie. Le fait que l'un de leurs chefs, Stefan Karolyi, était un compagnon de chasse de Rodolphe ne justifiait nullement les lettres où le prince disait sa sympathie pour l'opposition et parlait avec mépris des ministres de son père. Il alla même jusqu'à critiquer le vieil archiduc Albert, commandant en chef de l'armée, le seul membre de la famille que l'empereur admirât vraiment. De son côté, l'archiduc n'avait que peu de sympathie pour Rodolphe qu'il accusait de négliger ses devoirs et de se montrer trop amical avec son cousin Jean-Salvador dont l'ambition tapageuse créait le désordre dans tous les régiments où on l'appelait à servir. Mais le plus grand danger résidait dans la haine presque pathologique que le prince héritier vouait au nouveau Kaiser, et surtout dans les articles anti-allemands qui paraissaient régulièrement aussi bien dans la *Neue Wiener Tagblatt* que dans la presse étrangère, et dont on lui attribuait la paternité.

Certains aspects de la vie privée de Rodolphe restaient sans doute ignorés de son père, mais François-Joseph devait connaître la maladie vénérienne dont son fils souffrait depuis deux ans et qui lui attaquait parfois les yeux au point de l'empêcher d'aller à la chasse, l'une des rares passions que le père et le fils avaient en commun. Mais alors que l'empereur chassait par amour du sport, le prince héritier y cherchait le plaisir de tuer et il se produisit un malencontreux accident au cours d'une chasse impériale quand Rodolphe, toujours prêt à tirer sur tout ce qui bougeait, qu'il s'agît d'un de ses oiseaux ou de ceux de ses voisins, manqua de très peu de tuer son père et blessa l'assistant qui se trouvait derrière lui. L'empereur fut doublement furieux : à cause du manque d'esprit sportif manifesté par Rodolphe, mais aussi parce qu'il savait à quel point cette histoire ressortirait exagérée de la tournée des clubs de Vienne. Cet incident aggrava encore la tension entre le père et le fils. Malgré sa volonté farouche de l'ignorer, François-Joseph avait bien dû remarquer chez Rodolphe un tragique affaissement aussi bien physique que moral. Lorsque sa belle-fille, folle de terreur après que son mari lui eût demandé de lui prouver son amour en partageant un double suicide, accourut pour trouver de l'aide, elle ne reçut rien de plus qu'un refus poli. Il lui conseilla de ne pas se laisser aller à ces stupidités, dit que Rodolphe allait sans doute trop loin et que c'était son devoir d'épouse de le retenir à la maison — comme si cette pauvre

Stéphanie, si délaissée, pouvait avoir la moindre influence sur un mari qui ne lui trouvait plus aucun attrait et avait conservé ses appartements de garçon à la Hofburg, lui interdisant d'en passer la porte.

Une autre femme venue d'un tout autre monde essaya de donner le même avertissement à la police. Mitzi Kaspar, une ancienne danseuse qui était la maîtresse de Rodolphe depuis plusieurs années, était une Viennoise gaie et légère qui avait ri au nez du prince héritier lorsqu'il lui avait suggéré une première fois de partager un double suicide qui devait avoir lieu au Husarentempel de Mödling, un monument datant des guerres napoléoniennes et très recherché pour les rendez-vous d'amour et pour les suicides d'amoureux transis. Ce fut seulement quand Rodolphe revint plusieurs fois sur le sujet que Mitzi commença à le prendre au sérieux et décida d'aller voir le chef de la police pour lui dire que le prince héritier était un malade mental au bord de la dépression nerveuse. Il fallait bien de l'audace de la part d'une femme de la réputation de Mitzi pour aller affronter le terrible baron Kraus. Et si le baron avait eu un peu plus d'imagination il aurait pris cet avertissement au sérieux plutôt que de ranger les menaces de suicide de Rodolphe parmi les idées fixes des névrosés qui parlent de suicide à tout bout de champ et ne passent jamais à l'acte. Il se contenta d'enregistrer la déposition de Mitzi et de l'avertir qu'elle risquait des poursuites si elle rapportait un seul mot de tout cela à quiconque, ce qui n'était pas là une manière très agréable de traiter une jeune femme qui, par loyauté envers ses souverains, avait fait ce qu'elle considérait comme son devoir.

Par incompréhension ou par fierté, François-Joseph refusait d'admettre que son fils fût névrosé, de la même façon qu'il n'était pas question pour lui de reconnaître un déséquilibre mental quel qu'il soit chez sa femme. Les médecins se bornaient à affirmer que Sa Majesté était trop imaginative et que la tension de ses nerfs ne lui permettait pas de supporter le moindre choc nerveux. Sa réaction à la mort de son cousin Louis avaient prouvé le bien-fondé de ces affirmations. Aussi y avait-il maintenant une conspiration du silence dans l'entourage d'Elisabeth pour lui cacher la vie dissolue de Rodolphe et sa dépendance de plus en plus grande de la morphine et de l'alcool. Une mère un peu plus aimante aurait remarqué la détérioration physique de son fils qui sautait aux yeux de l'observateur le plus distrait, et elle s'en serait inquiétée. Mais Elisabeth était trop préoccupée par les fiançailles prochaines de Valérie et par ses propres projets d'avenir pour porter un peu d'attention à Rodolphe, tout malade et malheureux qu'il fût.

A Corfou, le baron Warsberg lui avait trouvé la maison de ses rêves : une villa à colonnades de couleur rose datant de l'occupation vénitienne, avec des terrasses de bois descendant vers la mer — une maison ravissante si seulement elle s'était contentée de la laisser en l'état. Mais, poussée par Warsberg, elle s'imaginait déesse de la mythologie, vivant dans un palais phénicien et la modeste villa Braila devint l'Achilleon, une construction germanique de mauvais goût dédiée à Achille qui était le dernier objet de culte de l'impératrice. C'était la réplique méridionale de la villa Hermès et, au bout du compte, elle coûta encore plus cher. Pour préparer son mari au choc de ces nouvelles dépenses, Elisabeth expédiait chez elle de longues lettres affectueuses, faisant envoyer des caisses de fruits dont l'une était destinée à *die Freundin* qui, « si elle veut me faire un vrai plaisir, pourrait m'envoyer une belle photographie d'elle dédicacée dans un cadre en cuir de Rodecks ». Il semble que l'amitié d'Elisabeth pour Katharina Schratt était tout à fait sincère à cette époque et plus tard au cours de cette même année, elle demanda à son amie hongroise, Ida von Ferenczy, de permettre à l'empereur et à la comédienne de se rencontrer dans son appartement qui, bien que dans le même bâtiment que la Hofburg, ne faisait pas réellement partie du palais.

Ida, dont on peut dire qu'elle fut l'amie la plus intime de l'impératrice, était entrée dans sa vie comme une jeune fille dont l'enthousiasme brûlant pour la cause hongroise et l'adoration qu'elle portait au comte Andrássy, le chef des patriotes, avaient gagné le cœur d'Elisabeth. Depuis vingt ans elle restait sa compagne la plus proche. Même durant leurs séparations, Elisabeth lui envoyait chaque jour de longues lettres affectueuses qui manquaient curieusement de maturité, venant d'une femme qui avait déjà tant souffert et tant vécu. Ida ne possédait aucun quartier de noblesse, ce qui lui interdisait tout espoir d'obtenir un poste officiel à la cour et cela représentait aux yeux de l'impératrice un avantage supplémentaire ; alors que Marie Festetics, la dame de compagnie hongroise d'Elisabeth, l'accompagnait au long de tous ses voyages, la petite Ida restait à la maison pour veiller sur ses intérêts, soigner ses animaux domestiques et lui servir d'intermédiaire avec la Hongrie et Andrássy. L'empereur, reconnaissant envers Ida pour cette dévotion à sa femme, lui accordait les mêmes privilèges que si elle avait été attachée à la Cour.

Rien ne laisse supposer que les rencontres dans l'appartement de Ida von Ferenczy consistaient en autre chose qu'un simple bavardage amical autour d'une tasse de café. Le geste aimable d'Elisabeth était en même temps contraignant et Katharina se sentait plus à l'aise dans les jardins de Schönbrunn que dans ces pièces où des portraits de l'impératrice vous surveillaient de chaque mur. L'année suivante elle acquit avec le consentement de François-Joseph une maison à Hietzing, à quelques minutes à peine de Schönbrunn, où elle put le recevoir.

En l'absence d'Elisabeth, la seule distraction de François-Joseph était le Burgtheater et il disait à Katharina Schratt :

« Vous me faites tout particulièrement plaisir lorsque vous m'écrivez à propos du théâtre. Cela risque de sembler léger de ma part, mais c'est vrai. » Adolf Sonnenthal avait démissionné et François-Joseph se hâta de prévenir son amie que Förster devenait le nouveau directeur du Burg : « J'espère qu'il se montrera pour vous un chef agréable et des plus obligeants, mais non des plus affectueux car je n'aimerais pas cela. » A quoi Katharina répondit : « Le fait que ce soit Votre Majesté qui m'apprenne la nomination de Förster est un signe certain de bonne chance pour l'avenir. Mais ce qui me rend particulièrement heureuse, si heureuse que je ne l'oublierai *jamais*, c'est que Votre Majesté me dit qu'il ne veut pas qu'il soit des plus affectueux. »

L'empereur qui, pendant si longtemps, s'était si peu soucié du théâtre, était maintenant impatient de connaître son opinion sur le jeu de Sarah Bernhardt qui, alors qu'il se trouvait en Hongrie, faisait un triomphe au Burgtheater. Katharina vouait une grande admiration à sa collègue française et alla la voir jouer deux pièces de Sardou, *Theodora* et *Tosca*. Dans un extrait d'une de ses lettres on peut lire :

> Et voici maintenant des nouvelles du théâtre. Je suis allée voir deux fois *Theodora*, vendredi et samedi, et à mon avis cette pièce est bien meilleure et beaucoup plus intéressante que *Tosca*, à condition que le rôle de *Theodora* soit bien joué, et seule Sarah Bernhardt, pour qui la pièce a été écrite, peut le jouer. Si Junon (Wolther) m'entendait, elle me tuerait aussi sûrement que Theodora tue son Andréas.

Dans l'ensemble, Katharina était bon public. Même en période de dispute avec Sonnenthal elle pouvait être émue aux larmes par son roi Lear et les nouveaux venus au Burg pouvaient toujours compter sur ses encouragements et sur son aide. Mais aussi bien pour les metteurs en scène que pour la direction, la favorite de l'empereur devait créer bien des problèmes. « J'ai appris qu'on fait des efforts pour vous confier de nouveaux rôles, plus en accord avec vos souhaits, écrivait François-Joseph, aussi j'espère que l'avenir au Burgtheater s'annonce radieux pour vous, et si vous êtes heureuse, je le serai aussi. » Mais il se passa peu de temps avant que Katharina ne prît le nouveau directeur en faute et lui reprochât de ne pas lui donner assez de travail.

> Je n'ai pas encore vu le Dr Förster. Je suis passée à son bureau l'autre jour mais il venait de partir. J'ai vraiment peu à faire en ce moment à moins d'un changement de dernière minute dans la programmation. Non que je me sente follement frustrée de ne pas jouer puisque Votre Majesté ne se trouve pas à Vienne. Et même si vous étiez à Vienne et qu'on me donne le choix entre rester près de Votre Majesté et jouer en face de Votre Majesté, je n'hésiterais pas à choisir la première proposition. Mais hélas cela ne se produit pas très souvent. Et lorsque je joue j'éprouve une agréable sensation de chaleur à la pensée que Votre Majesté est en face de moi. Mais c'est justement ce que les dieux (la direction) essaient d'empêcher.

Parfois l'empereur lui-même se lassait de ses plaintes et elle promettait alors que « à partir d'aujourd'hui, je vais mettre un terme à mes lamentations ».

> Hier je me suis reprochée toute la journée de m'être laissée aller à mon humeur de l'instant pour vous parler de ce qui se passe au Burgtheater et Votre Majesté pourrait croire que je suis une personne bien insatisfaite. Comme partout ailleurs on ne fait pas toujours ce qu'on voudrait au théâtre. Il y a des bons et des mauvais jours et parfois les mauvais durent longtemps et les bons vous paraissent trop courts. Alors, inévitablement, on s'inquiète et l'on se surmène. On prend les tracasseries et les petites querelles trop au sérieux et on en vient quelquefois à perdre le contrôle de soi-même. Mais tout s'arrange toujours à la fin. Ce que je redoute plus que tout, c'est que Votre Majesté puisse me trouver mécontente. Comment une pareille chose seraitelle possible alors que ma vie s'est si radicalement transformée et que, autour de moi, tout a changé à un point tel qu'il me semble parfois que je rêve et que je me dis : « Tout ceci est-il vrai ? » Même si je devais passer la journée entière à genoux pour remercier Dieu et mon ange gardien bien-aimé *(Oberengel)* pour tout ce qu'il m'a donné, même alors ce ne serait pas suffisant, aussi je vous en prie, ne m'en veuillez pas, je vous en supplie.

Le fait est que la vie avait changé pour Katharina Schratt. Comme elle le disait elle-même : « Parfois tout ceci ne semble pas tout à fait réel. » Et au cours des derniers mois de 1888 elle se trouva entraînée dans le faisceau des éléments d'un drame qu'elle n'avait jamais répété. Les critiques de l'empereur concernant les Baltazzi n'avaient pas le moins du monde altéré l'amitié qu'elle leur portait. Si elle ne se promenait plus à cheval avec eux sur le Prater, c'était probablement parce qu'elle avait perdu son enthousiasme pour le cheval qui n'avait jamais représenté pour elle autre chose qu'un moyen supplémentaire de perdre du poids, ce qui, à l'approche de la maturité, devenait chez elle un énorme souci. Parmi les documents qu'elle légua à Toni Kiss, on trouve plusieurs photographies des frères Baltazzi et en particulier d'Alexandre, avec qui elle semble avoir été des plus intimes. C'était un célibataire bon vivant, plein de cette vitalité exubérante et de ce charme qui caractérisaient la famille, et il avait poussé sa sœur Hélène Vetsera, que personne n'a jamais décrite comme une beauté, à prendre de nombreux amants influents et à faire inviter ses filles dans les bals les plus fermés. Sa fille aînée, qui était laide et sérieuse, ne donnait pas à sa mère beaucoup d'espoirs de succès ; aussi avait-elle ramené toutes ses ambitions sur Marie, âgée de dix-sept ans, et qu'on appelait Mary car à Vienne l'anglophilie était considérée comme une élégance et tout ce qui était anglais, aussi bien les chevaux anglais, les valets anglais que les noms anglais, était à la mode. Fascinante et ravissante petite créature, Mary avait bénéficié d'une éducation principalement axée sur l'art de séduire les hommes. Les femmes pouvaient bien dire qu'elle était de mœurs légères et qu'elle avait une vilaine silhouette avec le cou trop court et la poitrine trop développée, pas un homme n'échappait à son pouvoir et on disait le duc de Bragance, l'un des meilleurs partis parmi les jeunes veufs de Vienne, désespérément amoureux d'elle.

Personne dans la famille ne prit la chose au sérieux lorsque Mary s'éprit du prince Rodolphe. Il n'y avait pas une seule fille à Vienne qui n'ait pas été à un moment ou à un autre amoureuse de lui. Mais Mary avait hérité de l'énergie débordante de sa mère. Elle abordait le prince aux courses et aux expositions et le bombardait de lettres passionnées disant son adoration. Il ne fallut pas longtemps pour que ses oncles apprennent que Rodolphe parlait de la petite Vetsera avec ses amis d'une manière quelque peu désobligeante, aussi suggérèrent-ils à leur sœur d'envoyer la jeune fille en voyage en Angleterre pour lui changer les idées. Mais Mary revint de Londres plus amoureuse que jamais et l'intérêt soudain qu'elle portait à ses études fit penser à son précepteur qu'elle devait être éprise d'un homme cultivé qui attendait d'elle d'autres sujets de conversation que les courses et les banalités.

Dans une brochure où, plus tard, la baronne Vetsera tenta de se dédouaner ainsi que sa famille de la vile diffamation dont ils étaient l'objet, elle fit la faute de vouloir trop prouver son innocence. Elle prétendait qu'elle avait tout ignoré de la liaison de sa fille avec le prince héritier jusqu'à ce que, quelques jours avant sa disparition de la maison, elle fouille dans sa chambre et y découvre quelques lettres compromettantes. Mais plusieurs mois plus tôt on avait vu Mary Vetsera entrer dans l'appartement d'Edward Palmer sur le Ring que le banquier complaisant gardait toujours à la disposition du prince héritier, et à l'issue d'un conseil de famille les oncles Baltazzi finirent par décider qu'il était temps de mettre l'empereur au courant de l'aventure de son fils avec une fille de dix-sept ans. Dans leur situation, il n'était facile pour aucun d'eux d'approcher François-Joseph et de lui apprendre ce que le comte Taaffe essayait par tous les moyens de lui cacher. Parmi leurs connaissances, la seule personne proche de l'empereur était Katharina Schratt qui, du fait de son amitié avec les Baltazzi, se trouva ainsi mêlée à la tragédie de Mayerling qui, après quatre-vingt-dix ans, demeure encore un mystère.

L'un des Baltazzi, très probablement Alexandre, rendit visite à la comédienne à son appartement de la Nibelungengasse une semaine avant Noël 1888. Mais seulement quelques jours plus tard Toni Kiss rentrait à la maison pour les vacances avec la rougeole et ce n'est que trois semaines plus tard que le médecin de la Cour autorisa Frau Schratt à voir l'empereur et à communiquer avec lui autrement que par télégramme. Une affaire délicate concernant le prince héritier pouvait difficilement être menée à bien par télégramme, aussi ne fut-ce pas avant la mi-janvier que François-Joseph se trouva en possession de l'information que la police secrète avait en main depuis deux mois pleins et dont Katharina Schratt avait pris connaissance quelques semaines auparavant. La plupart des lettres et des documents correspondant à cette période ont été détruits. Deux ans plus tard, lorsque Katharina s'attira bien des commentaires hostiles en prenant part à une expédition en ballon avec Alexandre Baltazzi, François-Joseph, que l'événement contrariait à juste titre, écrivait : « Je n'ai jamais fait d'objections à vos relations avec Alexandre Baltazzi car c'eût été ridicule. Au contraire, je me suis félicité de pouvoir, grâce à cela, apprendre par vous tant de choses qu'il était important que je sache à une époque difficile. »

Au cours des fêtes de Noël à la Hofburg, alors que Katharina restait en quarantaine, François-Joseph se trouvait encore dans l'ignorance totale de l'aventure de son fils avec Mary Vetsera. Rodolphe, Stéphanie et leur petite fille étaient présents pour l'occasion, donnant l'impression d'une famille unie, bien que le prince héritier pensât déjà secrètement au divorce, non par amour pour Mary Vetsera mais pour se débarrasser d'une femme jalouse et hargneuse. Cette année-là, Noël revêtait doublement un air de fête puisque François-Salvador était pour la première fois présent en tant que fiancé officiel de Valérie. Même Elisabeth semblait heureuse car Rodolphe lui avait fait le grand plaisir de lui offrir pour son anniversaire onze lettres autographes de Heine que Maurice Szeps s'était procurées en son nom à Paris. L'empereur n'éprouvait pas autant de plaisir car Rodolphe et sa mère proclamant leur admiration pour le révolutionnaire Heine devant toute la Cour ne faisait qu'encourager les rumeurs sur les activités subversives du prince héritier.

Dans son journal, Marie Festetics, dame de compagnie de l'impératrice, rapporte un curieux incident qui aurait eu lieu ce soir-là au moment où Valérie, surmontant sa timidité habituelle face à son frère aîné, lui mit les bras autour du cou et lui demanda sa bénédiction. Sur quoi Rodolphe, qui ne se montrait jamais très affectueux envers cette jeune sœur qui accaparait tout l'amour de leur mère, répondit avec toute la gentillesse du monde, promettant de toujours la protéger ainsi que sa famille. Puis, soudain et sans qu'on sache pourquoi, il éclata en sanglots. Cet étrange comportement de la part de quelqu'un qui affichait d'ordinaire une indifférence cynique aurait dû alerter ses parents sur la dépression nerveuse qui guettait leur fils. Mais, bien que l'empereur et l'impératrice se soient tous deux montrés assez bouleversés sur le coup, ni l'un ni l'autre ne semblent avoir pris cela très au sérieux, puisqu'Elisabeth partit le lendemain pour Munich pour y présenter le fiancé de Valérie à sa famille, tandis que François-Joseph sembla s'inquiéter principalement de la rougeole de Toni Kiss et des semaines de quarantaine qui allaient le priver à la fois de voir Frau Schratt et d'avoir de ses nouvelles autrement que par télégramme.

C'est ici que pour la première fois il s'adressa à la comédienne non plus par l'expression *Gnädige Frau* mais par *Mon amie véritable et bien-aimée.*

> Permettez-moi d'user de ce titre au moment où votre lettre contenant les nouvelles alarmantes sur la maladie de Toni m'a frappé comme un coup de tonnerre dans un ciel clair et où la perspective d'une imminente et longue séparation me rap-

> pelle à quel point je vous chéris profondément. Excusez cet épanchement peut-être gênant, mais je suis si triste de ne pouvoir vous rencontrer pendant tout ce temps et la seule consolation qui me reste est de m'exprimer en vous écrivant.

Dans sa carte de vœux du Nouvel an, il lui demanda « de continuer d'être aussi douce et bonne avec moi que vous l'avez été par le passé, de vous montrer patiente même quand je deviens ennuyeux et avant tout de m'aimer un tout petit peu. Peut-être m'accorderez-vous demain une pensée et direz-vous pour moi une courte prière, car Dieu sait à quel point j'en ai besoin ». Pour couronner ses soucis Katharina tomba malade avec une mauvaise grippe et l'empereur fut terrifié à l'idée de la voir contracter la rougeole. « Soyez bien raisonnable et suivez scrupuleusement les instructions du médecin. Parfois vous ne prenez pas assez soin de votre santé et c'est vraiment infantile. » Et tandis que l'empereur s'inquiétait de sa santé Katharina s'inquiétait, elle, d'un moyen de lui communiquer une information vitale pour lui. On peut supposer que le souci a retardé sa guérison car ce n'est pas avant le 17 janvier que le Dr Widerhofer la déclara libre de sa quarantaine et qu'elle put enfin parler à l'empereur des Baltazzi et de leur nièce. Peu de temps après cela Alexandre Baltazzi semble avoir été reçu en audience par l'empereur.

François-Joseph n'éprouvait de sympathie ni pour les Baltazzi ni pour leur sœur. Il se souvenait de la baronne comme d'une aventurière calculatrice, mariée à un diplomate de second ordre, qui avait poursuivi Rodolphe de ses assiduités lorsqu'il était très jeune et avait fini par l'attirer dans son lit. Sa fille avait sans doute été élevée suivant les mêmes principes et selon toute vraissemblance sa mère lui avait servi de professeur. Mais malgré tout cela il était furieux contre Rodolphe d'avoir été assez stupide pour compromettre une fille de dix-sept ans qui, quelle que fût sa réputation, appartenait à la bonne société.

Des scènes orageuses opposèrent sans doute le père et le fils et le prince héritier reçut finalement l'ordre de mettre un terme à cette aventure. Rodolphe, lâche et terrorisé par son père, aurait peut-être cédé si la grossesse intempestive de Mary n'était pas venu tout compliquer. Cette grossesse, elle avait réussi à la cacher à sa famille mais maintenant, dans la terreur de se retrouver abandonnée, la fille amoureuse et stupide se muait en héroïne délaissée, prête à mourir plutôt que de vivre sans lui. Au cours des dernières années l'obsession de la mort avait fait son chemin chez Rodolphe. Sa situation inextricable, son ambition dévorante qui lui rendait insupportables les longues années d'attente qu'il voyait devant lui, l'envie de fuir un mariage sans amour, tout encourageait son désir de mort nourri aussi bien par sa maladie que par la folie naissante héritée des Wittelsbach.

François-Joseph semble s'être confié jusqu'à un certain point à Katharina Schratt car dans une lettre écrite au matin du 27 janvier, jour au soir duquel il devait voir Rodolphe pour la dernière fois au cours d'une réception à l'ambassade d'Allemagne, on peut lire : « Ma très chère amie, c'est vraiment trop gentil et trop bon de votre part de m'avoir écrit cette nuit malgré votre fatigue et votre mauvaise santé. Vos chères lignes me sont parvenues ce matin et je vous remercie de tout cœur pour vos encouragements. »

Ce soir-là, à la réception du prince Reuss, on remarqua que l'empereur n'adressa pas une seule fois la parole à son fils. La baronne Vetsera et sa fille Mary étaient toutes deux présentes à ce qui représentait l'un des événements les plus brillants de la saison de Vienne. Jamais Mary n'avait été plus belle, avec ses yeux bleus étincelants et un rayonnement de tout le visage.

Comme le rapporta un des témoins : « C'était une beauté insouciante et triomphante qui prenait tout juste la peine de faire la révérence devant le prince héritier. » Mais trois jours plus tard il ne se trouverait personne dans cette salle pour ne pas croire sincèrement que l'innocente petite Mary était une meurtrière et avait empoisonné le prince héritier.

TRAGÉDIE À MAYERLING

Onze heures sonnaient à la Hofburg en ce matin du 30 janvier 1889 – un matin comme tant d'autres. L'impératrice prenait sa leçon de grec moderne, la princesse impériale était avec son professeur de chant et l'empereur travaillait dans son bureau en attendant d'aller passer une heure en compagnie de Frau Schratt qui devait se rendre dans quelques instants à l'appartement de Ida von Ferenczy. Leur dernier rendez-vous repoussé à cause d'une rechute qu'elle avait faite en jouant dans une salle pleine de courants d'air, et une de leurs promenades à Schönbrunn annulée elle aussi, il ne l'avait pas revue depuis le jour où elle lui avait parlé des Baltazzi et de Mary Vetsera. Ce qu'elle laissait entendre alors avait depuis reçu confirmation : Rodolphe n'avait pas fait mystère de ses sentiments pour la petite Vetsera. Mais l'empereur en savait suffisamment sur la vie du prince pour se soucier moins de Mary Vetsera que de son fils qui ne méritait pas son grandiose héritage. Sa lettre au pape demandant l'annulation de ses vœux matrimoniaux était l'œuvre d'un lâche, aussi la honte et le scandale de voir un prince Habsbourg renier à la fois sa religion et ses devoirs dynastiques ne pouvaient-ils que frapper durement un homme fier et rigide tel que François-Joseph. La dernière discussion orageuse entre le père et le fils se déroula sans témoins. On n'entendit que les derniers mots de l'empereur : « Fais ce que tu veux. Je ne permettrai jamais un divorce. » Et Rodolphe était sorti de la pièce pâle comme un mort et les mains tremblant si violemment qu'il pouvait à peine tenir ses gants.

Le soir précédent il y avait eu une réunion de famille à la Hofburg et Rodolphe ne s'y était pas présenté. Il avait fait parvenir ses excuses par son beau-frère, le prince Philippe de Cobourg, qu'il avait reçu ainsi que le comte Hoyos dans son pavillon de chasse de Mayerling. L'empereur qui, tout au long d'un règne de plus de quarante ans, n'avait que très rarement manqué une journée de travail, ne fut pas très convaincu par le rhume qu'il prétextait. Rodolphe s'absentait tout simplement parce qu'il n'avait pas le courage de se retrouver en face de lui après leur dramatique dernière entrevue. A plusieurs reprises François-Joseph aurait souhaité parler avec Elisabeth des problèmes matrimoniaux de Rodolphe – et maintenant plus que jamais puisqu'il ne s'agissait plus seulement de l'échec d'une union mais d'un effondrement moral complet. Comme les médecins affirmaient qu'on ne devait exposer l'impératrice à aucune perturbation émotionnelle, la seule personne auprès de qui il pouvait s'épancher restait Katharina Schratt qui, à sa manière directe, avait toujours l'art de pincer la bonne corde de sympathie et de compréhension. Avant que la comédienne n'arrive à la Hofburg, le comte Hoyos s'y présenta avec la nouvelle de la mort du prince héritier ; et par une ironie du sort l'impératrice, pourtant si bien gardée et si bien soustraite aux tristes réalités de la vie, fut le premier membre de la famille impériale à apprendre la mort de son fils.

Tout au long de la journée, qui passa dans la terreur et la confusion, personne n'osa confirmer les faits. Ni le prince Philippe de Cobourg ni le comte Hoyos n'étaient au courant de la présence de Mary Vetsera dans le pavillon. On avait fait jurer le secret aux domestiques et à Bratfisch, le cocher qui l'avait amenée à Mayerling ; et ceci explique la réticence du valet à forcer la porte de Rodolphe quand, ce matin-là, il ne reçut pas de réponse après avoir frappé. Ce ne fut que lorsque le prince Philippe rentra de Vienne, où il avait assisté au dîner de famille, qu'on donna l'ordre d'entrer dans la chambre de force et que les bougies encore allumées révélèrent le prince héritier à demi assis sur son lit, une flaque de sang sur le sol, un miroir et un verre vide sur la table de chevet et, étendu sur le même lit, le corps dévêtu d'une belle jeune fille. Il semble que le valet ait vu le revolver sur le sol. Mais ni le beau-frère ni l'ami ne parvinrent à admettre l'évidence terrible du suicide. Il était tellement plus simple de croire que Rodolphe avait été empoisonné, puisque des poisons tels que le cyanure qui provoquent des hémorragies pouvaient justifier tout le sang répandu sur le sol.

Le prince Philippe, qui aimait Rodolphe comme un frère, fut tellement secoué qu'il resta dans l'incapacité d'agir. Par peur de faire une erreur on laissa les volets clos, on referma la porte à clé et on envoya le comte Hoyos à Vienne pour y porter la terrible nouvelle. Par les routes verglacées il arriva à Baden juste au moment où l'express Trieste-Vienne entrait en gare. D'ordinaire ce train ne prenait pas de voyageurs à Baden. Pour convaincre le chef de gare de l'urgence de sa mission, Hoyos dut lui dire que le prince héritier étair mort. Et emporté par sa nervosité il commit la première faute en ajoutant qu'on l'avait assassiné d'un coup de pistolet — ce qu'il affirma plus tard avoir toujours ignoré. Le chef de gare, loyal employé de la Südbahn, dont la banque Rothschild était le principal actionnaire, télégraphia immédiatement à la banque, si bien que les Rothschild et leurs divers contacts dans les ambassades étrangères apprirent la nouvelle avant même qu'elle parvienne à la Hofburg.

On perdit encore du temps lorsque le comte Hoyos arriva au palais car dans toute l'immense hiérarchie officielle personne ne voulut prendre la responsabilité d'informer l'empereur. Le commandant de la maison de Rodolphe consulta le grand chambellan qui voulut s'en remettre au ministre des Affaires étrangères et comme le ministre des Affaires étrangères était introuvable on s'adressa au chef d'état major. Les courtisans faillirent à leur devoir les uns après les autres et ils finirent par décider que seule l'impératrice serait capable de parler à son mari. Ce fut au commandant de la maison de Sa Majesté, le vieux baron Nopcsa, l'homme le plus doux et le plus effacé du monde, que revint la terrible mission d'annoncer, avec l'aide de Ida von Ferenczy, la nouvelle de la mort de Rodolphe à sa mère qui, exclusivement préoccupée d'elle-même, ignorait tout de la vie de son fils, jusqu'à l'existence même de Mary Vetsera. Mais cette force intérieure qu'Elisabeth savait trouver dans les moments de crise lui permit dans un premier temps non seulement de supporter le choc mais encore de réconforter l'empereur. Personne n'a assisté à cet entretien mais il semble que tous deux ont tout de suite pensé que Rodolphe avait été empoisonné par sa maîtresse et, en tout cas, ils eurent tous deux la même réaction instinctive de tenir cette honte cachée du reste du monde.

Pendant ce temps, en arrivant à la Hofburg, Katharina Schratt avait trouvé les premiers curieux rassemblés sur la Michaelerplatz et entendu les premières rumeurs sur une chose affreuse qui serait arrivée au prince héritier. Puis la rumeur se transforma en réalité. Dans l'appartement de Ida von Ferenczy, elle apprit qu'il était mort. Une servante l'informa que sa maîtresse était avec l'impératrice et la priait d'attendre. Et elle s'aperçut alors qu'il y avait une autre personne dans la pièce, assise dans un coin, recroquevillée, et sanglotant à grands bruits : « Où est mon enfant, que lui a-t-on fait ? » Katharina réalisa avec horreur que cette pauvre femme n'était autre que Helene Vetsera qui venait de perdre toute son assurance et toute sa fierté.

Helene Vetsera n'avait pas vu sa fille depuis le lundi matin, lorsqu'elle avait quitté la maison pour aller faire des courses en compagnie de son amie Marie, la comtesse Larisch. Les Vetsera tiraient beaucoup de fierté de leur intimité avec la comtesse, nièce préférée de l'impératrice et fille morganatique de son frère Louis. Elisabeth s'était entichée de cette jeune fille, la choyant et lui passant tous ses caprices jusqu'au jour où l'ambitieuse Marie commença à avoir des vues sur son cousin Rodolphe. Ce qui avait commencé comme un flirt devint bientôt une aventure et on la maria en hâte au peu séduisant et insignifiant comte Larisch tandis que sa tante bien aimée restait indifférente à ses protestations et à ses larmes. Soit par amertume soit par pur amour du mal, Marie Larisch se chargea du rôle d'intermédiaire dans l'aventure de Rodolphe avec Mary Vetsera ; à moins que ce ne fût le besoin d'argent qui guida cette jeune femme toujours couverte de dettes. Une lettre trouvée après la mort de son cousin, qui la condamnait au bannissement perpétuel de la Cour, faisait mention de fortes sommes qui lui avaient été versées en paiement de certains services. Non seulement elle avait présenté Mary Vetsera au prince héritier mais à plus d'une occasion elle l'avait accompagnée jusqu'à la garçonnière de la Hofburg et, descendant au grand hôtel, avait servi d'alibi lorsque les amants se rencontraient dans l'appartement d'Edward Palmer sur le Ring.

Mais Marie Larisch aurait dû comprendre qu'elle jouait avec le feu quand, ce lundi matin 18 janvier, elle sortit d'un magasin et s'aperçut que Mary, qui devait l'attendre dans une voiture, avait disparu en lui laissant un mot par lequel elle reconnaissait qu'elle allait rejoindre le prince héritier à Mayerling et parlait ouvertement de suicide. La réaction spontanée de la comtesse fut de se rendre auprès du chef de la police mais la baron Kraus, qui était déjà bien informé sur les dernières amours du prince héritier, n'avait aucune intention d'engager la police dans une affaire bien trop délicate pour elle. Marie Larisch n'avait plus qu'à se tourner vers la mère de Mary. Elle non plus ne semble pas avoir attaché beaucoup d'importance à l'allusion au suicide, la mettant au compte des habituelles menaces des filles hystériques et folles d'amour, cependant les deux femmes ne pouvaient ignorer l'imminence d'un scandale. Aussi, après deux jours sans nouvelles de Mary, Helene Vetsera décida-t-elle de demander l'aide du comte Taaffe, le Premier ministre tout-puissant. Mais Taaffe eut la même réaction que le chef de la police. Ni l'un ni l'autre ne souhaitaient intervenir dans les affaires privées du prétendant au trône, au risque de s'attirer son inimitié à vie. La baronne s'entendit répondre que la seule personne susceptible de l'aider était l'impératrice, ce qui la conduisit à l'appartement de Ida von Ferenczy en ce fatal mercredi pour la prier d'intercéder en sa faveur.

Helene Vetsera avait dépensé trop d'ardeur à se pousser dans les échelons les plus élevés de la société pour trouver le temps de fréquenter les amis plus populaires de ses frères, et Katharina Schratt, bien que très intime avec les Baltazzi, connaissait à peine leur sœur. En attendant dans le salon de Ida les nouvelles qu'elles redoutaient, les deux femmes s'adressèrent à peine la parole. Puis Ida parut à la porte et Katharina la suivit dans une pièce où elle se trouva en face de l'impératrice dont le corps semblait s'être vidé de toute vie et dont le visage n'était plus qu'un masque où les larmes avaient gelé. D'une voix si basse qu'on l'entendait à peine Elisabeth lui dit : « Allez le voir. Essayez de l'aider. Je ne peux plus rien. » Et, prenant Katharina par la main, elle la conduisit par les couloirs jusqu'à ses appartements privés où l'empereur attendait déjà. Et, à travers ses larmes, Katharina vit qu'en quelques heures François-Joseph était devenu un vieillard, toutes ses défenses effondrées et les yeux rougis d'avoir pleuré.

En faisant appel à elle au milieu de la pire tragédie familiale, l'impératrice donnait à Katharina Schratt la plus grande preuve de confiance qu'une femme pût donner à une autre femme. Ses propres réserves d'énergie s'épuisaient et elle sentait que François-Joseph avait besoin de quelqu'un d'extérieur à la famille, quelqu'un de sain et de sensé qui pourrait l'aider à se raccrocher normalement à la vie. Mais la vérité allait se révéler bien plus affreuse que tout ce qu'avaient pu supposer l'empereur et l'impératrice. Ce fut seulement lorsque Elisabeth apprit à Valérie que son frère était mort et que la première réaction de sa fille fut : « Est-ce qu'il s'est suicidé ? » qu'elle commença à comprendre à quel point elle connaissait peu son fils. Elle répondit non avec force, tout comme elle le fit encore quand Stéphanie, qui apprit la nouvelle en dernier, lui parla de l'obsession de la mort qui hantait son mari à tel point qu'un jour il était allé jusqu'à lui proposer de se joindre à lui dans un double suicide. Elisabeth n'avait jamais aimé sa belle-fille et elle se mit presque à la haïr, comme si Stéphanie portait d'une façon ou d'une autre la responsabilité de la mort de Rodolphe.

Pendant les premières vingt-quatre heures Elisabeth et François-Joseph restèrent convaincus que leur fils avait été empoisonné par sa maîtresse, ce qui explique l'attitude d'Elisabeth envers Helene Vetsera quand la malheureuse femme se jeta à ses pieds après s'être forcé un chemin jusqu'à elle et s'écria : « Rendez-moi mon enfant que le prince héritier m'a enlevée. » Par pitié, autant que par répulsion, l'impératrice répliqua : « Il va vous falloir tout votre courage, baronne, car votre fille est morte. » Après avoir asséné ce coup et comme la mère de Mary restait à terre en sanglotant, elle ajouta d'une voix plus froide, plus dure : « Et mon Rodolphe aussi est mort » et le ton de sa voix était tel que pendant un instant Helene Vetsera elle-même crut que sa fille de dix-sept ans avait empoisonné le prince héritier.

Pendant ce temps François-Joseph restait avec Katharina Schratt qui, ayant été la première personne à l'informer de la liaison de Rodolphe avec Mary Vetsera, était maintenant la seule personne à qui il put parler ouvertement de sa présence dans le pavillon de Mayerling. Il n'eut pas un mot de sympathie pour la fille qui, croyait-il, avait assassiné son fils. La famille de Mary se tiendrait à la disposition de la police et en même temps ferait serment de garder le secret. Personne ne devait jamais apprendre que Rodolphe n'était pas mort seul. Le premier communiqué officiel affirmait que le prince héritier était mort d'une attaque cardiaque et tout journal annonçant une version différente allait être retiré de la vente.

Le protocole inhumain qui régissait la Cour des Habsbourg interdit à l'empereur de se rendre à Mayerling comme l'aurait fait n'importe quel père. Mais peut-être son indomptable courage lui aurait-il tout de même manqué s'il avait dû affronter la vision qui attendait le Dr Widerhofer, le médecin de la Cour. Quand on ouvrit les portes que Cobourg et Hoyos avaient fait fermer, il vit, dans la lumière froide de ce jour d'hiver, le crâne fracassé de Rodolphe que la balle avait traversé de part en part, le miroir brisé sur la table de chevet, le revolver sur le sol et, étendue sur le lit, la belle jeune fille, une vilaine blessure béante à la tempe gauche. Avec horreur le médecin constata qu'elle avait dû mourir six ou sept heures avant le prince héritier. Et tout au long du chemin de retour il se demanda où il pourrait bien puiser le courage d'apprendre à l'empereur ce que son honnêteté professionnelle lui faisait un devoir de révéler. Mais lorsqu'il arriva à la Hofburg l'empereur était déjà allé se coucher et avait laissé un message lui demandant de revenir à six heures le lendemain. Il faisait encore nuit lorsqu'on le fit entrer dans le bureau où François-Joseph, qui avait visiblement passé une nuit blanche, l'accueillit avec une impatience bourrue bien différente de sa courtoisie habituelle.

« Dites-moi tout, n'omettez aucun détail. » Et le médecin, qui avait l'impression que l'empereur savait déjà que son fils s'était suicidé, essaya de trouver quelques mots de consolation en lui assurant que Son Excellence n'avait pas souffert plus d'une seconde puisque la balle avait traversé la tête.

François-Joseph l'interrompit avec colère : « Quoi ? pourquoi parlez-vous d'une balle ? »

« Eh bien, Votre Majesté, la balle avec laquelle Son Excellence s'est donné la mort. »

« Vous mentez, la fille l'a empoisonné, j'exige des explications. »

Et c'est seulement après que le médecin, en qui il avait une profonde confiance, eut donné un compte rendu détaillé de ce qu'il avait découvert à Mayerling que François-Joseph se résolut enfin à regarder en face une vérité insupportable et, à bout de nerfs, éclata en sanglots comme un enfant. En quelques secondes Widerhofer venait non seulement de lui briser le cœur mais d'anéantir sa fierté. Car à la douleur du père venait s'ajouter la terreur que Rodolphe, descendant des empereurs du Saint-Empire, se vît refuser un enterrement chrétien. A sa manière François-Joseph avait aimé son fils et il eut l'amertume de constater que pas une seule des six ou sept lettres d'adieu que la police venait de rapporter de Mayerling ne lui était adressée. Il y avait seulement une lettre pour l'impératrice où Rodolphe demandait « pardon à un père dont je sais bien que je ne suis pas digne d'être le fils ». Cette lettre, qui ne fut jamais publiée dans son entier, contenait la formule : « Je n'ai pas le droit de vivre, car j'ai tué » et comme rachat il priait sa mère de faire exaucer ce qu'il savait être le vœu le plus précieux de Mary : qu'on les enterrât ensemble dans la petite église d'Alland.

Elisabeth ne tint-elle aucun compte des dernières volontés de son fils ? Ou la lettre lui demeura-t-elle cachée jusqu'à ce que la machine complexe de diplomatie qui s'était mise en branle ait abouti à une solution rendant possible l'enterrement de Rodolphe de Habsbourg dans le caveau familial en la crypte de l'église des Capucins ? Le fait que, loin d'avoir empoisonné son fils, Mary Vetsera ait été une victime innocente semble avoir laissé dans l'indifférence la plus totale cette femme enfoncée dans son chagrin. On n'eut pas la moindre attention envers la pauvre mère de Mary à qui, au lendemain de sa visite à l'impératrice, le comte Taaffe fit comprendre qu'il était de son propre intérêt de quitter le pays pour quelques semaines. On ne l'autorisa ni à voir sa fille ni à préparer des funérailles décentes, car la présence d'un second corps à Mayerling était un secret qu'on devait à tout prix préserver.

Pendant qu'on ramenait le corps du prince héritier à la Hofburg pour l'embaumer et l'exposer, après avoir soigneusement dissimulé les blessures, pendant que les ambassadeurs étrangers et les hauts dignitaires de l'empire venaient présenter leurs condoléances, on avait caché le corps de Mary dans un magasin désaffecté où il resta jusque tard dans l'après midi du jeudi pour que son oncle Alexandre Baltazzi, enfin appelé par la police, vînt l'identifier. Et un médecin moins scrupuleux que Widerhofer examina en hâte le cadavre avant de déclarer qu'il s'agissait d'un suicide. On aurait laissé porter Mary Vetsera en terre non consacrée sans les efforts de Katharina Schratt en qui les Baltazzi trouvèrent une amie véritable et fidèle. Extrêmement religieuse, Katharina était horrifiée par le comportement du comte Taaffe et de la police envers la famille de Mary. Au cours de ces premiers jours, elle seule resta en contact à la fois avec l'empereur et les Baltazzi. Et bien que François-Joseph fût trop choqué, trop honteux, pour accorder la moindre pensée à la fille qui avait partagé le sort de Rodolphe, on peut supposer que l'un de ses proches se rendit aux arguments de Katharina Schratt et se persuada que les Baltazzi, poussés par l'amertume et la douleur, pourraient bien au bout du compte refuser de jouer le rôle sinistre que la police leur dictait s'ils ne recevaient pas en contrepartie l'assurance d'un enterrement chrétien pour leur nièce.

Tard dans la soirée de ce jeudi 1er février 1889, près de quarante-huit heures après son décès, Mary Vetsera, revêtue d'un manteau de fourrure et coiffée d'un chapeau dissimulant sa blessure à la tête, fut installée dans une voiture entre deux de ses oncles, maintenue par des coussins, et conduite par les routes enneigées jusqu'au monastère de Heiligenkreuz où la visite de deux hauts dignitaires de la Cour avait convaincu l'abbé d'accorder les sacrements chrétiens à celle qui était catégoriquement qualifiée de « suicidée »...

Toute sa vie Alexandre Baltazzi devait rester hanté par le souvenir de cet horrible trajet en voiture, chaque sursaut faisant bouger le cadavre contre lui et glisser le stupide petit chapeau qui découvrait ainsi la sinistre blessure béante. Ils arrivèrent au monastère mal éclairé vers minuit. On avait construit un cercueil à la hâte et on creusait encore la tombe. Ils ne ressortirent du cimetière détrempé et battu par le vent qu'aux approches de l'aube. Quelqu'un, peut-être l'abbé en personne, choqué par l'attitude de la police, avait prononcé ces mots : « Sa vie a commencé comme celle d'une fleur, comme une fleur on l'a cueillie » ; cette pauvre petite Mary, ambitieuse et gâtée, qui était morte par amour d'un homme qui n'attendait d'elle rien d'autre que le partage de son suicide.

Alexandre Baltazzi n'a rien dû cacher à Katharina Schratt de cette lugubre randonnée ni des outrages perpétrés au nom de l'empereur. Mais on ne pouvait rendre responsables les parents de Rodolphe, écrasés de chagrin, des lourdes fautes commises au cours des premiers jours, alors que toutes les forces de l'autocratie s'appuyaient sur une censure impitoyable pour empêcher la vérité de voir le jour. Cette censure ne s'appliquait pas de l'autre côté des frontières et au bout de quarante-huit heures toute la presse étrangère titrait en larges manchettes sur le suicide. De son côté le Dr Widerhofer, accordant plus de prix à son intégrité professionnelle qu'à sa situation à la Cour, avait tenu à écrire la vérité dans son rapport. La seule concession qu'il accepta de faire, et qui appartenait peut-être aussi au domaine de la vérité, fut de certifier qu'à l'examen du corps de Rodolphe, l'état du cerveau montrait un désordre pathologique laissant supposer que Son Altesse impériale s'était suicidée dans un moment d'égarement mental.

Ce rapport médical, signé par cinq médecins, représentait le seul espoir de François-Joseph de voir son fils enterré comme un chrétien. Au soir du 1er février les journaux publièrent le rapport et à Rome la bataille diplomatique auprès du Vatican s'engagea. Là, les difficultés s'accumulèrent. Le Sacré Collège était divisé et le cardinal Rampolla, doctrinaire rigide, mettait tout son poids dans la balance pour que le pape n'accorde pas la permission demandée. Et le monarque le plus fier d'Europe dut attendre dans l'angoisse avant d'ordonner les mesures appropriées pour les funérailles. Finalement Léon XIII céda aux pressions non seulement de l'Autriche mais de ses alliés catholiques et accorda à Rodolphe de Habsbourg le droit d'être enterré au milieu de ses ancêtres. Cinq jours seulement après qu'on eut ramené le corps de Mayerling, le grand chambellan mettait en marche la lourde machine des funérailles nationales.

A aucun moment Elisabeth n'intervint dans ces manœuvres pour réhabiliter son fils. Le magnifique contrôle d'elle-même dont elle avait fait preuve dans les premières heures s'était évanoui et elle avait atteint un tel degré de désespoir que ses proches en vinrent à craindre pour sa santé mentale. La mention du Dr Widerhofer : « égarement mental », qui avait tant soulagé François-Joseph, avait eu l'effet inverse sur sa femme qui repensa au rapport médical concernant son cousin Louis et se persuada qu'elle était responsable d'avoir transmis à Rodolphe le sang impur des Wittelsbach. Sa douleur délirante lui faisait oublier que François-Joseph était lui aussi à moitié Wittelsbach et que la force et la discipline qu'il avait héritées de sa mère Wittelsbach lui avaient permis de sauver l'empire en période révolutionnaire. Dès lors convaincue qu'elle-même et son fils étaient fous, Elisabeth se comporta de telle façon que son mari vécut dans la terreur de voir se briser les fils ténus qui la retenaient à la normalité.

Jusqu'à quel point s'épancha-t-il auprès de Katharina Schratt ? Il nous reste très peu de lettres de cette période. Elles ont subi le même sort que tous les autres documents relatifs à Mayerling. Ni dans ceux qu'a publiés le baron Bourgoing, ni dans ceux qui demeurent inédits, on ne trouve la moindre allusion aux difficiles négociations avec le Vatican. Aux yeux de son père, Rodolphe était mort en lâche. On l'aurait entendu dire en privé : « Mon fils est mort comme un tailleur (Schneider). » Schneider est aussi un terme de chasse pour désigner un faible, un cerf qui s'enfonce dans les sous-bois plutôt que de sortir se battre à découvert. Mais il fallait bien perpétuer la légende de Rodolphe et dans ses lettres adressées aux autres souverains François-Joseph ne parlait de lui que comme du « meilleur des fils et le plus loyal des sujets ».

NOTRE PAUVRE EMPEREUR

Katharina Schratt avait peu d'expérience en matière de tragédie et elle se sentait rarement à son aise dans les rôles dramatiques. Mais par la seule force de sa tendresse elle réussit à communiquer à son malheureux souverain l'amour et la sympathie de l'homme de la rue. Alors qu'aux yeux de l'aristocratie Rodolphe avait déshonoré son père et trahi sa classe, les foules en larmes massées aux portes de la Hofburg pleuraient un prince aimé de tous et le plus grand service que Katharina rendit à l'empereur dans la période la plus noire de sa vie fut de l'aider à penser à son fils avec pitié plutôt qu'avec honte.

Mais la tension de ces quelques jours avait eu raison de ses forces. Elle relevait à peine de son rhume lorsqu'elle se présenta au rendez-vous du mercredi fatal ; vers la fin de la semaine elle dut se remettre au lit et c'est de là qu'elle écrivit une lettre à l'empereur dont il reste quelques lignes :

> A certains moments les formules de condoléances perdent toute signification. Je ne le sais que trop et je ne veux pas vous accabler de mots. Mais les larmes emportent parfois les chagrins les plus lourds. Aussi, tout ce que je voudrais, ce serait pleurer avec Votre Majesté sur la cruelle

> destinée à laquelle, dans ses impénétrables voies, Dieu nous condamne tous. Votre Majesté sait bien que dans ces heures tragiques toutes mes pensées et tous mes sentiments sont pour vous et je suis si malheureuse de ressentir une telle impuissance, de ne pouvoir que pleurer et prier pour que le Dieu miséricordieux donne à Votre Majesté la force de surmonter cette épreuve.

Son rhume s'aggrava par une crise sévère de conjonctivite puisque la lettre suivante est datée de quatre jours plus tard, le matin qui suivit les funérailles de Rodolphe.

> Je suis bien obéissante et je suis toutes les instructions du médecin. Bien que toute sortie me soit interdite avant vendredi ou samedi, on m'autorise néanmoins à écrire une lettre et je ne suis pas certaine que je n'aurais pas écrit de toutes façons, avec ou sans permission. Je me sens fébrile à l'idée de ne pouvoir me rendre utile et d'être incapable de faire quoi que ce soit pour alléger le chagrin de mon empereur. Hier je me suis enfermée dans ma chambre pour qu'on ne me dérange pas et j'ai essayé d'accompagner Votre Majesté par la pensée tout au long de ce triste parcours vers l'église. Dans ma solitude j'ai entendu les cloches sonner par toute la ville et j'ai joint mes prières à celles des milliers d'autres qui priaient pour le pauvre prince héritier, mais au milieu de mes vœux pour qu'il puisse trouver la paix éternelle j'ai ajouté une autre prière à notre Dieu chéri et miséricordieux pour qu'il garde Votre Majesté fort et sain pendant de nombreuses années.

On trouve l'expression de la gratitude de François-Joseph envers l'amie qui était restée près de lui et de sa femme dès les premières heures dans une lettre écrite au matin des funérailles.

> Seulement quelques mots aujourd'hui car vous savez bien que malgré mon indicible chagrin je pense à vous souvent et toujours avec une affection extrême. Votre amitié vraie et votre tranquille sympathie si réconfortante ont été pour nous deux une grande consolation au cours de ces terribles journées. L'invitation d'hier vous priant de nous rendre visite venait de l'impératrice qui est si heureuse de vous avoir. Je craignais de prendre le risque de vous ennuyer à nouveau... mais maintenant je n'ai plus qu'à formuler une requête, ou plutôt un ordre, et j'ai déjà chargé Frau von Ferenczy de veiller à son exécution : que vous preniez grand soin de votre santé, que vous obéissiez aux médecins à la lettre et que vous ne sortiez absolument pas avant qu'ils vous en aient donné la permission. J'espère que vous serez très bientôt totalement guérie et que nous aurons le plaisir tant désiré de vous avoir avec nous... Aujourd'hui m'attend la tâche la plus difficile du monde, celle d'accompagner le meilleur des fils et le plus loyal des sujets à sa dernière demeure.

C'était bien dans le caractère de François-Joseph de défendre la mémoire de son fils, même en écrivant à une femme qui savait toute la vérité sur Mayerling et qui de son côté n'allait jamais plus loin dans ses lettres que « le pauvre prince héritier » pour mentionner Rodolphe. Les circonstances épargnèrent à l'empereur l'épreuve des funérailles nationales car la plupart des autres souverains, y compris le Kaiser allemand pourtant peu réputé pour son tact, avaient respecté son désir de voir le cortège funèbre réduit à la famille. Malheureusement la famille comprenait le roi et la reine des Belges, les parents de Stéphanie, un couple que l'impératrice détestait déjà en temps ordinaire et qu'elle n'accepta de voir dans ces circonstances qu'avec une extrême répulsion. Elle se sentait trop mal pour assister aux funérailles et, attendant avec Valérie, elle laissa l'empereur s'y rendre en compagnie de Gisela, la seule personne de la famille qui était restée proche de Rodolphe depuis l'époque où ils étaient deux enfants solitaires perdus dans la Hofburg, négligés par une mère toujours absente. Contrairement à Rodolphe, Gisela n'avait jamais souffert de cet abandon et était devenue une jeune femme saine et normale qui, à dix-huit ans, avait épousé l'un de ses cousins bavarois et avait su se créer une heureuse vie de famille. Mais Gisela elle-même n'avait jamais trouvé le courage de dire à son père à quel point leur mère les avait délaissés. Maintenant il était trop tard et tout ce qu'elle pouvait faire, c'était d'aider ce fier vieillard à parcourir son tragique calvaire. « J'ai tout enduré, écrivait François-Joseph, c'est seulement dans la crypte que c'est devenu insupportable. » Il ne confia ces mots qu'à sa femme et à Katharina Schratt.

Etouffé par l'étiquette espagnole de la Hofburg, il n'aurait jamais su combien son peuple prit part à son chagrin si un certain baron Hawerda, l'un de ses plus fidèles serviteurs n'avait écrit à Frau Schratt. En tant qu'administrateur des biens de la famille des Habsbourg, il avait rencontré la comédienne et avait su apprécier aussi bien sa loyauté que sa délicatesse.

> En ces temps tragiques je ressens la nécessité d'ouvrir mon cœur à quelqu'un dont je sais la

dévotion à notre empereur tant éprouvé aussi profonde que la mienne. Ce que j'ai découvert ces derniers jours et qui, s'il l'apprenait, pourrait peut-être apporter un peu de réconfort à Sa Majesté, c'est à quel point ses sujets de toutes les régions de l'empire et de toutes les conditions sociales se sont identifiés à lui devant ce malheur. Mais comment saurait-il cela alors qu'il se tient si loin au-dessus de nous ? Ceux qui auraient été susceptibles de lui en parler sont trop préoccupés d'eux-mêmes et trop éloignés du peuple pour l'informer convenablement sur une situation qu'il aimerait connaître, j'en suis sûr. Il faut avoir parcouru les rues de Vienne comme je l'ai fait, et entendu de toutes parts, dans tous les dialectes, cette même expression prononcée avec une égale compassion : « Notre pauvre empereur. » Il faut avoir vu les foules grouillantes pour une fois si bizarrement silencieuses, converger vers la Hofburg comme si elles voulaient inconsciemment s'approcher du grand cœur douloureux de leur empereur. Il faut avoir remarqué avec quel désintéressement le peuple s'inquiète pour sa santé, ou avoir lu, comme je l'ai fait, les milliers de lettres qui arrivent encore de tous les coins du pays et dont on ne montre hélas à Sa Majesté qu'un résumé bref et banal alors que dans la plupart des cas la simplicité même du langage serait ce qui le toucherait le plus.

Quoi de plus émouvant que cette lettre venue d'un district rural de Serbie, l'un des plus petits du pays, mais qui, en souvenir d'une visite rapide que le prince héritier y avait faite jadis, tenait à montrer loyauté et dévotion envers le trône ? Quoi de plus tendre que cette autre, non signée, envoyée de Dalmatie et dont l'auteur demande à l'empereur d'abandonner l'île maudite de Lacroma en regard de la destinée tragique réservée à ses deux derniers propriétaires ? (Rodolphe et son oncle, l'empereur Maximilien du Mexique, fusillé sur ordre du révolutionnaire Benito Juarez). On peut ne voir là qu'une pauvre superstition, mais comment ne pas apprécier le souci qu'on y montre pour l'avenir de l'empereur et de la famille régnante ? Et ce même sentiment habite chacun des innombrables télégrammes, lettres, messages dont beaucoup sont adressés directement à Sa Majesté, et qui arrivent encore par flots continus, émanant souvent des plus humbles et des plus pauvres de ses sujets ; et tous expriment une dévotion qu'il ne soupçonne même pas. Mais peut-être en ai-je déjà trop dit et suis-je en train de trahir des secrets d'État.

Cette lettre, précieusement conservée parmi les documents Schratt, n'a sans doute pas été écrite en vain et le baron Hawerda ne fut pas le seul, au fil des années, à compter sur Katharina Schratt pour informer l'empereur de faits et d'abus qui autrement ne seraient jamais parvenus jusqu'à lui.

Le 11 février, cinq jours après les funérailles de Rodolphe, le couple impérial partit pour Budapest et Katharina, qui était maintenant remise, fut invitée à la Hofburg la veille du départ. L'invitation venait de l'impératrice qui semble, dans cette période, s'être appuyée tout autant que son mari sur cette « douce sympathie ». Brûlée de remords, se sentant coupable d'avoir délaissé son fils, Elisabeth tentait maintenant de se racheter en se dévouant à son mari, allant jusqu'à refuser de l'abandonner même lorsque les effroyables douleurs de ses rhumatismes la reprirent, exigeant un climat plus chaud. Tout comme l'empereur, ses médecins estimaient qu'un changement de cadre pourrait aider à lui calmer les nerfs. A Budapest elle serait à l'abri des rumeurs qui, malgré les efforts soutenus du comte Taaffe, circulaient dans toute la capitale autrichienne. Dès le 2 février un journal de Munich avait déjà relaté toute l'histoire de Mayerling et de la mort de Mary Vetsera aux côtés du prince héritier, et, avant que les autorités aient pu faire le nécessaire, des exemplaires clandestins du journal furent mis en vente à Vienne. En voulant maintenir le peuple autrichien dans l'ignorance des faits réels, on ne fit qu'encourager les ragots les plus bas et les plus ignobles. On raconta que Rodolphe avait été abattu par une bande d'extrémistes hongrois qui l'accusaient d'avoir trahi leur cause ; par un garde forestier qui s'était vengé parce que le prince héritier avait séduit sa femme... Et la plus calomnieuse de toutes ces rumeurs, celle que personne n'osait formuler à voix haute, insinuait que le prétendant au trône avait poussé si loin la trahison que le comte Taaffe, informé qu'il se rendait à Mayerling avec sa maîtresse, avait perpétré ce qui, sous l'apparence d'un suicide, était en réalité un assassinat politique.

On éprouva une peine sincère aussi bien en Angleterre qu'en France, deux pays où le prince héritier d'Autriche avait joui d'une popularité considérable grâce à ses principes libéraux. La reine Victoria écrivit à lord Salisbury : « Le prince de Galles a vu un de ses amis viennois qui est très lié avec l'empereur et connaît tous les détails. Il a tout raconté au prince de Galles et c'est, dit-il, trop choquant pour qu'on l'écrive. Il ne fait pas de doute que le pauvre prince héritier avait totalement perdu l'esprit. » François-Joseph ne pouvait pardonner à son fils qu'en croyant qu'il s'était suicidé dans un moment de folie, mais il n'était pas question d'aborder ce chapitre en présence de l'impératrice, torturée maintenant par la peur de finir elle-même folle et comme son cousin Otto, le frère du roi Louis.

En espérant que son état s'améliorerait à Budapest on s'était trompé. La ville où elle avait passé quelques-unes des meilleures années de sa vie et où Rodolphe avait été tant aimé ne fit qu'approfondir sa douleur. L'empereur lui aussi se sentit encore plus malheureux à Budapest qu'à Vienne, mais son malheur avait des raisons bien différentes. Les débats houleux au Parlement hongrois concernant le budget de la Défense ne firent que lui remettre en mémoire les activités subversives de son fils et son amitié avec le chef de l'opposition, le comte Ştefan Karolyi qui faisait maintenant tout ce qu'il pouvait pour saboter le projet en exigeant que les régiments hongrois reçoivent des ordres rédigés en magyar et jouissent d'un commandement séparé, des mesures calculées pour briser l'unité de l'armée impériale, ce à quoi l'empereur tenait le plus.

Les lettres que François-Joseph envoya à Katharina Schratt de Budapest expriment une profonde tristesse.

> L'accueil de Pest a été meilleur que ce que je craignais. A la gare, la foule nous attendait en silence et même sur le chemin le peuple était moins bruyant que d'habitude si bien que les chevaux ont pu prendre le trot et que le trajet jusqu'au château n'a pas paru trop long. Il y a eu quelques cris de « Eljen » (longue vie) qui ont peiné l'impératrice, mais je suis heureux de dire que dans l'ensemble les Hongrois se sont montrés plus convenables et plus respectueux que d'habitude.

Vivant reclus dans son château de Buda et ne s'aventurant que très rarement dans les rues, l'empereur en deuil ne savait rien des combats et des manifestations qui se déroulaient en ville, et il écrivait à Katharina Schratt : « Ma présence ici est utile et beaucoup de gens me font l'honneur de m'assurer que si je n'étais pas là les choses seraient encore pires. » Mais ses ministres ne pouvaient l'empêcher de lire les rapports sur les querelles aiguës qui agitaient le Parlement, et le 24 février il écrivait :

> Au parlement les choses continuent à ne pas aller sans mal et par le jeu des discours interminables les discussions autour du projet de défense sont terriblement lentes. Je dois me montrer à la fois ferme et patient et en cas de nécessité il faut nous tenir prêts à un conflit. Toutes ces choses sont douloureusement blessantes en ce moment et dénotent beaucoup d'irrespect et de grossièreté, ce qui me choque énormément. D'un autre côté cela me distrait et m'empêche de penser à des sujets encore plus tristes.

Une autre fois il écrivait : « Je n'ai pas une seconde à consacrer à mon chagrin, ce qui est une bonne chose. Seules les heures après le coucher sont pénibles, ainsi que le matin au lever. »

Il n'y avait pas grande consolation à attendre des conversations avec les anciens serviteurs de Rodolphe ou le Dr Widerhofer qui avaient fait le voyage depuis Vienne pour le remercier des honneurs qu'ils venaient de recevoir.

> J'ai passé plus d'une heure avec Widerhofer à reparler de cet affligeant événement, en essayant

> d'y trouver une motivation, quelque cause secrète, mais à quoi bon, hélas ? Cela n'a pas grand sens de vouloir revenir sur toute cette affaire. Mais comment penser à autre chose ? Parler procure du moins un certain soulagement. Mais voici que je rabâche une fois encore ces mêmes sujets de tristesse. Pardonnez-moi. Je sais bien que vous me comprenez. Il viendra bien un temps où nous penserons à autre chose.

Aux yeux de tout observateur étranger l'empereur restait le même. Il s'asseyait à son bureau à cinq heures du matin, recevait ses ministres et donnait ses audiences habituelles. Mais ceux qui le connaissaient bien, comme le vieux comte Hübner qui le servait depuis bientôt quarante ans, remarquèrent qu'après la mort de Rodolphe, François-Joseph était devenu un autre homme, que « lorsqu'il ne parlait pas, il donnait l'impression de quelqu'un qui a reçu un coup sur la tête » et qu'il ne s'était pas remis du choc. Il ne fut d'ailleurs plus jamais le même. Son amour pour son fils unique et avant tout une fierté dynastique féroce avaient fait de son règne une mission sacrée entièrement vouée à la gloire de la maison des Habsbourg. Maintenant, quel sens donner à tout cela ? C'était comme si le ressort de sa vie s'était brisé d'un coup, avec pour tout soutien un rituel de convention, bien que le spectre d'une succession revenant à Charles-Louis et à ses fils le poussât plus que jamais à tenir le plus longtemps possible.

Sa vie familiale ne contribuait en rien au retour de son moral. Elisabeth faisait tout son possible pour lui tenir compagnie et avec sa courtoisie habituelle il rendait hommage à « ma merveilleuse épouse qui est entièrement occupée par le souci qu'elle a de moi ». Mais elle sombrait de plus en plus dans un état d'apathie totale et c'est avec désespoir qu'il écrivait de

Budapest : « Je ne puis rien vous dire de bien intéressant ni de bien réjouissant, car nous vivons très calmement, envahis par notre chagrin. L'impératrice aura beaucoup de mal à s'en remettre. Hier encore elle a passé une journée très mélancolique et a beaucoup pleuré au cours de notre petit dîner à trois, si bien que naturellement Valérie s'est mise elle aussi à pleurer. » La pauvre Valérie faisait tout pour distraire ses parents, accompagnant sa mère dans ses promenades, lui faisant la lecture le soir tandis que son père s'endormait dans son fauteuil. Et durant tout ce temps elle attendait avec impatience le retour de son François qui faisait son service militaire et ne pouvait lui rendre visite que lorsqu'il avait des permissions. Pour le moment on ne parlait pas de mariage car la moindre allusion déclenchait chez sa mère des torrents de larmes.

L'empereur se faisait également du souci pour Katharina Schratt qui souffrait de bronchite chronique depuis son rhume du début de l'année. Les médecins l'avaient assuré qu'il n'y avait rien de vraiment grave. Ils déclarèrent pourtant qu'elle avait besoin de chaleur et de soleil ainsi que de repos complet, et ils prescrivirent Meran dans le Tyrol autrichien qui était réputé pour la douceur de son climat. Mais Meran était trop sinistre pour la comédienne éprise de plaisirs et elle parvint à se persuader et à persuader ses médecins que la Côte d'Azur française serait bien plus favorable à sa santé.

L'empereur lui écrivit avant son départ : « Pour le moment ne pensez qu'à vous. Ce qu'il vous faut avant tout, c'est du repos. J'ai veillé à ce que Forster vous accorde un congé de la durée que vous voudrez. » Mais plus encore que de repos, Katharina avait besoin de distraction. Les circonstances l'avaient plongée en pleine tragédie, lui faisant partager les malheurs non seulement des Habsbourg mais également des Baltazzi. Alexandre Baltazzi, qui avait beaucoup aimé sa jolie nièce, continuait de hanter son antichambre et de se lamenter contre la cruauté et l'inhumanité avec lesquelles le couple impérial avait traité sa sœur. Ce sujet l'obsédait et il ne lui épargna aucun détail des horribles funérailles de Mary qu'il lui rappelait sans cesse au point que parfois elle n'avait plus la force de l'écouter. Elle manquait de gaieté et de détente, mais François-Joseph qui ne comprit jamais ni même ne soupçonna son tempérament inconstant, se contentait de parler de repos. « J'espère que vous utiliserez votre congé jusqu'au bout et que vous irez même au-delà si vous n'êtes pas encore tout à fait remise. Je me chargerai personnellement de régler les problèmes officiels. »

Lorsqu'on voit l'empereur se comporter d'une façon si peu en accord avec son caractère, on comprend à quel point la comédienne lui était devenue indispensable. Son chagrin personnel ne l'empêchait pas de s'inquiéter pour sa santé au point d'user de son influence pour faciliter son repos, un type d'intervention auquel il avait toujours répugné jusqu'ici. Ne nous étonnons pas si ses collègues ne lui épargnèrent pas les critiques en apprenant par les journaux que la soi-disant malade avait participé au carnaval des fleurs de Nice et qu'on l'avait remarquée parmi les clients du casino de Monte-Carlo. Bien qu'aucun directeur n'eût osé se plaindre de la favorite de l'empereur, Katharina se vit préférer une rivale dans un rôle qui pourtant lui avait été promis, à son grand mécontentement ainsi qu'à celui de François-Joseph. Pour la première fois depuis la mort de son fils l'empereur s'intéressa à un sujet mondain, faisant remarquer que la comédienne qui avait obtenu le rôle n'était ni assez jeune ni vraiment le personnage. « Vous voyez que je me tourne vers des horizons plus légers, même si ici je ne vois rien d'autre que de la tristesse. »

C'est avec impatience qu'il attendait ses lettres et les nouvelles d'un monde « où la vie, comme il le remarqua quelque peu pensivement, semble un cortège de plaisirs et de distractions. Menton paraît bien agréable et si l'on en croit les descriptions des journalistes, toute la région doit être paradisiaque ». Katharina Schratt régalait l'empereur en deuil de toutes les trivialités de la rumeur mondaine, énumérant ses admirateurs dont beaucoup l'avaient suivie depuis Vienne. Il y avait un baron Königswarther qui se montrait tout particulièrement « *aimable* »[1] et le pauvre François-Joseph, toujours prêt à endosser le costume du jaloux, commenta : « On pourrait croire que ce charmant baron s'est montré trop "*aimable*" »[1], mais il ajoute aussitôt, toujours aussi peu égoïste : « Je suis ravi que vous ayez trouvé autant d'amis et soyez entourée d'un cercle d'admirateurs, cela vous mettra de la gaieté au cœur. »

Au plus fort de *la belle époque*[1] la Côte d'Azur devait déployer bien des attraits pour la jolie comédienne viennoise qu'on savait l'amie de l'empereur. Descendue à l'hôtel de Russie de Menton, à courte distance en voiture de Monte-Carlo, Katharina Schratt ne tarda pas à s'adonner à son irrésistible passion du jeu. François-Joseph écrivait :

> Je suis un peu moins satisfait d'apprendre que vous avez été à Monte-Carlo si souvent, même si vous me voyez reconnaissant et touché de constater que vous avouez si facilement vos défauts. Jusqu'ici vous n'avez pas perdu beaucoup et vous m'assurez que par représailles envers le Dieu Fortune vous n'y retournerez plus. Mais vous finirez bien par rechuter et « *comme l'appétit vient en mangeant* »[2] vous jouerez bientôt plus gros et vous perdrez finalement beaucoup d'argent. Car

1. En français dans le texte.
2. En français dans le texte.

> dans le domaine financier vous êtes désespérément dépensière. Mais j'arrête là mes reproches. Je ne doute pas que vous allez être très fâchée contre moi et qu'au bout du compte vous ferez naturellement ce qui vous plaira, ce qui est votre droit le plus strict, car je ne suis pas votre tuteur et n'ai pas à me mêler des choses qui ne me regardent pas.

Ses lettres, toutes pleines de gaieté et de soleil, aidaient à dissiper la morosité du château de Buda, car les descriptions joyeuses y étaient parsemées de *Maiglöckchen* (muguet), la charmante expression viennoise qui qualifie cette sorte de compliments d'ailleurs typiquement viennois eux aussi : « Je suis certaine que la censure de Votre Majesté se montrera mécontente en apprenant que je dors avec les lettres de Votre Majesté sous mon oreiller, et que bien que cela ait des airs de *lèse-majesté*[1], j'entretiens de longues conversations avec Votre Majesté avant de m'endormir, ce qui me procure quelques rêves des plus doux. »

Elle enrageait d'indignation à propos des troubles politiques à Budapest et affirmait qu'elle donnerait volontiers « de bons coups de fouet à tous ces Hongrois déloyaux ». Lorsque François-Joseph rapporta cela à sa femme, Elisabeth remarqua avec un humour assez rare chez elle que les politiciens n'apprécieraient rien autant que de se voir fouettés par une si jolie femme. Valérie, qui détestait la façon dont le peuple murmurait à propos de son père et de Frau Schratt, ne parvenait pas à comprendre l'attitude de sa mère qui encourageait cette amitié, ramenant toujours la comédienne dans la conversation et ne parlant d'elle que comme « l'amie ». Elle s'attristait de

1. En français dans le texte.

voir quelle diversion une simple lettre de l'actrice décrivant le carnaval de Nice apportait à ses parents au milieu de la monotonie de leur vie.

Elisabeth fut presque aussi contente que François-Joseph quand « l'amie » eut une pensée pour eux pour le 1er mars et qu'un monceau de violettes mauves et pourpres, le cadeau traditionnel viennois, arriva de la Côte d'Azur. Katharina avait personnellement remis les fleurs entre les mains du contrôleur des wagons-lits de l'express Nice-Vienne, et elles étaient restées aussi fraîches et odorantes que si on venait de les cueillir. François-Joseph écrivit alors :

> Comme vous avez été bonne et gentille de penser au 1er mars, cette année, et à cette distance, et de prendre toutes ces précautions pour que nous recevions les violettes. J'espère qu'elles nous porteront chance, si la chance est encore possible en ce qui nous concerne. En tout cas, elles nous ont procuré un réel plaisir et pour la première fois depuis bien longtemps nous avons retrouvé un peu de chaleur au dîner et elle ne nous a plus quittés de la soirée. Ce ne sont pas là des formules de politesse mais la pure vérité et peut-être serez-vous contente de savoir à quel point vous avez fait une bonne action.

Mais la conscience de Katharina, qui restait toujours en éveil malgré ses côtés frivoles, ne pouvait trouver la paix avec un simple envoi de fleurs. Elle avait pris du bon temps sur la Côte d'Azur mais pouvait-elle vraiment continuer à s'amuser alors que l'empereur et toute le Cour étaient en deuil ? Et par une *volte-face*[1] soudaine et bien dans sa manière elle décida de faire

1. En français dans le texte.

un pèlerinage à Lourdes. Ce qui aurait pu paraître un acte délibéré destiné à plaire au pieux empereur n'était en réalité que le geste totalement spontané d'une femme hautement émotive et religieuse. François-Joseph le comprit comme une preuve très pure de son affection et écrivit : « J'ai été grandement touché d'apprendre que vous teniez tout particulièrement à recevoir une lettre de moi à Lourdes et cela nous réconforte de savoir que vous nous garderez dans votre cœur là-bas et que vous y prierez la Madone pour nous tous et aussi pour notre cher disparu. » En priant pour Rodolphe, il est bien probable que Katharina eut aussi une pensée pour Mary Vetsera.

GLORIETTEGASSE, 9

Au début de mars 1889, l'empereur écrivait à Katharina Schratt depuis Budapest : « J'ai travaillé à la rédaction d'un nouveau testament. Lorsque ce sera réglé je me sentirai plus tranquille car on ne sait vraiment pas ce qui peut arriver du jour au lendemain. J'ai pensé à vous et à Toni, ainsi vous n'aurez aucun souci après ma mort. Je vous donnerai les détails de vive voix. »

Parmi les documents Schratt non publiés se trouve une copie d'un codicille par lequel François-Joseph lègue après sa mort la somme de cinq cent mille florins, une somme extrêmement importante, « à la comédienne de la Cour Katharina Kiss von Itebbe (née Schratt), à qui je suis lié par l'amitié la plus profonde et la plus pure, et qui a toujours été loyalement et fidèlement présente près de moi et de l'impératrice dans les moments les plus pénibles de notre vie ». Pour protéger Katharina contre ses propres tendances à la dépense, l'empereur confia à Edward Palmer, vieil ami de la comédienne et président de la compagnie Alpine-Montan, l'administration des fonds dont les revenus devaient continuer d'être versés sur son compte privé jusqu'à sa mort.

On ne trouve plus le nom de la comédienne dans le dernier testament de François-Joseph. Mais en novembre 1911, cinq ans seulement avant sa mort, l'empereur alors âgé de quatre-vingt-un ans ordonna au responsable de sa fortune familiale privée de remettre à Katharina Kiss le demi-million de florins qui dormait à son nom sur le compte personnel du souverain. Trois ans plus tôt il avait offert à l'actrice le magnifique palais Königswarter sur le très à la mode Kärntner Ring, si bien qu'à la mort de son empereur Katharina était une femme excessivement riche et sa collection de bijoux à elle seule se plaçait parmi les plus importantes d'Europe.

Mais en 1889, en dehors des cadeaux généreux de François-Joseph pour améliorer sa garde-robe et pour payer ses dettes, Katharina ne pouvait compter que sur son salaire de huit mille florins par an. Cette somme était loin de pouvoir satisfaire ses besoins et elle passait des nuits blanches à redouter une vieillesse indigente avec la terreur de laisser Toni démuni. Jamais elle ne fit l'effort d'économiser et François-Joseph, si économe par nature qu'il lui arrivait de rédiger ses télégrammes sur de vieux morceaux de papier, découvrit que la fille de l'épicier de Baden n'avait pas plus le sens de l'argent que sa femme.

On imagine aisément avec quelle joie Katharina reçut ces nouvelles de Budapest. Sa lettre de remerciements devait déborder d'amour et de reconnaissance car l'empereur répondit :

> Je devrais me mettre vraiment en colère devant cet assaut de remerciements, mais vous faites cela avec un tel charme et des mots si touchants que je ne puis m'empêcher d'en éprouver du plaisir, d'autant plus d'ailleurs que vous semblez avoir très bien compris mes intentions. Oui ! C'était un devoir sincère pour moi que de pourvoir à votre avenir matériel et à celui de Toni, et comme vous parlez vous-même de votre mort et que vous allez

> jusqu'à souhaiter qu'elle ait lieu avant la mienne, pensée que je considère comme un sacrilège et événement qui selon toute vraisemblance et par la Grâce de Dieu ne se produira pas, je puis cependant vous assurer que si une chose aussi horrible devait arriver le legs serait immédiatement reversé à Toni dont l'avenir sera ainsi assuré dans tous les cas.

François-Joseph aurait mieux fait de ne rien révéler de ses intentions à la comédienne car à partir de cette date elle perdit ses derniers scrupules à dépenser et elle meubla magnifiquement la maison qu'elle acheta au printemps 1889 à Hietzing sans se soucier le moins du monde des prix.

Le n° 9 de la Gloriettegasse, petite rue tranquille adjacente aux jardins de Schönbrunn, est l'une de ces maisons jaunes aux volets verts construites dans le style baroque que l'on trouve encore dans les faubourgs les plus élégants de Vienne. Katharina a certainement fait ajouter la grille de fer ouvragée à la façon de l'art nouveau qui commençait juste à être à la mode, ainsi que la véranda fermée donnant sur le jardin qui fit dire à l'empereur que la maison de la Gloriettegasse était un « palais de verre ». Très personnelle, cette maison reflétait la gaîté et la chaleur de sa propriétaire : avec ses pièces aux couleurs pastel toujours pleines de fleurs et d'oiseaux — ses canaris, un perroquet arrogant et plusieurs chiens, tous laids car elle collectionnait les bêtes abandonnées. « Mais chers à mon cœur puisqu'ils vous appartiennent » écrivit François-Joseph après l'avoir vue depuis sa fenêtre de la Hofburg traverser la place avec deux affreux petits bâtards. Bien que la maison ait été achetée avec les fonds personnels de l'empereur, il n'en fait aucune mention dans ses lettres où avec une modestie très caractéristique, il dit : « Je ne voudrais pas que vous déménagiez à Hietzing pour me faire plaisir, car peut-être n'en avez-vous aucune envie. Je vous supplie très sincèrement de faire ce qui vous est le plus agréable et le plus pratique. »

Nul doute que Katharina Schratt trouvât plus « agréable et pratique » de recevoir l'empereur dans sa propre maison débordante de luxe plutôt que de le rencontrer pendant une heure dans le salon de Ida von Ferenczy ou de faire avec lui une promenade à Schönbrunn. L'impératrice affirmait elle aussi qu'elle était ravie de la voir s'installer à Hietzing « car de cette façon vous serez plus proche de nous ». Mais bien que la comédienne ait toujours été fort bien accueillie, que ce soit à Schönbrunn ou à la villa Hermès de Lainz, et même à de rares occasions à la Hofburg, Elisabeth ne semble pas avoir de toute sa vie franchi une seule fois le seuil du n° 9, Gloriettegasse.

Son « palais de verre » où elle passait les mois de printemps et d'automne ravissait Katharina, mais elle comprenait qu'il fallait désormais se montrer encore plus prudente et circonspecte, ce qu'elle exprimait dans son dialecte de Baden par l'expression : *Habt Acht* (fais gaffe !). Tout ce qui attirait l'attention du public sur ses relations avec l'empereur ne faisait qu'augmenter le nombre de ses ennemis à la Cour où le milieu strictement aristocratique ne pouvait admettre que son souverain fier et inattaquable ait choisi pour confidente et amie une femme de la bourgeoisie.

Katharina approchait maintenant de la quarantaine et, toutes immensément flatteuses qu'elles fussent, les visites matinales de l'empereur n'en étaient pas moins préjudiciables à sa santé et à son équilibre nerveux. Après les soirées au théâtre, il n'était pas toujours facile de se présenter coiffée et habillée pour le petit déjeuner dès sept heures et demi du matin, heure à laquelle François-Joseph, qui travaillait déjà depuis plus de deux heures, se sentait tout disposé à déguster les *Kipferls* frais et l'excellent café qu'elle lui faisait toujours servir. Heureusement la nature l'avait dotée d'un style qui s'accommode au petit matin, avec les yeux brillants et les joues roses, même après ce que François-Joseph appelait « l'un de ses excès de chez Sacher ». En outre, elle ne se montrait ni muette ni triste. Sa conversation coulait comme un véritable fleuve, charriant tout à la fois la politique et les anecdotes de théâtre, les dernières plaisanteries entendues au jockey club et les plus récentes nouvelles de Bulgarie où le prince Ferdinand était parvenu à conclure des arrangements commerciaux hautement favorables malgré l'obstination que mettaient toujours les grandes puissances à ne pas le reconnaître. Même François-Joseph devait bien admettre que *le petit Ferdinand* s'en sortait à merveille et se montrait beaucoup plus intelligent que le reste de ses voisins dans les Balkans. Le roi Milan de Serbie, par exemple, qui soulevait de considérables problèmes en tenant absolument à abdiquer en faveur de son fils encore mineur, et à abdiquer uniquement parce qu'il préférait ses soirées chez Sacher et ses voyages à Paris aux minces plaisirs de Belgrade.

Après le petit déjeuner, l'empereur et Frau Schratt faisaient une courte promenade dans les jardins de Schönbrunn. Il leur suffisait de traverser la Maxinggasse et de pousser une petite porte qui donnait directement sur les jardins. Leur promenade préférée les conduisait au zoo privé car Katharina aimait les animaux et comptait même parmi ses favoris les ours qui finissaient régulièrement les restes du petit déjeuner de l'empereur. Pendant ce temps le cocher impérial attendait discrètement au coin de la Gloriettegasse, mais la voiture était bien vite reconnue et une petite foule de curieux se réunissait là dans l'espoir d'apercevoir l'empereur. Si un policier zélé donnait l'ordre aux badauds de se disperser François-Joseph s'interposait, disant qu'il n'y avait aucune raison pour que le peuple ne saluât pas son souverain lorsqu'il se rendait en visite amicale dans le voisinage.

Mais ce qu'il permettait aux habitants d'Hietzing, il l'évitait soigneusement à Ischl qui comptait trop de courtisans ambitieux. Lorsque Katharina Schratt, qui cherchait une résidence d'été, écrivit qu'on lui proposait une petite maison adjacente à la villa Kaiser et qu'elle semblait plus jolie et mieux située qu'une autre qu'elle avait déjà visitée, l'empereur lui répondit aussitôt : « Il serait préférable de choisir la villa la plus éloignée ; je sais bien que la villa Hanke serait plus pratique pour moi, mais mieux vaut éviter les ragots inutiles de nos chers voisins. Même si vous ne vous installez pas tout près je m'arrangerai toujours, avec votre permission, pour vous joindre, et c'est là le principal. »

Katharina venait à peine de s'installer dans la villa Felicitas qui, bien que moins séduisante et moins romantique que Frauenstein, allait rester sa résidence d'été durant cinquante ans, lorsqu'on lui confia une clé lui permettant d'emprunter un raccourci conduisant directement dans le parc de la villa Kaiser. La clé lui fut remise par l'impératrice qui déploya toute son énergie au cours de ce printemps et de cet été pour faire plaisir à son mari. Elisabeth avait atteint un tel seuil de malheur que pour une fois il semble qu'elle ait trouvé un certain réconfort à s'occuper des autres plutôt que d'elle-même. Et par ces petites attentions pour Katharina Schratt elle tentait de compenser aux yeux de François-Joseph la multitude de ses négligences.

En 1889 l'empereur séjourna très peu de temps à Vienne ou à Ischl. Le tumultueux épisode du projet de Défense le retint à Budapest pour négocier avec des hommes qu'il considérait comme de vulgaires traîtres et ses sujets autrichiens commencèrent à se plaindre de le voir consacrer beaucoup trop de temps à la politique hongroise. Le comte Hübner note :

> Lorsqu'il revient à Vienne, il n'y reste que quelques jours et doit tout expédier à la hâte. Il

> n'a jamais assez de temps pour examiner les problèmes à fond et les questions les plus urgentes restent sans solution. L'empereur n'est plus ce qu'il était avant la catastrophe de Mayerling, il est devenu faible et n'accorde plus le même intérêt au pouvoir. Jusqu'à la mort du prince héritier il travaillait pour la monarchie et pour son fils bien-aimé ; aujourd'hui que ce fils est disparu, il existe un grand gouffre dans la vie du père. Le sens du devoir le maintient en activité, mais il ne met plus tout son cœur dans son travail.

Même la passion que François-Joseph nourrissait pour la chasse s'éteignait. « Chaque fois que je vois un cerf, je pense à Rodolphe » ; pas au Rodolphe des dernières années, mais au garçon de dix-sept ans qui se montrait si fier d'accompagner son père dans ses randonnées en montagne. Il ne restait plus que la petite Erzi, la fille de Rodolphe, âgée de dix-sept ans, qui avait hérité le charme et le pouvoir de fascination de son père. François-Joseph adorait sa petite fille et par amour pour elle faisait l'effort de se montrer agréable envers sa belle-fille qu'il détestait profondément. La mère et l'enfant vivaient à Luxembourg où la situation de Stéphanie au milieu d'une famille qui l'avait toujours regardée en étrangère ne pouvait être très enviable. Pour elle, les circonstances humiliantes de la mort de son mari augmentaient encore la tragédie. Elle ne pouvait non plus se joindre au concert de larmes pour ce mari qui l'avait tant fait souffrir. Ce qui la toucha plus que tout fut la perte de son titre de princesse impériale et l'obligation de passer en second derrière la femme de Charles-Louis, la belle Marie-Thérèse de Bragance. Elle ne voyait presque jamais sa belle-mère car pendant les premiers mois la vue de l'enfant de Rodolphe suffisait à faire éclater Elisabeth en sanglots, et plus tard les sanglots se séchèrent en indifférence.

Un intérêt commun pour leur petite-fille eût resserré les liens entre mari et femme, comme le note Valérie dans son journal avec une sincérité attristée :

> Mes parents ont si peu de choses à se dire ; c'est un fardeau supplémentaire pour maman que de rester auprès de papa. D'autant plus que son sacrifice ne sert à rien puisque lui se consacre de plus en plus à cette malheureuse fréquentation de la Schratt. En vérité maman et moi sommes beaucoup plus heureuses quand nous nous retrouvons toutes les deux, car papa ne s'intéresse presque plus à rien et il est devenu si lourd et si étroit d'esprit que je finis par comprendre qu'il porte si fort sur les nerfs de ma mère, surtout maintenant qu'elle souffre tant. C'est pathétique de voir combien mes parents s'ingénient à s'exciter sur les choses les plus petites et les plus insignifiantes. Papa devient de plus en plus irritable et elle, de plus en plus malheureuse.

L'impératrice ne sortait pas de son état d'abattement. Sa seule détente consistait à faire d'interminables promenades qui épuisaient sa fille et ses dames de compagnie, et à prendre des leçons de grec moderne auprès d'une série de professeurs que son mari trouvait de plus en plus insupportables. Comment s'étonner alors qu'il se montrât avide de retrouver la chaleureuse atmosphère de la Gloriettegasse et le rire tranquille de Katharina Schratt et qu'il lui écrivît : « Je pense à vous avec une impatience croissante et au cours de ces dernières nuits j'ai beaucoup rêvé à vous. »

Incroyablement naïf sur le sujet des femmes, François-Joseph ne se rendit jamais bien compte que sa fille jugeait son attachement presque obsessionnel à la comédienne comme une insulte envers sa mère. François-Salvador semble avoir encouragé Valérie à condamner cette amitié qui, bien qu'inoffensive, venait entâcher le prestige mythique de son père. Comme le lui répétait son fiancé : « On ne devrait pas pouvoir médire de l'empereur. » Valérie comprenait encore moins l'attitude de sa mère. A certains moments, Elisabeth parlait de Frau Schratt avec la plus grande affection et l'instant d'après elle se plaignait de mener une vie inutile : « Je ne suis rien d'autre qu'un obstacle entre ton père et Frau Schratt. Je sens que je me ridiculise et j'envie le sort de Rodolphe. Je me demande où réside l'intérêt de continuer à vivre. » Ce que sa mère n'avait pas encore saisi mais que Valérie, elle-même amoureuse, ne voyait que trop clairement, c'était que son père venait de glisser d'une simple attirance pour Katharina Schratt à un amour ardent et véritable, et que tous les contretemps, les mois entiers de séparation, les aspects cachés de la vie de la comédienne — car Katharina ne disait que ce qu'elle voulait bien dire — tout cela ne faisait qu'approfondir son attachement.

Lady Paget nous livre dans son journal :

> Il paraît que l'empereur est toujours autant attaché à Madame Schratt. Tous les matins à six heures on le voit sortir prendre le petit déjeuner chez elle. L'impératrice encourage cela et lui rend visite avec l'archiduchesse Valérie. Madame Schratt est une femme plutôt jolie à la peau sombre et aux yeux bleus, avec des cheveux cendrés bien plantés sur le front. Ceux qui la connaissent bien la disent assez stupide mais elle a une façon naïve de laisser échapper des vérités.

> Certains affirment qu'elle est la fille de l'empereur et presque tous s'accordent à penser que leur relation reste platonique.

Lady Paget rapportait ici les exagérations de la Cour. L'empereur n'alla jamais chez la comédienne à six heures du matin, pas plus que l'impératrice ne lui rendit visite, ni à Hietzing ni ailleurs. On a en outre du mal à croire qu'elle ait été stupide alors que les hommes les plus brillants de Vienne appréciaient sa délicieuse conversation. Cependant, en comédienne consommée, elle savait qu'une naïveté calculée, une stupidité feinte, pouvaient servir à désarmer certains qui autrement seraient devenus des ennemis.

S'il y a un domaine où elle ne se montra ni modeste ni naïve et où son caractère naturellement agressif s'affirma pleinement, ce fut dans ses démêlés avec la direction du Burgtheater et il faut mettre au crédit de l'honnêteté du directeur Förster son refus obstiné de lui accorder le moindre traitement de faveur. Dans ces années-là le Burgtheater s'éloignait des comédies légères pour s'orienter vers les drames naturalistes des grands écrivains du Nord. Essentiellement comédienne, Katharina Schratt avait un registre limité et ses prestations dans des rôles classiques tels que la reine du *Don Carlos* de Schiller inspirèrent le respect mais non l'enthousiasme aux critiques. Dans ses moments de dépression, et peut-être d'ennui, car François-Joseph ne se révélait pas toujours un compagnon des plus passionnants, Katharina devait se revoir avec nostalgie au bon vieux temps du Stadttheater, quand Heinrich Laube l'appelait « oiseau de paradis » et qu'elle rêvait de devenir une grande actrice.

L'empereur l'encourageait toujours aux moments où sa carrière connaissait des revers :

Jouer un jour sur huit, ce n'est pas beaucoup. Je regrette moi aussi qu'on ne vous emploie pas plus en ce moment. J'espère vivement que votre franche discussion avec Förster produira ses fruits. La manière directe que vous avez choisie est la meilleure, même si les manœuvres et les assauts de séduction auprès du secrétaire et du directeur de plateau peuvent parfois donner des résultats plus prompts.

Katharina avait évidemment informé l'empereur que les autres comédiennes utilisaient ces dernières méthodes pour faire avancer leur carrière.

En octobre 1889 François-Joseph eut la satisfaction d'apprendre que sa tendre amie venait de remporter un triomphe personnel en incarnant l'héroïne de *Wilde Jagd* de Ludwig Fulda. Ce succès était d'autant plus satisfaisant que les plus grandes comédiennes du Burg avaient déjà joué cette pièce et que les critiques multiplièrent les louanges sur l'originalité de l'interprétation de Katharina Schratt. Dans une lettre envoyée de Meran, où il était allé rendre visite à sa femme, François-Joseph écrivit :

Vous ne vous êtes inspirée, à ce qu'on dit, ni de *die Gabillon*[1] ni de *die Lewinski*[1], mais vous avez fait confiance à votre propre vérité d'interprétation. J'ai lu dans *die Presse* une critique que vous avez sans doute vue qui se montre extrêmement positive et s'attache à décrire votre manière de jouer et vos inventions d'une façon très sympathique et très exacte. Je n'ai pu résister au plaisir

1. Comédiennes de Burgtheater.

> de montrer le journal à l'impératrice et Valérie nous a lu à haute voix le passage vous concernant... Par modestie vous ne m'aviez pas dit combien ce rôle était difficile et les prouesses qu'on vous a demandé de faire, une fois de plus.

Ce succès permit à Katharina de rentrer en grâce auprès de la direction. L'empereur écrivait encore :

> Vous me voyez ravi des bonnes dispositions que vous avez rencontrées chez le Dr Förster. S'il est quelque peu avisé et s'il sait quelques petites choses en art dramatique, il ne pourra que reconnaître la valeur de votre création artistique et enfin vous apprécier et vous traiter en conséquence.

Mais au plus fort de ce triomphe, juste au moment où on lui promettait de nouveaux rôles passionnants, Katharina tomba malade, atteinte de la scarlatine. Cette femme à la santé pourtant fondamentalement bonne contractait toutes les maladies infectieuses, tombait, se blessait et l'empereur l'exhortait sans cesse à plus de prudence, à regarder où elle mettait le pied et surtout à se montrer plus docile et moins contrariante en face des médecins. Et maintenant il s'affolait devant cette scarlatine car, malgré la bénignité de l'attaque, la convalescence allait être longue et difficile.

> ... et comme je le redoutais Widerhofer vient d'interdire toute visite. Je n'ai vraiment pas de chance, moi qui me réjouissais tant à l'idée d'aller vous voir aujourd'hui et demain ; et nous voici à la veille d'une interminable séparation. Dans de

tels moments je sens à quel point je tiens à vous et les forces m'abandonnent à la perspective de devoir obéir aux ordres des médecins, de vous laisser seule et de ne vous servir de rien alors que vous avez tant de misères à affronter, sans compter Toni et vos deux maisons à tenir. Sans Valérie et les inquiétudes de l'impératrice je ne me laisserais pas interdire de vous rendre visite.

On cacha à Elisabeth, alors à Corfou, toute information sur la maladie de la comédienne mais la nouvelle se propagea dans Vienne comme une traînée de poudre et on alla même jusqu'à faire des plaisanteries grivoises sur l'apparition possible d'une éruption sur le visage de l'empereur. Au fond de son lit la pauvre Katharina craignait elle aussi d'avoir contaminé son souverain bien-aimé, mais il la rassura bientôt en lui disant : « Widerhofer ne s'inquiète pas du tout pour moi, car il n'a jamais entendu parler d'un cas de cette maladie chez une personne aussi âgée que moi. »

L'un de ses admirateurs plus jeunes qui se trouvait à Vienne à ce moment-là avait plus de raisons de s'alarmer pour sa propre santé. Au cours des derniers jours Ferdinand de Bulgarie avait été un visiteur assidu de la Gloriettegasse et François-Joseph informa la comédienne avec un plaisir malicieux : « Widerhofer m'apprend que le Bulgare se trouvait chez vous avant-hier et qu'il a si peur qu'il a immédiatement appelé un médecin et demandé un remède. » Le prince Cobourg courait suffisamment de risques dans sa nouvelle patrie sans attraper en plus la scarlatine pendant ses vacances à Vienne. Son étoile pâlissait en Bulgarie. Poussée par la Russie, l'Église orthodoxe l'accusait de propagande catholique tandis que la sévérité avec laquelle son Premier ministre Stambouloff réprimait le brigandage dans un pays dont c'était la principale occupation lui créait des ennemis à chaque coin de rue. On entendait d'incessantes rumeurs sur des complots visant à l'assassiner et l'empereur confiait à Katharina Schratt :

> Au tout dernier moment avant son départ votre « fraternel ami » restait très agité et très inquiet, et il n'arrivait pas à se décider sur la route à prendre pour rentrer et sous quel nom d'emprunt il allait voyager. Il craignait qu'on n'en veuille à sa vie en Serbie, qu'on n'ait arraché les rails de chemin de fer, etc. Il est pourtant arrivé sain et sauf après avoir traversé la Serbie et l'après-midi du même jour a prononcé un excellent discours sans traces de l'enrouement qu'il redoutait tant. Je suis quand même curieux de voir s'il va réussir à échapper à la scarlatine.

Même quelqu'un de moins capricieux que Katharina aurait éprouvé une certaine impatience à rester isolé à Hietzing pendant un mois entier au début de l'hiver, sans même se sentir vraiment malade, et l'empereur la suppliait sans arrêt de faire un effort :

> ... faites-le au moins pour moi. Widerhofer se plaint beaucoup de vous trouver insouciante et, *pardon de l'expression*[1], puérile. D'ailleurs le télégramme que vous m'avez envoyé pour me dire que vous ne passeriez pas les semaines prescrites au lit est un mauvais signe. La scarlatine peut avoir des conséquences fâcheuses. Widerhofer m'assure même qu'elle peut très couram-

1. En français dans le texte.

ment causer des dommages à la glande jugulaire.
Vous vous imaginez avec un goitre !

C'est la peur du goitre, sans aucun doute, qui rendit Katharina plus raisonnable et les lettres de l'empereur, qu'un lieutenant fou d'amour eût pu écrire, la consolèrent bien des fois de sa solitude : « Si j'étais moins docile et moins soumis devant les ordres des médecins je viendrais briser vos portes de verre pour vous voir un seul instant. » Il parla même d'aller se promener sous ses fenêtres « pour voir votre cher visage, même de loin ». Mais ce projet ne vit jamais le jour car l'impératrice revint de Corfou et mit son veto — non sans doute par jalousie mais plutôt par crainte que son mari ne fût ridicule.

Malgré toute sa franchise et son incorrigible naïveté, l'empereur ne confiait pas tout à sa femme. Dans une lettre adressée à Katharina Schratt et soigneusement omise dans la correspondance éditée par le baron Bourgoing, on découvre ceci : « Hier il y a eu exactement six semaines que je vous ai laissée dans votre lit en espérant pouvoir revenir m'y asseoir deux jours plus tard, et voyez ce qui s'est passé. Mais maintenant les temps de tristesse sont heureusement presque révolus et nous allons connaître de merveilleuses retrouvailles. »

A l'évidence la comédienne ne recevait pas toujours l'empereur coiffée et corsetée dans son salon de Hietzing. En d'autres occasions, plus intimes, le café et les kipferls étaient servis sur une table près de son lit et Katharina, ravissante dans un troublant négligé chargé de rubans, restait étendue parmi les oreillers de dentelle et les draps de satin. Mais ces occasions ne devinrent jamais des habitudes. Dans plusieurs de ses lettres François-Joseph répétait cette suggestion : « Ne vous levez pas trop tôt demain matin, je vous en prie. Laissez-moi venir m'asseoir sur votre lit. Vous savez que rien ne me donne plus de plaisir. » Mais Katharina connaissait l'art de conduire une *amitié amoureuse*[1]. Les faveurs qu'elle accordait ne pouvaient jamais être considérées comme acquises.

1. En français dans le texte.

LA PREMIÈRE DISPUTE

Une année venait de s'écouler depuis la mort de Rodolphe et on avait transformé le pavillon de chasse de Mayerling en un cloître dédié par François-Joseph à la mémoire de son fils. La pièce qui l'avait vu mourir avec Mary Vetsera était maintenant une chapelle où l'empereur vint entendre une messe au jour de la consécration. Dans une lettre à Katharina Schratt écrite dans le style laconique très caractéristique de ses moments de profonde émotion, il disait :

> Hier, j'ai été à Mayerling et j'en suis revenu triste mais réconforté. Le cloître est très réussi et la chapelle vraiment jolie. Toute la région dégage une impression de sérénité et de paix et le beau temps ajoutait encore à la beauté du paysage. Les nonnes semblent satisfaites et leurs cellules aux meubles rares et simples sont agréables et saines. Il se trouve même parmi elles quelques jeunes et jolies novices prêtes — quelle décision ! — à s'enterrer pour leur vie entière entre ces murs austères. Elles m'ont paru pourtant heureuses et disposées à beaucoup prier, ce qui fait que le but de cette offrande sera atteint.

Il ne fait pas la moindre allusion aux tourments intérieurs qu'il a dû éprouver en pénétrant pour la première fois dans l'endroit où Rodolphe s'était donné la mort sans lui laisser ni lettre d'adieu ni même une explication. Présent lors de ce pèlerinage, le comte Hübner rapportait dans son journal : « On entendit l'empereur sangloter d'un bout à l'autre de la messe, murmurant pour lui-même " Mon pauvre cher Rodolphe ", si bien que les nonnes elles-mêmes ne purent retenir leurs larmes. »

Ce qui assombrissait encore la vie de François-Joseph, c'était sa haine pour son neveu François-Ferdinand qui, étant donné l'âge de son père, apparaissait maintenant comme le prétendant au trône. Maladroit, peu séduisant et d'une sensibilité morbide, cet archiduc de vingt-sept ans n'avait rien du charme ni du pouvoir de fascination de Rodolphe. Accablé de complexes, il pouvait se montrer tout à la fois arrogant et sans tact, soupçonneux et morose, coléreux et même parfois brutal comme son grand-père maternel, le célèbre roi Bomba de Naple. Mais en même temps il possédait un certain sens de la grandeur, une largesse de vue, une détermination et avant tout un courage qui avaient toujours manqué au pauvre Rodolphe. Son premier geste d'opposition ouverte à la famille fut de refuser d'épouser Marie-Josèphe de Saxe, la nièce du roi Albert, vieil ami de l'empereur, qu'il considérait comme une Allemande prude et bigote avec qui il se sentait incapable d'être heureux. Son entêtement finit par l'emporter et on maria Marie-Josèphe à son frère cadet Otto, jeune homme beau et faible de vingt-deux ans qui se retrouva ainsi affublé d'une épouse ennuyeuse et insensible. Ce qui explique peut-être qu'il s'abandonna vite à la débauche jusqu'à la destruction totale de sa santé.

Le refus de François-Ferdinand de s'incliner devant les volontés de la famille et ses affirmations répétées selon lesquelles il ne se marierait que s'il tombait amoureux, avaient peu de chance de lui attirer la tendresse de son oncle peu habitué aux discussions et aux résistances ; si bien que l'empereur montra peu de sympathie envers son neveu lorsque celui-ci se vit sérieusement atteint de tuberculose, au point d'ailleurs que les médecins doutaient qu'il pût guérir un jour. Pendant plusieurs années François-Ferdinand dut rester absent de Vienne, passant ses hivers en Egypte ou en longues croisières en mer, sans ignorer qu'à Vienne on dressait déjà des plans pour préparer à la succession son frère Otto que l'empereur avait fait venir dans la capitale et installé dans le magnifique palais Augarten. Avec une détermination farouche François-Ferdinand recouvra peu à peu la santé, ne pardonnant jamais à son oncle l'attitude qu'il avait eue durant sa maladie. Trop fier pour s'insinuer dans les bonnes grâces de François-Joseph ou de son entourage, il se réfugia dans une opposition silencieuse, se préparant lui-même aux affaires de l'État et attendant son tour avec la même impatience dont avait souffert Rodolphe pour attendre le sien.

L'empereur mentionne très rarement François-Ferdinand dans sa correspondance avec Katharina Schratt. Malgré tous ses défauts, le neveu de François-Joseph restait l'héritier du trône et le futur souverain de la comédienne, aussi ne laissait-il transpirer aucune critique sur lui ou sur n'importe quel autre membre de la famille impériale dans ces lettres. A l'inverse, les souverains en visite essuyaient souvent son ironie et son humour, qu'il s'agît du prince de Galles ou de son neveu le Kaiser allemand. Fidèle à l'alliance, François-Joseph se rendit en visite officielle à Berlin l'année même de la mort de Rodolphe et la présence de cet hôte exubérant et arrogant, qui avait été le contemporain exact de son fils, dut fort éprouver ses nerfs. Les blessures étaient encore si fraîches et la haine de Rodolphe pour l'Allemagne si vive dans son esprit ; mais il supporta ce qu'il considérait comme son devoir. De son côté le

Kaiser avait tendance à multiplier des visites où il se montrait trop entreprenant et plus d'une fois François-Joseph se plaignit auprès de Katharina Schratt : « Aussi möcht I », ce qui signifie en argot autrichien : « Si je pouvais y échapper. »

Il y eut une rencontre à Innsbruck lorsque le Kaiser allemand y passa au retour de sa mémorable visite au sultan turc. Les deux empereurs voyagèrent ensemble jusqu'à la frontière allemande et prirent ce que François-Joseph appela « un très mauvais déjeuner arrosé d'un barillet de bière bavaroise fraîche qu'on a apporté jusqu'au train et qui m'a donné une indigestion. Mais leurs majestés allemandes ont manifesté de la bonne humeur et m'ont beaucoup parlé de leur voyage oriental ».

On peut imaginer la scène : le Kaiser Guillaume emporté par son enthousiasme pour le sultan Abdul Hamid, prodigue en plans visionnaires concernant un chemin de fer qui traverserait le désert de Syrie et porterait les produits allemands jusqu'aux khans et aux caravansérails les plus reculés d'Asie, et face à lui l'empereur vieillissant, élevé à l'école de Metternich, pour qui le lit du Danube bornait toute ambition orientale.

L'année 1890 marqua la chute de Bismarck. Le grand homme d'Etat qui avait su obtenir l'unification de l'Allemagne sous la bannière prussienne grâce à une obstination forcenée et au prix de deux guerres, venait de se voir renversé par les machinations et les intrigues de petits personnages qui avaient encouragé le jeune Kaiser dans son erreur de vouloir se débarrasser d'un homme qui avait apporté la couronne impériale à sa famille. La nouvelle choqua François-Joseph et plus que de l'événement lui-même il s'offusqua de la manière. Depuis dix ans, Bismarck travaillait à défendre la cause de la paix, mais le Kaiser l'assura que l'Allemagne serait une bien meilleure amie de l'Autriche maintenant que Bismarck était parti, et dans une déclaration publique il alla jusqu'à engager son pays à aider l'Autriche en cas d'attaque russe dans les Balkans. Une invitation aux manœuvres allemandes en Silésie reçut une réponse positive et pour la première fois depuis Königgrätz François-Joseph vint s'asseoir à une table de l'armée prussienne pour un dîner et, à la grande horreur de ses aides de camp, sembla goûter les énormes plaisanteries des officiers allemands. Le comte Hübner observait dans son journal : « L'empereur a eu raison d'assister aux manœuvres prussiennes. On a toujours raison quand on fait son devoir. Mais il faut bien admettre qu'il n'est pas un seul désagrément que l'empereur n'aura dû avaler. »

Même Lady Paget, dont l'esprit critique n'est pourtant plus à vanter, rend hommage à François-Joseph pour sa noblesse de caractère en écrivant pour l'anniversaire de Mayerling :

> Comme l'empereur se sort bien de cette année de honte et de douleur. Dans les débuts il était effondré, mais bientôt sa piété et son sens du devoir lui ont montré le chemin et non seulement il s'est remis au travail mais il a tenu à voir des gens, à donner des dîners et à faire bonne figure à tout avec plaisir. L'impératrice, au contraire, a paru bien résister dans un premier temps mais elle n'a cessé de décliner depuis. Après avoir passé sa vie dans l'égoïsme le plus pur et adoré comme seuls dieux sa beauté et sa santé, il ne lui reste maintenant plus rien à quoi se raccrocher. Pour le Nouvel An elle a refusé tous les hommages. Elle ne se montrera évidemment plus jamais en public et elle va devenir le fantôme de sa propre existence.

Walpurga Paget se montrait sévère pour Elisabeth car les événements de cette année lui avaient laissé bien peu de chances de se remettre. Quelques semaines seulement après l'anniversaire de Mayerling, Julius Andrássy, qu'elle considérait « comme son dernier et seul ami » était décédé après une longue et douloureuse maladie. Cette mort ranima un flot de souvenirs, tous les sentiments exaltés de l'époque du compromis historique, quand à travers sa passion pour Andrássy elle avait appris à aimer son pays et quand lui, de son côté, avait sacrifié leur amour à son patriotisme. A moins que ce ne fût à son ambition ? Car François-Joseph paya un prix très fort en faisant de l'ancien rebelle le premier des ministres des Affaires étrangères de la double monarchie. Pour Elisabeth, il était toujours resté *le chevalier sans peur et sans reproche*[1] et elle n'hésita pas à déclarer devant son mari et sa fille qu'elle venait de réaliser pour la première fois à quel point il comptait pour elle, que jamais jusqu'ici elle ne s'était sentie aussi abandonnée, sans le moindre conseiller ou ami. Même Valérie, qui avait toujours reproché à sa mère son affection pour le comte, dut admettre qu'il avait probablement compté dans la vie d'Elisabeth plus que tout autre ; et François-Joseph qui avait à l'époque tant souffert de l'engouement de sa femme pour ce fascinant Andrássy, le pleurait maintenant comme le seul Hongrois capable d'impressionner son peuple et de lui dire les vérités nécessaires. Dans une lettre à Katharina Schratt, il s'attristait : « La mort d'Andrássy est une lourde perte pour moi et a beaucoup affecté l'impératrice qui se considérait comme sa véritable amie et qui avait tout particulièrement confiance en lui. »

Pourtant, assez curieusement, ce fut la mort d'Andrássy qui tira Elisabeth de son état d'apathie. Pour la première fois on la revit en public. Son visage retrouva la douce expression de jadis et elle répondit aux saluts des gens qu'elle croisait au

1. En français dans le texte.

cours de ses promenades au lieu de poser sur eux un regard sauvage et éperdu.

Au cours de cet été 1890, elle dut faire face au mariage de Valérie, l'événement qu'elle redoutait depuis quatre ans. Par respect pour ses sentiments on s'en tint à une modeste fête de famille, la cérémonie ayant lieu dans la petite église de Ischl, mais « seulement la famille » signifiait des centaines de parents : les Habsbourg, les Salvador de la branche Toscane, les Wittelsbach et les Bourbons qu'il fallait tous loger dans les hôtels et les villas de la petite ville déjà envahie par les visiteurs de l'été. Katharina Schratt a dû d'ailleurs faire partie de ces visiteurs, debout au milieu de la foule ou peut-être parmi les privilégiés disposant d'un siège sur une estrade décorée. Pour cette réunion de famille, la femme qui avait été la personne la plus proche du couple impérial tout au long de l'année se trouvait reléguée dans la multitude. Mais, revêtue d'une de ses plus belles robes de Spitzer et coifée d'un chapeau savamment fleuri, elle ne dut pas longtemps passer inaperçue et elle reçut sans doute maints saluts amicaux et œillades admiratives car on traitait cette comédienne populaire en citoyenne honoraire de Ischl, au même titre que Alexandre Girardi et Johann Strauss.

La petite ville était tout entière *en fête*[1], drapeaux et bannières flottant à chaque fenêtre, et on avait planté un « mai » enrubanné sur la place de l'église. L'étiquette espagnole des Habsbourg n'avait pas droit de cité à l'occasion de ce mariage essentiellement campagnard où l'impératrice et sa fille sillonnaient les rues en voiture, au milieu des guirlandes, tandis que des fillettes vêtues de blanc réglaient la circulation à la place de la police.

Pour Elisabeth, ce dut être une épreuve des plus terribles, mais elle joua son rôle avec grâce et dignité, bien qu'il lui fallût

1. En français dans le texte.

bien des efforts pour parvenir à sourire et qu'elle tremblât au point d'avoir peine à tenir son éventail. Ce fut seulement à la fin de la cérémonie qu'elle s'effondra en voyant Valérie si radieuse de bonheur et si dépourvue de regrets. Du fond de son chagrin elle dit à sa fille : « Que vais-je devenir, maintenant ? » Mais elle n'eut pas une pensée pour son mari, peut-être tout disposé à la réconforter et le lendemain du mariage elle préparait déjà son départ. Quand elle annonça son intention de faire une longue croisière en mer, l'empereur n'éleva aucune objection ; il se contenta d'insister pour qu'un médecin prenne place dans sa suite.

Pour François-Joseph, le mariage de Valérie sonnait le glas de toute vie de famille. A partir de ce moment il vécut seul dans ses immenses palais peuplés de domestiques silencieux et de courtisans obséquieux. Ses filles venaient lui rendre visite. Elisabeth revenait de temps en temps après l'une de ses interminables périgrinations qui ne faisaient qu'accroître son malheur et son ennui, au point que même la villa de rêve de Corfou ne lui apporta bientôt plus ni paix ni satisfaction.

Les ambassadeurs étrangers se plaignaient de l'ambiance sinistre de la Cour autrichienne, due aux longues périodes de deuil et à l'absence presque permanente de l'impératrice, d'autant plus insupportable qu'elle ne permettait pas qu'une archiduchesse quelle qu'elle soit tienne vraiment sa place. Les grandes familles restaient de plus en plus dans leurs domaines à la campagne et la « Deuxième Société » s'empara de la ville. Les barons de la finance avaient consolidé leurs positions grâce à leur générosité auprès des œuvres charitables de l'aristocratie et à la splendeur de leurs fêtes. C'était l'ère des Rothschild, des bals brillants et des cotillons au cours de réceptions coûteuses, ou de soirées musicales d'extrême qualité car on ne manquait pas de talent dans cette ville où vivaient et travaillaient Brahms et Bruckner, Hugo Wolf et Mahler. C'était un univers où les frères Strauss dirigeaient encore les orchestres des bals de la Cour tandis que Gustav Mahler venait d'être nommé directeur de l'Opéra ; où Otto Wagner imaginait l'habitat le plus moderne d'Europe alors que Hasenauer achevait l'entrée baroque de la Hofburg dessinée deux siècles plus tôt par Fischer von Erlach. C'était un monde qui s'illustrait plus qu'en aucune autre rue d'Europe dans la Ringstrasse à l'affluence hybride typique du Vienne de l'époque. Le Rathaus gothique, les musées Renaissance, le Parlement classique et le théâtre Baroque, tous avaient leur place sur la Ringstrasse qu'un humoriste viennois qualifia de « menu, avec plats différents, tous à base de pierres ».

L'empereur qui signait les décrets et distribuait les médailles aux artistes et aux architectes qui embellissaient sa ville l'aurait bien volontiers laissée telle quelle. Il préférait les anciennes maisons modestes de style Biedermeier, les rues pavées de la vieille ville, et les *glacis* dégagés où les soldats paradaient au temps de sa jeunesse. Mais si l'on s'avisait de critiquer la Ringstrasse devant lui, et bien peu de gens l'osaient, il répliquait : « Je n'ai rien à y voir. Je confie ces problèmes à des experts qui sont bien plus compétents que moi pour juger. » Pourtant ceux qui le considéraient comme un philistin se trompaient. De jeunes peintres exposant pour la première fois avaient souvent la surprise de recevoir la visite de l'empereur qui à chacune de ces occasions achetait systématiquement une œuvre. Il détestait poser pour les portraits, mais il acceptait presque toujours lorsqu'il pensait pouvoir ainsi venir en aide au peintre et dans ses lettres à Katharina Schratt on trouve plusieurs allusions à des visites rendues à des artistes dans leur atelier et à l'intérêt qu'il portait à leurs œuvres, sujet qu'il ne semble pas avoir abordé dans sa correspondance avec sa femme.

La légende présente Elisabeth comme un esprit sensible et poétique qui aurait souffert du manque de culture artistique de son mari. Mais la villa de Corfou dont elle a fait les plans et la décoration en la remplissant de marbres et de bronzes achetés pour des fortunes à Naples et à Rome est un monument de mauvais goût, de même les vers qu'elle a composés dans une laborieuse imitation de Heine ne sont guère meilleurs que les ritournelles qui enveloppent les bonbons de Noël. Ceux qui mettaient l'impératrice sur un piédestal s'empressaient de décrire Katharina Schratt comme un esprit simple et bon-enfant gavant l'empereur de bons petits plats et d'anecdotes insipides, alors qu'elle était en réalité la plus artiste des deux. Bien que sa maison de Hietzing (dont on voit quelques pièces dans divers livres consacrés à la décoration intérieure) reflette le penchant flamboyant et surchargé de l'époque, les tableaux accrochés aux murs et les objets ornant les salons ont tous été choisis avec discernement et goût. Connaissant son amour des belles choses, l'empereur joignait parfois un tableau de valeur ou un bronze ancien à ses cadeaux. Pour Noël 1890 il écrivit avec une modestie bien dans sa manière : « Peut-être trouverez-vous une place dans votre nouvelle maison pour cette Madone et ce petit tableau, mais vous possédez déjà tant de belles choses qu'il doit vous peser d'en ajouter encore. »

Katharina devait la plupart de ses connaissances artistiques aux relations qu'elle avait eues très jeune avec Hans Wilczek. Leur amitié avait résisté au temps et plus d'une fois provoqué la jalousie de François-Joseph. Il enviait et admirait tout à la fois le comte Wilczek qui l'avait amèrement blessé par son influence sur Rodolphe et dont l'amitié avec Katharina Schratt le rendait malheureux et éveillait ses soupçons. Wilczek possédait toutes les qualités susceptibles de plaire à une femme comme elle. L'aventurier qui avait accompagné l'expédition autrichienne au pôle Sud et planté le drapeau des Habsbourg sur la terre François-Joseph la fascinait tout autant que le romantique amoureux de l'art qui avait englouti une fortune dans la construction d'un château médiéval. Mais les candidates aux faveurs de Wilczek ne manquaient pas et Katharina ne supportait pas les rivales. Ils eurent de nombreuses disputes et ce fut à la suite de l'une d'elles qu'elle décida de toute évidence de confesser à l'empereur ses relations passées avec le comte puisque François-Joseph lui répondit depuis Budapest :

> La franchise avec laquelle vous m'avez raconté toute votre histoire avec le comte Wilczek m'aide à aborder de meilleure humeur les longues semaines de séparation qui s'engagent. Je ne doute pas que votre angélique bonté fera retrouver vos faveurs à ce pêcheur repentant. Mais je suis heureux de savoir que vous n'avez plus de secrets pour moi, bien qu'en vérité cela ne me regarde pas et que je n'aie aucun droit de me mêler de vos affaires.

Pauvre François-Joseph, il demandait si peu et ne savait que trop bien que les limites qu'il avait lui-même fixées à leur relation ne lui laissaient aucun droit d'intervenir dans sa vie. Il lui suffisait d'une séparation de quelques semaines, lors de ses voyages en Hongrie ou de la quarantaine pour la scarlatine, et déjà les doutes venaient l'assaillir et cette pensée le torturait « que vous ne m'aimez plus le moins du monde et que votre amitié pour moi n'est plus qu'un souvenir ».

Katharina traversait elle aussi des périodes de dépression, avec la peur de perdre cette amitié qui lui était devenue si précieuse. Cette crainte s'approfondissait lors des visites de Valérie et de son mari à Schönbrunn car depuis son mariage la jeune archiduchesse se montrait remarquablement plus froide dans ses rapports avec la comédienne. Et à l'une de ces occasions Katharina écrivit à l'empereur : « Je sens parfois que je deviens un fardeau pour vous et cette impression me terrifie. » Dans ces moments-là elle avait besoin de réconfort et recherchait admiration et sensation fortes. François-Joseph ne pouvait pas comprendre quoi que ce fût dans ce besoin de stimulations nouvelles et au cours de l'été 1890 leur première dispute sérieuse finit par éclater.

Les promenades en ballon connaissaient depuis peu une forte vogue à Vienne, principalement grâce aux efforts d'un célèbre promoteur d'événements sportifs du nom de Victor Silberer et qui, en finançant les premiers départs du Prater, fonda l'aéraunautique autrichienne. Un sport nouveau et passionnant ne pouvait qu'attirer Katharina Schratt et Silberer n'eut aucun mal à la persuader de faire une ascension par un bel après-midi de juin. Elle n'en dit pas un mot à l'empereur qui apprit la nouvelle en lisant les journaux. La peur pour sa sécurité, l'idée que ses ennemis pourraient l'accuser de rechercher une publicité facile, et surtout qu'elle lui ait tenu l'aventure cachée, tout cela se combina pour créer chez lui une colère comme il n'en avait encore jamais éprouvé contre elle. Il fit un effort de retenue dans une lettre accompagnée d'une coupure de *die Presse*, mais il ne cacha pas sa contrariété à la nouvelle que le compagnon qu'elle s'était choisi pour l'expédition n'était autre que l'un des trop fameux frères Baltazzi : « Je ne puis m'empêcher de vous fournir la preuve, grâce à cet extrait ci-joint de *die Presse*, que j'ai bien raison de souhaiter le silence des journaux. » Selon les références d'aujourd'hui la coupure dont parle l'empereur semble pourtant bien inoffensive. On y lit :

> Aujourd'hui 6 juin, la comédienne de la Cour Frau Katharina Schratt a tenté une ascension dans le « Père Radetzky ». Une foule nombreuse a assisté à ce spectacle hors des murs des établisse-

> ments aéraunautiques et de petits garçons ont escaladé les arbres alentour pour ne rien manquer. Selon le programme de Herr Silberer le départ devait être donné à quatre heures et demi de l'après-midi... mais on dut attendre près de trois heures à cause d'un malentendu car le technicien qui devait gonfler le ballon n'est arrivé qu'à quatre heures. Dans un premier temps Herr Silberer voulut tout annuler, mais Frau Schratt tenait à partir, quitte à écourter le voyage, et il finit par céder à ses désirs. Elle attendit patiemment et à sept heures quinze du soir monta dans la nacelle avec les autres invités. Un sifflet aigu donna le signal et le « Père Radetzky » s'éleva dans les cieux. Après un périple d'une heure il toucha le sol sans problèmes à Aspern d'où Frau Schratt, Herr Baltazzi et Herr Silberer revinrent à Vienne. Frau Schratt, qui faisait là le premier voyage en ballon de sa vie, semblait tout à fait décontractée.

L'empereur, qui avait souligné en rouge certains passages, ne put s'empêcher de commenter : « Vous avez fait cette ascension à la nuit tombante contre le conseil de Silberer. Quelle légèreté ! Et vous n'avez pas pensé une seconde aux amis que vous laissiez sur la terre ferme. Mais je n'ai aucun droit de me plaindre ni de vous faire des reproches, aussi ne vous ennuierai-je plus avec ceci. »

Mais il ne résista pas longtemps au besoin de revenir à la charge et le lendemain même il récidivait depuis Budapest :

> Ce voyage en ballon ne quitte pas ma pensée. Il y a quelques années que vous m'honorez de votre

> amitié et c'est la première fois que je pourrais réellement être en colère contre vous. Mais je ne le suis pas et m'en sens incapable, je ne suis que blessé, pas offensé. Je vous ai déjà dit que cette expédition était une folie... J'ai tout de suite pensé que la presse en profiterait et je vous en ai envoyé une première preuve hier... Je vous connais trop pour ne pas comprendre qu'il s'agissait seulement de satisfaire votre curiosité, mais la façon dont les journaux se sont emparés de l'affaire, le télégramme qui a si rapidement informé les lecteurs du *Pester Lloyd*, tout cela donne à ce que vous considériez comme un innocent divertissement des allures de campagne publicitaire, de recherche de renommée qui ne correspondent ni à votre caractère ni à vos habitudes toutes simples que j'estime si hautement.

François-Joseph se laissait très rarement emporter à ce point car il savait combien Katharina détestait toutes sortes de critiques et tout particulièrement celles visant ses amis.

> Je n'ai jamais élevé d'objection à vos relations avec Alexandre Baltazzi car ce serait ridicule... Je vous jure sur mon honneur qu'il importe peu pour moi que vous ayez fait cette expédition en sa compagnie. Mais aux yeux de notre monde plein de malice cela vous fera du tort. La façon dont les journaux ont commenté sa présence est un rappel du fait que sa famille et lui-même ne sont pas bienvenus partout depuis notre désastre. Et dans cette affaire je suis ennuyé à la pensée que vos faux amis et vos ennemis déclarés vont tous vous attaquer avec les mêmes armes.

> Je mets donc un terme à mes reproches et vous pouvez donner libre cours à votre colère contre ce vieil empêcheur de vivre en paix que je fais. Je peux seulement alléguer pour ma défense que vous m'êtes si chère que j'ai pensé pouvoir me permettre d'aller jusque-là en tant qu'ami paternel (ce que n'aurait jamais pu oser un ami fraternel)... Si vous aviez l'intention un jour d'entreprendre à nouveau une telle folie, je vous supplie de m'en parler à l'avance pour me laisser une chance de vous en dissuader..

Il ne reçut la réponse que six jours plus tard, six jours pendant lesquels il redouta d'avoir provoqué sa colère, mais la lettre était tout aussi douce et affectueuse que les autres. Elle contenait pourtant bien peu de repentir. Katharina reconnaissait volontiers avoir eu tort et mériter une réprimande mais tout en confessant que la mise au point de son expédition n'avait pas été parfaite elle n'en maintenait pas moins que si une autre occasion se présentait elle s'envolerait à nouveau, mais cette fois prendrait soin de garder la chose secrète « pour que Votre Majesté ne s'inquiète pas à mon sujet ».

UNE CAMPAGNE DE CALOMNIE

La carrière de Katharina Schratt au Burgtheater changea radicalement au début des années 90 quand la mort du Dr Förster laissa la direction du théâtre de la Cour à un fonctionnaire civil compétent et intelligent. La nomination de Max Burckhardt, ancien sous-secrétaire au Trésor, provoqua une levée de boucliers dans les hautes sphères de l'Olympe théâtral qui, depuis la mort de Förster, n'avait cessé de comploter et d'intriguer pour le choix de son successeur. En toute première ligne on trouvait la rivale de Katharina Schratt, Stella Hohenfels dont le mari, le baron Berger, possédait toutes les qualités et une solide expérience pour faire un excellent directeur ; l'obstacle majeur était que personne, et Katharina Schratt moins que tout autre, ne voulait de Stella Hohenfels comme *Madame la Directrice.*

A la date du 11 janvier 1890, on peut lire dans les mémoires de Hugo Thimig :

> Nous avons eu la preuve de ce que je soupçonnais : *die Schratt*, qui est l'amie la plus intime de l'empereur, est la pierre d'achoppement qui va empêcher Berger de devenir un jour directeur. On comprend que *die Schratt*

> n'applaudisse pas à l'idée d'avoir *die Hohenfels* comme épouse du patron. Par son mariage Berger a coulé toutes ses chances d'être un jour nommé directeur car une comédienne aussi arrogante et aussi suffisante que *die Hohenfels* serait tout à fait insupportable dans cette situation.

Le prince Hohenlohe, dont dépendait le théâtre de la Cour, prit une sage décision en nommant un administrateur plutôt qu'un artiste. Si les prédécesseurs de Burckhardt avaient tous été des auteurs dramatiques ou des metteurs en scène, personnalités ayant un projet, le nouveau directeur, quant à lui, prit ses fonctions sans préjugés ni arrière-pensées. Ses ennemis allèrent même jusqu'à déclarer qu'il n'avait pas mis les pieds au Burgtheater plus de sept fois dans sa vie. Mais il possédait une solide assurance et beaucoup de bon sens et sut remettre à leur place les acteurs capricieux et ne tenir aucun compte des démissions présentées sur des coups de tête, si bien que la troupe trouva peu à peu son équilibre sous sa direction. Il n'avait pas une grande imagination mais il connaissait le goût du public. Contrairement à ses devanciers, il comprit que Katharina Schratt, que tout Vienne connaissait comme l'amie de l'empereur, attirerait plus de spectateurs que la plus grande des tragédiennes et pendant les huit années où il dirigea le Burg, elle n'eut jamais à se plaindre d'être sous-employée. Non que tous ses rôles convinssent parfaitement à ses qualités. Emmaillotée dans des draperies grecques elle fut une piètre Niobe et elle ne se montra pas non plus très à l'aise dans une comédie du XVe siècle de Hans Sachs. Mais le spectacle eut un succès suffisant pour que le peintre Franz Matsch fît son portrait dans ce rôle et que le tableau vînt prendre place plus tard dans la galerie des célébrités du Burgtheater. Au début des années 1890 on la vit dans une série de drames historiques jusqu'à ce que l'empereur, qui préférait les comédies légères, demandât assez spirituellement : « Etes-vous forcée de ne jouer que des rôles sérieux ? » et qu'on remît au répertoire quelques-unes de ses pièces préférées telles que *le Maître de forges* de Claude Ohnet et *Divorçons* de Sardou.

Sous la direction de Burckhardt, on donna au Burg pour la première fois *Der Verschwender (Le Dissipateur)*, délicieuse pièce de Raimund avec Katharina Schratt dans le rôle de Rosl. Dix ans s'étaient écoulés depuis qu'elle avait interprété le personnage en face d'Alexandre Girardi au théâtre d'été de Ischl, mais Rosl restait le rôle où, si l'on en croit un critique aussi sévère que Hugo Thimig, elle donnait le meilleur d'elle-même. Thimig, dont la famille devait être plus tard associée de si près au travail de Max Reinhardt, était un ami intime de Katharina. Ils possédaient tous deux un solide sens de l'humour et aimaient l'un comme l'autre faire des farces bien que Thimig allât parfois trop loin dans ce domaine pour le goût de Katharina. Elle avait un faible pour les chapeaux extravagants, décorés de fleurs et d'oiseaux, très à la mode à l'époque. Un matin, pendant les répétitions, Thimig déroba l'un de ses plus beaux spécimens décoré d'un oiseau multicolore niché dans les voiles et, prélevant l'oiseau du chapeau, le mit dans une cage qu'il apporta en scène juste au moment où Katharina devait faire une de ses entrées les plus importantes. Des larmes de colère vinrent se mêler aux éclats de rire ; Thimig entendit ses quatre vérités et se vit remettre la facture d'un chapeau neuf. Mais malgré toutes leurs querelles et leurs taquineries, les années n'entamèrent pas leur amitié et Katharina se rangea aux côtés de Thimig et de ses camarades dans l'amère controverse autour du nouveau Burgtheater que beaucoup considéraient comme le tombeau de leur talent.

Katharina Schratt venait de déménager à Hietzing depuis seulement deux mois lorsque Thimig eut l'honneur sans précédent d'y rencontrer l'empereur et de débattre avec lui ouvertement d'un sujet qui lui était cher, au risque de compromettre toute sa carrière, sachant bien que personne ne le soutiendrait si l'empereur se fâchait de le voir manœuvrer dans le dos du prince Hohenlohe, le grand chambellan. Mais les intérêts des comédiens primaient tout dans le cœur de Thimig. Il était attaché au théâtre et aux traditions du Burg qui, à son avis, ne pouvait survivre que dans un cadre plus petit et plus intime. François-Joseph semble avoir apprécié son intégrité et la description rapportée dans le journal de Thimig montre un empereur on ne peut plus heureux et détendu dans l'atmosphère agréable du salon de la Schratt :

> Par un beau matin d'avril, j'arrivai à la Gloriettegasse, rempli de crainte et tout tremblant en pensant à l'accueil qui m'attendait. On me fit entrer dans le hall d'où, par une porte vitrée, je pus voir l'empereur et *die Schratt* qui prenaient leur petit déjeuner. Ils m'invitèrent à me joindre à eux et Sa Majesté me reçut avec tant de franchise et d'amitié que je commençai à reprendre courage et à me sentir plus à l'aise. Il m'offrit un gros cigare enveloppé dans du papier d'argent et, me voyant hésiter, me dit : « Ne vous inquiétez pas, s'ils me laissent debout ils ne peuvent pas vous faire de mal. » Puis il en vint directement à notre problème : « Bien, alors vous avez, paraît-il, quelque chose à me dire ? »
>
> Je commençai avec beaucoup d'émotion à exprimer mes remerciements pour le grand honneur qu'il me faisait, précisant que je n'avais reçu aucun mandat officiel et que je prenais sur moi de me faire le porte-parole de mes camarades

> comédiens dont beaucoup n'osaient pas s'exprimer eux-mêmes. Nous étions tous conscients du fait que le nouveau théâtre était magnifique. Ici l'empereur m'interrompit : « Beau ? magnifique ? ceci, c'est pour l'introduction ; voyons maintenant ce qui ne va pas. » Ainsi encouragé, je m'appliquai alors à énumérer les nombreux défauts du nouveau théâtre. Il était trop vaste et trop haut. De nombreux acteurs de la vieille école n'arrivaient pas à passer la rampe. Le plafond surchargé en dôme et les grands couloirs derrière les loges rendaient l'acoustique mauvaise et on ne pouvait remédier à tout cela qu'en changeant l'ensemble de la conception. La meilleure solution serait de construire un petit théâtre en annexe du Burg.

L'empereur se montra compréhensif. Il convenait lui-même qu'il était déçu. Il n'y aurait eu aucun problème à construire une nouvelle salle si l'actuelle n'avait pas englouti de telles fortunes. Puis il parla d'autre chose et Thimig se consola avec l'espoir qu'il venait de planter une graine qui donnerait peut-être un jour des fruits.

Le comédien fut surtout impressionné de voir à quel point l'empereur s'intéressait au théâtre et tout le crédit en revenait à l'influence de *die Schratt.* Sa Majesté voulut savoir comment les choses se passaient avec la nouvelle direction et quand Thimig expliqua que Burckhardt se montrait compétent, énergique et travailleur à son poste et qu'il réussirait à maintenir la discipline nécessaire, l'empereur commenta avec un sourire : « Ainsi il est déjà parvenu à s'imposer en face des messieurs et des dames haut placés et puissants du Burg ? » et le comédien comprit que *die Schratt* avait dû tenir l'empereur au courant de toutes les rumeurs et les rivalités qui agitaient ses collègues.

Thimig se demandait si l'influence de Katharina était entièrement bénéfique. Elle avait beau être un *lieber Kerl*, elle n'en restait pas moins une femme aux sympathies et aux antipathies très contrastées et qui risquait de se laisser gouverner par ses passions. Un sentiment de pouvoir risquait de lui monter à la tête et devenir préjudiciable au théâtre. Au cours des années suivantes, le comédien s'appliqua à faire en sorte que son amitié avec Katharina Schratt ne vînt jamais contrarier les intérêts du Burg.

Hugo Thimig ne fut pas le seul ami de Katharina à connaître le privilège de rencontrer l'empereur dans l'atmosphère amicale de la Gloriettegasse. Il y eut aussi le loyal et dévoué Edward Palmer qui avait la tâche ingrate d'essayer de mettre en ordre les finances largement anarchiques de la comédienne et qui était souvent convoqué par l'empereur pour faire le point de la situation. Katharina redoutait ces rencontres qui mettaient en général en lumière des dettes qu'elle avait totalement oubliées. Dans ses lettres, l'empereur parle de Palmer comme de « votre père-confesseur » ou « votre père-confesseur jaune » à cause de son teint brouillé, et il apprit à apprécier la sagesse et la discrétion de Palmer au point de lui confier certaines missions délicates qu'il ne souhaitait pas voir prises en mains par un officiel de la Cour. Lorsque Marie Larisch, la nièce de l'impératrice bannie de la Cour à la suite de son rôle ambigu dans la tragédie de Mayerling, essaya de se venger en rédigeant une description inexacte et calomnieuse de ses parents royaux c'est Palmer que l'empereur dépêcha à Munich pour en éviter à tout prix la publication.

Totalement ignorant en matière de finances, François-Joseph appréciait ses conversations d'affaires avec le banquier juif remarquablement informé et il lui arrivait même de condescendre à l'inviter pour une partie de tarots, jeu de cartes qu'il aimait tout particulièrement. Le n° 9, Gloriettegasse devint peu à peu un foyer pour l'empereur solitaire qui, au contact des domestiques et des familiers de Katharina, voyait pour la première fois fonctionner une maison ordinaire. Il y avait là Netty, redoutable ménagère, magnifique cuisinière, autoritaire, la langue bien pendue et aussi capricieuse que sa maîtresse, mais suffisamment discrète pour qu'on lui confiât des messages personnels pour le palais. Il y avait aussi l'indispensable Anna Bauer, collègue de théâtre de Katharina depuis longtemps, confidente par nature et que l'empereur appréciait pour l'influence tempérante qu'elle exerçait sur son extravagante amie. Katharina se fâchait souvent de ce qu'elle appelait ses ingérences injustifiées, son épouvantable esprit de contradiction, et d'amères scènes éclataient au cours desquelles Frau Bauer se voyait accusée de se ranger du côté des ennemis de Katharina. A l'une de ces occasions, l'empereur écrivit : « J'espère que la scène que vous projetiez aura été plus calme que prévu et que vous ne vous êtes pas trop emportée car cela ne vous fait que du mal. Maintenant que Frau Bauer assume le rôle de mère et même de grand-mère, elle mérite d'être traitée avec un peu plus de respect. »

Dans cette maisonnée de femmes, Toni Kiss ne trouvait qu'amour et complaisance. Le petit Theresianiste rentrait chez lui à chaque période de vacances, amenant avec lui ses amis, et bientôt le rire emplissait toute la maison. Katharina était une merveilleuse mère, toujours à organiser des fêtes : feux d'artifice et prestidigitateurs pour Noël, voyages en Italie, à Rome et Florence, pour Pâques ; et en été, visites au Wurstelprater, la foire populaire où jeunes et vieux, pauvres et riches se précipitaient au cirque et s'attroupaient devant le Guignol. L'empereur qui réduisait les jeunes archiducs au silence et à qui ses propres filles avaient tant de mal à parler, écoutait avec amusement Toni Kiss raconter ses aventures au Wurstelprater avec tout l'éclat et le talent d'imitation qu'il avait hérités de sa mère.

Mais la loyauté de Toni allait d'abord à son père qui semblait d'autant plus romantique lors de ses passages à Vienne que ceux-ci étaient fort rares. Lorsque Nicholas Kiss rentrait chez lui pour ses congés l'empereur lui-même devait remettre ses visites. L'époux si lointain de Katharina trouvait la vie de vice-consul à Tunis bien fade en regard du Jockey Club de Vienne, et il ne cessait de se plaindre auprès du ministre des Affaires étrangères qu'on ne lui trouvât pas un poste plus en rapport avec ses qualités. Se considérant comme un martyr immolé aux intérêts de sa famille, il se reconnaissait le droit de profiter au maximum de la bonne fortune de sa femme et l'attentif Palmer prenait en note les sommes énormes que retirait Katharina Schratt chaque fois que Nicholas Kiss passait par Vienne. En fier Hongrois, le mari de Katharina se faisait un devoir de protéger la réputation de son épouse, si bien qu'un jour il en vint à provoquer en duel un autre membre du Jockey Club qu'il accusait d'avoir calomnié la comédienne. Le reproche n'était apparemment pas fondé et l'affaire se régla aussi discrètement que possible : « J'espère que vous voici rassurée sur le dénouement de cette affaire de duel » écrivait François-Joseph à son amie.

Katharina commençait à penser que Kiss avait bien peu à faire à Tunis et elle demanda à l'empereur s'il ne serait pas possible d'attribuer à son mari un poste plus lourd et mieux rémunéré. Le comte Kálnoky, le ministre des Affaires étrangères qui n'avait pas, apparemment, une très haute opinion des talents diplomatiques de Kiss, ne trouva rien de mieux à lui offrir que le poste de vice-consul à Barcelone, et en novembre 1892 François-Joseph écrivait :

> Comme vous le souhaitez je vais vous rendre compte de mes conversations avec Kálnoky. Il demeure disposé à nommer Kiss avec le titre de vice-consul, mais il maintient toujours qu'il n'est pas très sûr que Kiss ait intérêt à accepter la nomination ni qu'il ait les qualités pour ce mandat. Il a ajouté que de toutes façons Kiss devait venir le voir, lui ou au moins Pasetti, le chef de section. Je ferai moi-même informer ce dernier que je souhaite régler cette affaire rapidement. Et j'espère ainsi réussir à vous rendre la paix.

Un mois plus tard Katharina eut la satisfaction d'apprendre que son encombrant mari avait été nommé dans le dynamique port méditerranéen de Barcelone où ses vacances seraient beaucoup moins fréquentes. Mais par amour pour Toni elle n'essaya jamais de rompre les liens du mariage et Nicholas Kiss put continuer à compter sur Vienne pour éponger ses dépenses de Barcelone.

Devant l'exemple de ce père, on peut s'étonner que Katharina Schratt n'ait pas essayé d'inculquer à son fils un certain sens de l'épargne, mais elle éleva au contraire Toni dans le plus grand luxe, lui faisant fréquenter en majorité des enfants de riches. Pourtant dénuée de tout snobisme pour le choix de ses propres amis, la comédienne éprouvait une joie puérile à voir Toni inviter à la maison des fils d'aristocrates. Mais tous les efforts qu'elle déployait pour lui donner une éducation convenable ne pouvaient le protéger du mépris et de la méchanceté de ses ennemis. Elle connaissait l'empereur depuis seulement quelques années lorsqu'elle commença à être la victime de lettres anonymes ignobles dont le contenu ne fut jamais révélé mais qui lui firent un mal considérable. Dans ses mémoires le comte Kielmannsegg fait allusion à une conversation avec le comte Taaffe où celui-ci rapportait avec beaucoup d'amusement comment l'empereur l'avait fait appeler pour l'informer timidement et, avec beaucoup d'embarras, que la comédienne de la Cour, Frau Schratt était assaillie de lettres anonymes et lui dire qu'il souhaitait voir la police s'occuper de cette affaire avec la plus extrême discrétion. Mais malgré la compétence de la police secrète, on ne découvrit jamais l'auteur de ces lettres écrites à l'encre venimeuse, ni à cette époque ni plus tard lors d'un incident beaucoup plus grave.

Pendant l'été 1892, vers la fin de l'année scolaire, Toni Kiss reçut une lettre anonyme remplie de basses attaques contre sa mère. Seule une personne pétrie de haine et de jalousie pour Katharina Schratt pouvait se rendre odieuse à ce point en s'en prenant à elle à travers son fils de douze ans. Elle se trouvait alors à Karlsbad et sa première réaction fut d'interrompre sa cure et de rentrer à Vienne pour être près de Toni. Mais devant cette situation, comme cela se produisit très souvent, l'empereur et Edward Palmer, les deux hommes qui l'aimaient le plus, joignirent leurs efforts pour la dissuader de faire quoi que ce soit susceptible de donner trop d'importance à un événement que, dans l'intérêt de Toni, il était préférable de traiter par le mépris. Dans cette affaire le plus touchant fut la solidarité que montra François-Joseph qui se sentait en grande partie responsable. Dans une lettre jusqu'ici inédite, datée de Schönbrunn le 24 juin 1892, on peut lire :

> Hier en entrant dans ma chambre j'ai trouvé une lettre de votre chère écriture qui m'attendait sur mon bureau. C'était une merveilleuse surprise puisque j'en avais déjà reçu une la veille. Mais en la lisant j'ai été paralysé par l'horreur et je n'ai pu penser à autre chose de toute la journée. Cette nuit j'ai eu bien du mal à dormir et j'ai

continué à me faire du souci pour vous car une telle bestialité dépasse tout ce qu'on peut imaginer et je comprends que vous soyez noyée de désespoir. La méchanceté y est étudiée avec tant de perversité. Ce qui me rend tout particulièrement malheureux, c'est de me sentir pour une large part responsable de tous les désagréments que vous avez dû affronter ces dernières années, tout comme de votre malheur présent. Si au moins je pouvais vous venir en aide. Si seulement il existait un moyen de démasquer ce corbeau et de l'empêcher de commettre d'autres méfaits. Le pire est l'empreinte que cette horrible lettre risque de laisser sur Toni et il importe de trouver un moyen d'empêcher que ce malaise persiste et qu'il vienne entâcher vos relations avec lui. Mais cela est bien difficile pour moi de vous conseiller avant d'avoir lu le monstrueux contenu de cette lettre.

J'attends avec impatience d'en apprendre plus par Palmer qui pourra, je l'espère, débrouiller cette situation et, en homme sage et efficace, trouver une solution. J'ai cru bon de le faire appeler et de le prier de passer me voir ici dès son retour de Karlsbad... Hawerda connaît son adresse... Je suis très heureux qu'on ait pu vous convaincre de ne pas rentrer à Vienne. Le voyage et le séjour en ville au milieu de votre cure et dans votre actuel état nerveux ne pourraient que nuire à votre santé. Et ceci m'inquiète au plus haut point.

Il semble que l'empereur et Katharina Schratt se soient entièrement reposés sur Palmer qui, dès son retour à Vienne, rendit immédiatement visite au directeur de l'école Theresianum. Les deux hommes s'accordèrent à refuser de prendre la chose trop au sérieux pour ne pas jeter dans l'esprit de Toni craintes et soupçons. Agissant sur instructions de François-Joseph, Palmer rencontra ensuite le directeur de la police qui a dû se montrer quelque peu surpris de voir le banquier juif, qu'il avait connu à l'époque où il louait son appartement au prince héritier et à ses amis, porteur d'ordres venant de l'empereur.

Entre-temps François-Joseph avait lu la lettre infamante :

> ... qui n'est après tout qu'un tissu d'obscénités et donc beaucoup moins dangereuse qu'un pamphlet rédigé avec soin. Je ne partage pas votre avis et celui de Palmer selon lesquels l'auteur serait une personne bien élevée qui aurait délibérément altéré son style et son écriture. Vous ne devriez pas y attacher tant d'importance. J'espère que Toni, car c'est de lui qu'il faut se soucier en premier lieu, finira, si on sait le rassurer et si vous lui consacrez tout votre amour à Ischl, par considérer tout cela comme rien de plus qu'une méprisable attaque de jalousie contre vous. Pour cette raison Palmer n'a pas tort de vouloir lui montrer quelques-unes de ces lettres venimeuses que vous avez à la Gloriettegasse, car il pourra ainsi comparer les écritures et voir qu'une même main a écrit tout cela dans le seul but de vous blesser le plus possible. Au bout du compte il n'y pensera plus du tout. Mais ce qui me bouleverse vraiment c'est que Palmer vous a trouvé très mauvaise mine et comme vous allez entrer dans la « Stille Woche » je m'inquiète encore plus.

Deux jours plus tard les nouvelles devenaient meilleures. Edward Palmer avait invité Toni Kiss pour le dimanche et l'avait trouvé comme d'habitude, calme et très peu préoccupé par la lettre qu'il n'avait pas très bien pu déchiffrer et dont le sens lui avait largement échappé. Palmer avait également eu un second entretien avec le directeur de la police qui avait de grands espoirs de découvrir le coupable, si bien qu'à son retour à Karlsbad il put informer l'empereur que la « *gnädige Frau* » commençait à retrouver son équilibre. Le banquier avait pourtant provoqué la mauvaise humeur de François-Joseph en racontant toute l'histoire au comte Wilczek et on peut remarquer un accès de dureté dans une lettre par ailleurs très tendre adressée à son amie : « Je trouve parfaitement inutile que Palmer ait rapporté tout ceci au comte Wilczek, car moins il y aura de gens au courant mieux ce sera. »

La première personne à recevoir les confidences de François-Joseph fut sa femme qui se trouvait justement à Karlsbad pour l'une de ses innombrables cures et qui s'indigna presque autant que son mari devant l'outrage fait à « l'amie ». Elisabeth fit appel à tout ce qu'elle avait de meilleur en elle pour réconforter Katharina Schratt et pour qu'on vît l'empereur en public avec elle. « Vous comprenez mieux maintenant quel ange c'est » écrivit François-Joseph, débordant d'amour et de reconnaissance pour sa femme. Au cours des quelques semaines qu'elle passa à Ischl pour l'été, séjours qui s'écourtaient chaque année, l'impératrice invita la comédienne et son fils à prendre le thé à la villa Kaiser, entraînant le petit garçon pour une promenade dans les jardins et lui parlant de sa mère avec douceur et affection, lui disant quelle merveilleuse femme elle était et quelle aide elle avait su lui apporter au cours des mois les plus tragiques de sa vie.

Plus d'un demi-siècle plus tard, devenu un vieux diplomate en retraite, Toni Kiss se souvenait encore de cet après-midi d'été à Ischl, alors qu'il traversait le parc auprès de l'impératrice pour se rendre au pavillon de marbre qu'elle appelait sa maison secrète et où elle lui confia qu'elle n'y amenait que les plus privilégiés, lui faisant comprendre par son sourire merveilleusement radieux qu'il était lui-même parmi les plus privilégiés de tous. Au cours des années suivantes il reçut avec fierté des paquets joliment enveloppés des fournisseurs de la Cour et des fruits *glacés*[1] de la Côte d'Azur accompagnés de petits billets de « Ton amie Elisabeth ».

C'était là tout ce qu'il avait retenu, ou voulu retenir, d'un incident qui avait tant blessé sa mère à l'époque. Katharina Schratt fut toujours persuadée, et elle en persuada son fils, que les lettres anonymes avaient une collègue jalouse pour auteur. C'est en partie pour cette raison que Toni Kiss détesta en grandissant ses liens avec le théâtre et qu'il montra bien peu de compréhension lorsqu'elle fut mise à la retraite contre son gré. Aucune des mères de ses camarades d'école n'était jamais montée sur une scène et, d'ailleurs, aucune n'avait jamais reçu de lettre anonyme.

La correspondance de l'empereur avec Katharina Schratt, si soigneusement éditée par le baron Bourgoing, ami personnel de Toni Kiss, mentionne à peine cet épisode où l'inquiétude que manifesta l'empereur pour les réactions d'un garçon de douze ans souligne pourtant l'aspect le plus humain et le plus aimable de son personnage. Tout ce qu'on peut lire, ce sont quelques lignes datées du 8 septembre 1892, lorsqu'à l'occasion de la fête de Katharina, François-Joseph écrivait : « J'espère que l'année qui vient vous épargnera la peine que vous avez malheureusement dû supporter par ma faute. » Une note brève en bas de page donne l'explication de la phrase.

1. En français dans le texte.

Toni Kiss, comme le fit sa mère en vieillissant, tenait beaucoup à spécifier qu'elle avait été l'amie de l'impératrice autant que de l'empereur. Avec toute la conviction possible, Katharina Schratt assura un jour à la comtesse Wilczek, la belle-fille de son ancien amant, que s'il y avait eu ne fût-ce qu'un *Pussl* (un baiser) entre elle et Sa Majesté il ne l'aurait jamais autorisée à fréquenter sa femme. Mais ce furent pourtant bien les Pusseln et les Streicheln (les baisers et les caresses) auxquels François-Joseph fait référence dans ses lettres, tout comme l'intimité heureuse de la Gloriettegasse, qui aidèrent l'empereur fatigué et écrasé de responsabilités à trouver la vie supportable.

MACHINATIONS DANS LES BALKANS

L'empereur vieillissait et avec l'âge il devenait de plus en plus exigeant et tyrannique dans ses relations avec la femme qui acceptait de tout lui sacrifier excepté son indépendance. Il se rendait compte de la lassitude qu'il pouvait lui inspirer et implorait : « Je sais quel vieil ennuyeux je fais et c'est merveilleux que vous puissiez me supporter à ce point. » Mais plus il l'aimait, plus il devenait possessif et jaloux de la vie qu'elle dégustait avec tout l'appétit d'une femme qui refusait d'envisager la maturité et voulait encore se rassasier de tous les plaisirs de la jeunesse. Ce qui le contrariait le plus chez la comédienne, c'était la recherche bien naturelle de la publicité. Un gala de bienfaisance au théâtre des Variétés Ronacher où Katharina Schratt apparut en compagnie d'une célèbre actrice hongroise dans la fameuse satire de Nestroy *Der Böse Geist, Lumpazivagabundus* (*L'Esprit du Mal, Le Gredin Vagabond*) rencontra la réprobation impériale. Car au cours de sa vie, Nestroy, l'un des plus grands dramaturges autrichiens, avait souvent été banni du théâtre de la Cour à cause de ses satires politiques et l'empereur voyait sans joie son amie interpréter le rôle de la cordonnière de Nestroy aux côtés de Ilka Palmay qui, bien que mariée à un certain comte Kinsky, passait pour une dame à la moralité très discutable. « Je ne comprends pas que vous jouiez Knieriem en compagnie de Palmay. Je me console en pensant que c'est bon pour votre carrière et que le but est charitable. Ne vous fâchez pas de ce que je viens d'écrire et souvenez-vous que je ne le fais que parce que je vous aime tant. » Les réjouissances qui accompagnaient le gala n'arrangèrent pas les choses.

> Cette nuit, si je m'éveille, je vous imaginerai chez Ronacher où vous resterez sans doute jusqu'à l'aube. On me dit que même les répétitions ont eu lieu la nuit plutôt qu'à des heures plus favorables à la santé. Personnellement je serai content de voir s'achever ce charivari bien que vous-même sembliez vous y complaire. Hier j'ai vu dans *Floh* (journal humoristique illustré) une image de vous en Knieriem bras dessus bras dessous avec Palmay. Je suis certain que vous avez déjà remarqué cette œuvre d'art.

Il y avait tant de choses que le pauvre empereur désapprouvait. Il en arrivait à être jaloux des baisers de théâtre donnés à des acteurs qu'il soupçonnait de faire partie de ses intimes, jaloux aussi de tous les ministres et *Hofräte* qui protégeaient le théâtre et courtisaient les jeunes premières du Burg. D'ailleurs ses inimitiés ne s'arrêtaient pas aux hommes. Il y avait aussi la fascinante princesse Metternich, qui avait inspiré la ballade :

> *Es gibt nur eine Kaiserstadt*
> *Es gibt nur ein Wien*
> *Es gibt nur eine Fürstin*
> *Die Metternich Pauline.*
> (Il n'y a qu'une ville impériale

Il n'y a qu'une Vienne
Il n'y a qu'une Princesse
Et c'est Pauline Metternich.)

mais que sa popularité rendait *persona non grata* à la Cour. François-Joseph ne lui avait jamais pardonné d'avoir été plus acclamée que l'impératrice à l'occasion du premier *corso* fleuri de mai au Prater. Cependant, Katharina Schratt se sentit flattée lorsque la princesse Pauline lui demanda son aide pour organiser des *tableaux vivants*[1] et des spectacles d'amateurs pour soutenir une de ses innombrables œuvres de charité. « Je ne vois pas pourquoi vous vous donnez tant de mal, cela ne réussira qu'à vous fatiguer » glosait l'empereur. Mais Katharina ne se fatiguait jamais en s'amusant. Elle s'épuisait bien davantage au cours de ce qu'il appelait une journée tranquille à Ischl qu'elle décrivit un jour en détail au comte Eulenburg, l'ambassadeur d'Allemagne :

> Je me lève à cinq heures du matin et vais me baigner dans l'Ischl (ruisseau de montagne glacé réputé pour ses qualités revitalisantes). Puis je m'habille et à sept heures Sa Majesté arrive pour le petit déjeuner ; il reste jusqu'à dix heures environ et je le raccompagne à la villa impériale. Après cela, je me repose et déjeune et, vers trois heures, qu'il fasse beau ou qu'il pleuve, je me joins à Leurs Majestés pour une escalade de trois ou quatre heures, après quoi vous pouvez imaginer combien je suis contente de retrouver mon lit à huit heures du soir.

1. En français dans le texte.

On pouvait considérer comme un grand honneur d'être invité à la promenade de Leurs Majestés, mais ce devait être également une épreuve considérable car l'impératrice ne s'exprimait que par murmures et ne s'arrêtait jamais pour souffler. Et pourtant François-Joseph ne comprenait pas que la comédienne voulût quitter ce cher Ischl si douillet pour se lancer dans des expéditions aventureuses avec ses amis, à escalader des glaciers et à passer des nuits entières dans des cabanes de montagne avec des compagnons dont elle ne disait pas toujours les noms. Il arrivait à ces grands yeux bleus et à ce visage au large sourire de rester très évasifs.

Katharina aimait l'empereur mais ne pouvait tout de même pas abandonner sa vie entière à un homme qui avait si peu de temps à lui consacrer. Ils ne parvenaient pas à recréer la délicieuse intimité de Hietzing dans l'atmosphère confinée du salon de Ida von Ferenczy qui, durant les mois d'hiver, restait leur seul lieu de rencontre en dehors des promenades irrégulières dans les jardins glacés de Schönbrunn, la plupart du temps, d'ailleurs, à un moment de la journée où la comédienne si active aurait aimé se reposer. Mais dès que l'empereur s'éloignait il lui manquait. Pendant les semaines à Budapest qu'elle qualifiait de « semaines de pression » des lettres quotidiennes circulaient entre la Gloriettegasse et le Château de Buda, et l'empereur écrivait dans un accès de poésie quelque peu laborieux que « les *Streicherln* (petites caresses) faisaient l'aller-retour, remplissant l'air comme autant de phasmes ». Dans un extrait d'une des lettres de Katharina on peut lire : « Ce soir je me suis blottie bien confortablement et bien au chaud dans un fauteuil pour pouvoir lire votre lettre du début à la fin en toute quiétude, et puis, la lettre toujours à la main, j'ai fermé les yeux et je me suis laissée aller à rêver, car après tout ce n'est pas interdit de rêver et cela nous permet parfois de nous sentir tellement mieux. »

C'était le pauvre empereur qui souffrait vraiment au cours de ces « semaines de pression » et qui confiait : « Vous êtes le seul rayon de lumière dans ma sinistre vie, ma seule consolation. » Même la présence de sa femme et de l'inévitable professeur de grec ne parvenait pas à lui donner meilleur moral. Le désir d'Elisabeth de l'accompagner à Budapest et son refus de rester à Vienne l'éloignaient encore un peu plus de ses sujets et ne faisaient qu'aggraver les difficultés dans la vie de l'empereur. Mais elle comprenait que tout ce qu'elle avait à faire maintenant pour apaiser son mari c'était de sourire à Frau Schratt et au début du printemps 1891 elle invita pour la première fois la comédienne à leur rendre visite à Budapest. Ce geste provoqua le blâme amer de tout l'entourage mais l'immense satisfaction de François-Joseph qui, excité comme un collégien devant cette perspective, écrivait : « N'oubliez pas d'obtenir votre liberté auprès de Burckhardt pour venir ici, sinon il y aurait des problèmes de répertoire et ce serait épouvantable. » Mais Katharina qui ne craignait jamais de demander des congés avait déjà obtenu la permission pour des vacances de quinze jours sur la Côte d'Azur et elle partit directement de Nice pour Budapest. Malheureusement, elle avait eu si peu de chance au Casino de Monte-Carlo qu'elle avait perdu jusqu'à l'argent de son voyage et elle dut emprunter pour partir. « Cette fois, vous me semblez avoir joué très gros et cette passion s'aggrave, dirait-on » écrivait François-Joseph, mais tous les reproches qu'il s'apprêtait à faire fondirent devant la joie de l'accueillir.

> La nouvelle de votre arrivée à Budapest au soir du 28 me remplit littéralement de bonheur, car ainsi j'aurai la possibilité de vous voir dès le matin du 1er sans devoir attendre cinq heures pour le dîner. Quant à la promenade et au déjeuner du 2, tout reste comme prévu car il faut nous donner

tout le temps que vous pourrez. L'impératrice vous attend avec impatience et je vous transmets son message de ne pas prendre un petit déjeuner trop copieux le 1er de façon à garder de l'appétit pour cinq heures. Comme toute bonne *Hausfrau* elle aime rassasier ses invités.

Soit que la *Blutwurst* (boudin noir) eût figuré aux menus royaux, soit que Katharina, qui avait un goût prononcé pour les nourritures riches et indigestes, s'en fût autorisé de son côté, l'empereur et l'impératrice se montrèrent tous deux inquiets après la visite et voulurent savoir si la *Blutwurst* avait eu quelque effet néfaste. Mais il ne suffit pas seulement à Katharina de jouir d'une excellente digestion, il lui fallut aussi une époustouflante résistance pour supporter le long voyage entre la Côte d'Azur et Budapest où, dès son arrivée, on ne lui avait pas laissé le moindre répit à son hôtel avant de la conduire au Château. Après lui avoir fait visiter les pièces qu'elle avait si souvent imaginées, on l'entraîna dans les jardins pour une promenade bien froide et bien humide en cette période de premières fontes des neiges, tandis que la glace commençait à craquer sur le Danube et que d'énormes glaçons dérivaient lentement à sa surface.

Cette visite de deux jours fut accaparée dans sa totalité par l'empereur et ses incessantes questions sur son emploi du temps sur la Côte d'Azur et sur ses rencontres dans ce joyeux monde si éloigné du sien. Lui-même n'avait que de mauvaises nouvelles à partager. Les Hongrois se montraient plus intransigeants que jamais. En essayant d'introduire des mesures favorables aux minorités, le comte Taaffe se heurtait durement aussi bien aux Hongrois qu'aux libéraux allemands. Chacun ne s'intéressait qu'à soi-même et à ses petits intérêts et l'empereur se sentait las et découragé. Bien qu'encore capable de suivre la chasse à Gödollo comme n'importe lequel de ses officiers et de traquer le sanglier sauvage par tous les temps, il se sentait maintenant vieillir. Katharina lui prodiguait ses encouragements : « C'est stupide, Votre Majesté, vous auriez entendu la foule sur le Ring pendant la visite du Kaiser allemand, tout le monde disait qu'il n'arrivait pas à la cheville de Votre Majesté qui a tellement plus d'allure. » Et François-Joseph, qui avait été si irritable et si maussade jusqu'ici, rayonnait de plaisir et de bonne humeur. Lorsque arriva l'heure, il put à peine se résoudre à la laisser partir. Finalement elle manqua son train et arriva à Vienne tard dans la nuit avec une répétition prévue très tôt le lendemain matin. Mais la lettre de remerciements de l'empereur éclaira d'un jour favorable cette épuisante expédition :

> Merci, merci et encore merci d'être venue nous voir ; et pour les délicieuses violettes qui sont enfin arrivées hier au soir et puis surtout de vous être montrée si bonne avec moi au cours de ces deux journées que vous avez passées ici et pour m'avoir consacré tout votre temps. Je vais maintenant déguster le souvenir de ces heures merveilleuses jusqu'à ce que j'ai le bonheur de vous revoir à Vienne. Nous avons longuement parlé de vous après votre départ car l'impératrice se souvient elle aussi avec plaisir de votre visite.

L'empereur assurait sans cesse Katharina de l'amitié et de la bienveillance d'Elisabeth, à tel point qu'on est en droit de se poser des questions quant à la sincérité d'un tel sentiment sur lequel il arrivait parfois à la comédienne elle-même d'émettre certains doutes. Il est certain que l'impératrice la trouvait sympathique et appréciait sa compagnie ; et il lui arrivait d'éprouver, dans ses périodes de lucidité, des élans de gratitude pour l'aide qu'elle avait su lui prodiguer. Personne ne lui avait témoigné plus de compréhension que la souveraine au moment des lettres anonymes. Mais Elisabeth n'était pas toujours lucide. De sombres nuages traversaient parfois son esprit et elle se laissait submerger par la tristesse, l'ennui et la terreur de vieillir. Parfois aussi l'amertume s'emparait d'elle et elle jouait à faire du mal à son entourage, dressant l'un contre l'autre, ou lançait des remarques désagréables à Valérie, la poussant aux larmes, ou encore accusait son mari si patient d'indifférence et d'abandon. Dans de tels moments elle ne pouvait que reprocher à l'empereur son admiration déclarée pour la petite comédienne bien en chair qu'elle n'avait jamais envisagée comme autre chose qu'une agréable compagnie et elle s'en prenait alors à elle sur le ton de la moquerie méchante. Elle qui se laissait obséder par son poids au point de se lamenter qu'elle « devenait grosse comme un baquet » à chaque fois que la balance de la salle de bains indiquait 50 kg, pourtant un poids flatteur pour une femme mesurant 1,70 m, elle prenait plaisir à se moquer des infructueux efforts de Katharina pour maigrir. Parmi ses papiers on trouve un cruel petit quatrain que l'impératrice imagina un jour d'humeur particulièrement sombre :

Imbued with aping mania
Despite her pounds of fat
She longs to play Titania
Poor Katharina Schratt.
(Obsédée par l'art de singer
Malgré ses kilos de graisse
Elle voudrait jouer Titania
Cette pauvre Katharina Schratt.)

Elisabeth se rêvait d'ailleurs elle-même dans le rôle de Titania, mais « Titania » avait maintenant atteint le milieu de la cinquantaine et un régime abusif l'avait réduite à ce que même son mari pourtant indulgent décrivait comme « plus rien que la peau et les os ».

Lady Paget, qui vit l'impératrice à l'occasion de l'une de ses rares apparitions, à la réception à la Hofburg pour célébrer les fiançailles de sa petite-fille aînée, fut choquée de voir à quel point elle avait vieilli au cours des dernières années.

> La première fois que je l'ai vue il y a neuf ans et demi, elle restait une belle femme apparemment jeune dans sa robe blanche rehaussée de broderies d'or et d'argent, ses cheveux étincelant de bijoux dans la lumière de centaines de bougies. Maintenant, sous un éclairage terne, vêtue d'un noir profond, une couronne de plumes noires ébouriffées sur ses cheveux auburn, un ruché de gaze noire cachant autant que faire se peut la maigreur de son cou, elle avançait, le visage comme un masque aux lèvres et aux joues trop rouges.

Elle continuait pourtant à se priver de nourriture, si bien que Marie Festetics, sa suivante dévouée, écrivait depuis Corfou : « Je crois que sans mon insistance elle serait morte de faim depuis longtemps. » Mais la légende de sa beauté survivait et même la sensible et clairvoyante Katharina, pourtant consciente de tous ses défauts, la regardait encore comme un idéal de séduction qu'elle essayait vainement d'imiter. Elle faisait cure sur cure — le régime de lait, le régime de fruits, la cure très à la mode des eaux froides de Kneipp qui ne réussit qu'à lui donner de la bronchite. Elle commença même une cure de foin et l'empereur lui écrivit avec quelque sarcasme qu'il la cherchait dans toutes les meules des champs de Ischl. Il y avait aussi de simples jeûnes qui rendaient Katharina si faible et lui endommageaient tant le caractère qu'elle les abandonnait en général au bout de deux jours et se rendait chez Sacher pour faire ripaille.

L'intérêt que toutes deux portaient aux cures d'amincissement rapprochait plus que tout l'impératrice et la comédienne. Elisabeth cherchait toujours à savoir combien de kilos avait perdu « l'amie » au cours de son dernier jeûne. Mais Katharina se refusait à divulguer son poids ou à confesser qu'elle avait déjà abandonné la cure, et François-Joseph s'amusait : « C'est extraordinaire de vous voir toutes deux essayer toujours les mêmes cures d'amincissement. Personnellement je déteste les régimes et je mets les balances au rang des calamités. »

Mais il y avait une cure que Katharina ne manquait jamais. Chaque année elle retournait à Karlsbad et y passait les trois semaines prescrites à l'Hôtel Schloss en s'appliquant à prendre régulièrement les eaux. Karlsbad restait parmi les stations thermales les plus en vogue et Katharina appréciait la faune cosmopolite des élégants même si elle répétait dans ses lettres à François-Joseph qu'elle comptait les jours qui la séparaient de leurs retrouvailles dans leur cher et paisible Ischl. Elle rencontrait à Karlsbad la plupart de ses amis et de ses admirateurs — le fidèle Palmer ; le « gros Springer », l'un des plus riches *Finanz-Barons* des années 1890 ; Nicholas Dumba, le millionnaire macédonien qui avait amassé une immense fortune en faisant du commerce dans les Balkans ; le baron Shey, le mécène qui maintint le Stadttheater de Laube à flots pendant la grande crise de 1873 ; et, par hasard ou par calcul, le prince Ferdinand de Bulgarie qui s'arrangeait toujours pour suivre sa cure en même temps que « Frau Kathi ».

Pendant les deux premières années de son règne Ferdinand n'avait pas osé quitter la Bulgarie de peur que les agents russes ne fomentent une révolution. Il avait vécu dans la crainte constante d'un assassinat, devant se contenter pour ses distractions des maigres ressources d'une petite ville des Balkans ; et sous la férule de son Premier ministre Stefan Stambouloff dont les manières ne rappelaient que de très loin celles de la « Première Société » à laquelle il était habitué. Mais le prince Cobourg s'était révélé beaucoup plus coriace que prévu et l'empereur François-Joseph était le premier à rendre hommage à son courage inattendu et à la compétence qu'il mettait à apporter stabilité et progrès à un pays arriéré. Il avait su persuader les gouvernements étrangers de faire commerce avec la Bulgarie et d'y investir, et transformait Sofia, petit village oriental, en capitale européenne moderne grâce à un prêt de la « City » de Londres. Mais il attendait encore la reconnaissance officielle qu'il désirait tant car aucun de ses royaux cousins n'osait affronter le tsar russe qui le considérait comme un imposteur. Ses sujets, et à leur tête son Premier ministre débordant de zèle, le pressaient de se marier et d'avoir un héritier, et un homme aussi vaniteux et fier que Ferdinand devait enrager de constater que même le Grand duc de Toscane, pourtant ruiné et vivant aux crochets de l'Autriche, refusait de lui accorder la main de sa fille aussi longtemps qu'il resterait hors-la-loi aux yeux d'Alexandre III.

Le prince Cobourg trouva en Katharina Schratt une amie plus efficace que tous ses cousins royaux. Il y eut ce malheureux contretemps, lors de son premier retour à Vienne à l'automne 1890, où elle manqua lui donner sa scarlatine. Mais le ton familier de la lettre qu'il lui adressa dès son retour à Sofia prouve que leur amitié n'avait pas souffert de l'incident et atteignait même un degré d'intimité qui aurait pu alerter François-Joseph.

> Ma très chère amie, ma plume est cassée aussi ai-je aujourd'hui une écriture différente. Il me semble qu'elle ressemble à la vôtre. Je n'en serais pas surpris car vous occupez toutes mes pensées

> et je pourrais bien avoir entrepris d'imiter votre écriture. Comment allez-vous donc, car vous avez été très, très malade ? Que Dieu dans toute Sa Bonté veille sur vous et vous protège d'autres désagréments. Je joins une photographie de mon petit bureau... Quand aurai-je enfin un portrait à l'huile de vous à accrocher sur mon mur ? Vous me l'avez promis, alors n'oubliez pas. Je vais bien. Ici et dans tout le pays tout le monde semble satisfait. Nous agissons beaucoup et avec l'aide de Dieu nous prouverons que nous sommes à la hauteur de notre tâche. Hier et aujourd'hui il est tombé beaucoup de neige mais jusqu'ici tout restait encore vert et en fleurs. Mon jardinier de Philippopolis m'a envoyé hier une boîte pleine de violettes de Parme, de Russie et de blanches, ainsi que des grands lys qui embaument toutes les pièces et aident à contrarier la puanteur de mes ministres. Voulez-vous que je vous en envoie quelques-uns (je ne parle pas des ministres) ?
>
> Mon cuisinier est radicalement nul et il s'en est présenté un autre qui affirme avoir travaillé pour vous, alors nous verrons bien.

Quelle lettre courageuse de la part d'un homme qui avait trouvé, en rentrant chez lui, la moitié de son armée au bord de la révolte et l'une des figures les plus populaires et les plus légendaires de la guerre serbo-bulgare à la tête d'une large conspiration comprenant la presque totalité de la garnison de Sofia.

Le commandant Panitza n'était pas un agent russe mais un Macédonien déçu qui avait aimé Alexandre de Battenberg et nourrissait une rancune personnelle envers le prince Ferdinand. Le complot vint aux oreilles de Stambouloff seulement quelques jours avant le bal de Cour où le *coup d'État*[1] devait se produire. Il s'agissait d'un bal comme on n'en avait encore jamais vu en Bulgarie et que la mère du prince avait mis au point grâce à ses souvenirs des Tuileries. On avait fait voyager des mets gastronomiques depuis Vienne par l'Orient Express. Les *cotillons*[1] venaient de Paris. Mais ce ne fut sans doute pas une très bonne soirée pour les invités parmi lesquels se trouvaient plus d'une centaine de conjurés qui devaient se demander à quel moment on les arrêterait. On dit que le prince Ferdinand « parcourut les salles au bras de la princesse Clémentine, une expression de colère rentrée sur le visage, désignant un à un à sa mère les conspirateurs ».

Commentant les événements dix jours après le bal, François-Joseph racontait à Katharina :

> Hier j'ai reçu un rapport détaillé de Sofia. La conspiration a l'air d'avoir été plutôt sérieuse et votre « fraternel ami » semble s'être conduit avec beaucoup de courage et de calme. Le prince et sa suite portaient des revolvers chargés dans la poche au bal de la Cour où les troubles devaient éclater. Mais l'arrestation du commandant Panitza juste avant avait tout contrarié.

L'empereur était impressionné par le courage du prince Ferdinand au point de charger son ministre des Affaires étrangères de le féliciter ainsi que Stambouloff pour avoir déjoué la conspiration.

Des arrestations à un bal de la Cour, des revolvers cachés dans des uniformes de gala — une situation digne d'une pièce

1. En français dans le texte.

de Sardou — mettaient Katharina Schratt dans son élément et la remplissait d'admiration pour son prince héroïque.

> Votre Altesse royale imagine sans peine avec quelle passion je suis les nouvelles dans la presse et tout ce qui paraît sur vous. Comme je suis heureuse de penser que grâce à votre courage, votre intelligence et votre profonde noblesse de cœur vous parvenez à dominer vos difficultés à la grande admiration de l'Europe entière. De toute part on n'entend que des louanges.

Panitza fut condamné à mort au début de l'été 1890. Ferdinant fit son possible pour commuer la sentence de mort en emprisonnement à vie, craignant que l'exécution d'un officier aussi populaire ne fasse qu'aggraver les troubles. Mais Stambouloff soutint avec intransigeance que toute clémence ne serait comprise que comme une faiblesse. Plutôt que d'assister à une exécution qu'il désapprouvait le prince embarqua sur le vapeur du Danube pour Vienne et vers la fin de juin 1890 il était de retour à Karlsbad « déambulant sur “ *l'Alte Wiese* ” avec la charmante Frau Kathi » et lui distillant ses problèmes dans le creux de l'oreille avec l'espoir qu'elle les transmettrait peut-être à « son illustre ami ».

L'« illustre ami » n'était pas qu'un peu jaloux de cette intimité et il ne se laissa pas totalement convaincre quand Katharina lui affirma qu'elle laissait le pauvre prince sans lettre depuis plusieurs semaines et que, pour éviter ses prévenances, elle s'était inscrite à l'hôtel sous le nom de « Frau Kiss ». « Je ne crois pas que vous éviterez longtemps le Bulgare car il est bien trop intéressant et divertissant pour que vous ne souhaitiez pas sa compagnie, et lui, de son côté, finira sûrement par vous pardonner de ne pas avoir répondu à ses lettres... Je suis déjà curieux d'entendre tout ce que vous aurez à me raconter sur lui. »

Bien que les relations de l'empereur avec le prince bulgare fussent appelées à traverser maints orages, François-Joseph lui conserva toujours une certaine admiration et au cours de l'été 1891 il se laissa persuader, en grande partie par Katharina Schratt, de le recevoir en audience privée à Gastein. C'était là un geste délibéré pour déclencher la fureur du tsar russe qui envoya son ambassadeur à la Bàllhausplatz pour protester contre cet acte de reconnaissance en violation directe des termes du traité de Berlin, à quoi le comte Kálnoky répondit que son maître impérial n'avait pas reçu le prince Ferdinand en tant que souverain bulgare mais en tant que prince de Saxe-Cobourg Gotha, parent par alliance de la famille impériale.

Le tsar aurait été encore plus furieux s'il avait pu se douter que la petite comédienne avec qui il avait flirté par un soir d'été au Kremsier tant d'années auparavant avait joué un rôle dans la préparation de cette rencontre. On peut lire dans une lettre conservée parmi les papiers Schratt, datée du 17 juin 1891 et adressée à Katharina Schratt par un prince Ferdinand débordant de reconnaissance :

> J'ai été si heureux de cet acte de gracieuse condescendance que je ne sais qui remercier en premier lieu, lui ou vous — tant d'amitié — tant de sincérité, et surtout tant de sagesse que je n'oublierai jamais ce jour. Mais je suis inquiet de savoir ce qu'on va dire de moi. On va m'accuser d'avoir trop parlé, d'avoir essayé de me mettre en avant. Mais il fallait que je libère tout ce que j'avais sur le cœur. En même temps je me sentais si timide et si embarrassé que malgré mon énorme nez j'avais du mal à respirer.

Katharina a sans doute souri en recevant cette lettre. Le prince était toujours si emphatique et dramatique en paroles. Elle ne se voyait pas le moins du monde en égérie politique mais elle aimait venir en aide à ses amis, qu'il s'agît d'un prince de Saxe-Cobourg ou d'un pauvre comédien traversant une mauvaise passe.

UN FIDÈLE MINISTRE S'EN VA

Cette audience privée avec l'empereur François-Joseph n'avait pas amélioré la situation matrimoniale du prince Ferdinand. Quinze jours auparavant il avait envoyé de Karlsbad une lettre amère à Katharina Schratt sur l'échec de la cour qu'il avait faite à Luisa de Toscane.

> Je me sens malade de honte et de colère. Oh ces Excellences italiennes ! Ma pauvre mère a tellement été humiliée par leur fourberie et leur conduite sans honneur qu'elle a dû s'aliter. Tout ceci est tellement vexant et c'est moi qu'on a fait passer pour un imbécile. Comment ai-je pu être stupide à ce point... Demain après-midi à quatre heures je serai à Vienne et je me tiendrai entièrement à votre disposition. Je vous supplie, Kathi, de vous montrer bonne envers un pauvre individu brisé. Permettez-moi de puiser mon courage dans votre force et votre esprit et de vous ouvrir mon cœur trop lourd. A dix heures vingt, je devrai regagner la gare François-Joseph pour rentrer à Karlsbad. Mais entre cinq heures et neuf heures je serai entièrement vôtre, aussi, sauf si

> cela doit vous créer des problèmes, retrouvons-nous au n° 9 (Gloriettegasse). Ce serait terrible que vous jouiez ce soir-là — pourriez-vous alors annuler ? Car c'est vital pour moi de vous rencontrer. Votre ami vous est si totalement dévoué et j'aime à penser que vous aussi, Kathi, ressentez une certaine affection pour ce vieil ami fidèle qui vous baise les mains avec l'amour le plus tendre du monde.

A cette époque le « vieil ami fidèle » n'avait que trente-trois ans, sept ans de moins que la comédienne et, malgré toute sa colère devant le refus de ses avances matrimoniales, il ne semble pas s'être révélé un soupirant bien convaincant. Luisa de Toscane ne se gêna pas pour lui déclarer sans détour qu'il « ne voulait l'épouser que parce qu'elle était une archiduchesse autrichienne » et que le mot « archiduchesse » tenait lieu de celui « d'amour » dans son vocabulaire car il avait promis à ses ministres de rentrer en Bulgarie fiancé à l'une d'elles. On peut lire dans les mémoires de Luisa que le prince fut si stupéfait qu'il n'essaya même pas de se justifier et qu'après son refus il ne fit que « se tordre les mains qu'il avait grandes et blanches en répétant *Mon Dieu, Mon Dieu*[1] ».

Katharina comprenait mieux les vicissitudes d'un prétendant malheureux, car elle savait que Stambouloff pouvait se montrer dur et dominateur et combien quelqu'un d'aussi finement civilisé que le prince Cobourg devait se sentir seul dans sa capitale des Balkans où il n'y avait même pas encore de théâtre à la Cour. Parmi ses papiers se trouve une lettre à l'état de brouillon très inachevé mais au ton si bienveillant et si intime qu'elle aurait pu très facilement éveiller la jalousie de François-Joseph :

1. En français dans le texte.

Mes pensées me conduisent souvent à Sofia et je donnerais n'importe quoi pour y aller vraiment soit pour Noël soit pour les vacances de Pâques, mais comme les capes qui rendent invisible n'existent pas, comment pourrais-je venir sans nous compromettre tous les deux ? Peut-être m'inviterez-vous comme artiste quand vous aurez créé votre théâtre de la Cour. Votre protégé Gabillon[1] pourrait en assurer la direction, à moins que vous ne vouliez, mon cher ami, que je vienne sous un déguisement ? Faites-moi savoir à l'avance quel rôle vous aimeriez que je joue. Je vous envoie les deux portraits promis. Le Dr Schulz qui vous les porte emprunte le nouveau train de Constantinople, en compagnie d'un collègue du ministère du Commerce. Je vous le recommande comme ambassadeur personnel car il pourra donner à Votre Altesse royale les dernières nouvelles de mon insignifiante personne, et en plus il sait tout ce qui se passe à Vienne et a des amis partout ; il saura donc vous expliquer tout ce qui est arrivé depuis votre départ et j'attends son retour avec impatience pour savoir de la bouche d'un témoin oculaire toutes les nouvelles de Bulgarie.

Le Dr Schulz, fonctionnaire très intelligent, possédait bien trop de tact pour décevoir Frau Schratt sur son « ami triste et solitaire » qui se consolait très joyeusement avec une charmante Madame Petkoff, épouse d'un de ses aides de camp qui fut plus tard promu au poste de commandant en chef de l'armée

1. Membre du Burgtheater.

bulgare. Madame Petkoff partageait les faveurs du prince avec tout un cortège de beaux gardes du corps disposés à se prêter à ses goûts ambivalents. Mais quels que fussent ces goûts, Stambouloff était bien décidé à le voir se marier. Et au début de février 1893 François-Joseph annonça à Katharina Schratt : « Je viens de recevoir un télégramme du Bulgare qui se trouve à Florence d'où il m'apprend ses fiançailles avec la fille du duc de Parme. Ainsi voilà notre ami établi et le reste repose entre les mains de Dieu. »

L'empereur, qui voyait ce mariage d'un œil favorable et qui avait apporté son aide à sa réalisation, se félicitait surtout de la déconfiture de la Russie. Une clause de la constitution bulgare stipulait que l'héritier du trône devait être baptisé selon le rite orthodoxe. Mais le duc de Parme avait refusé son consentement si les enfants issus du mariage n'étaient pas élevés dans la foi catholique et il fallut toute l'énergie de Stambouloff pour persuader l'Assemblée nationale bulgare de modifier la constitution et faciliter ainsi un mariage vital pour les intérêts du pays. Le patriote et homme d'État prit sur lui l'entière responsabilité d'une mesure qui ne pouvait que rendre les Russes furieux et risquait en outre de causer de nouveaux troubles dans le pays. Ferdinand, qui avait maintenant pris son Premier ministre en grippe, était tout disposé à prendre sur lui tous les mécontentements qui en résulteraient. Mais contrairement à ces craintes le mariage se révéla très populaire auprès des Bulgares et si le prince et sa mère eussent préféré un meilleur parti que la fille d'un duc dépouillé ils se consolèrent en pensant que les Bourbon-Parme descendaient du roi Charles X de France alors que le roi Louis-Philippe n'avait été qu'un usurpateur. Les cérémonies des fiançailles se déroulèrent à Vienne et on donna un dîner de famille à la Hofburg en l'honneur du prince Ferdinand et de son beau-père pour satisfaire la fierté des Cobourg. Le mariage resta strictement une union de convenance et Ferdinand ne prit pas une seconde la peine de faire semblant d'aimer sa femme. François-Joseph ne s'illusionnait guère sur ce sujet, on le voit bien dans une de ses lettres à Katharina Schratt où il lui demande « si le Bulgare s'est déjà fait à son rôle de futur époux ?... J'ai rendu visite à la fiancée et à sa mère à leur hôtel ; la princesse n'est malheureusement pas jolie du tout ».

Il semble que les sentiments de la comédienne pour son « fraternel ami » se soient quelque peu refroidis après le mariage. Les rumeurs sur son ingratitude envers Stambouloff, ses prétentions stupides à jouer à l'autocrate, ses longues lettres où il n'est question que de lui et de ses ennuis, l'amenèrent à penser que le compagnon spirituel et délicat avec qui elle s'était promenée dans les bois de Karlsbad se transformait lentement en tyran oriental. L'empereur partageait ce sentiment : « C'est un tyran, et mesquin, en plus. » Il l'informa de Gastein au début de juillet que :

> ... la princesse bulgare attend déjà un enfant... Entre-temps notre ami a commis une nouvelle folie. Deux de ses meilleurs officiers, et parmi les plus loyaux, qui avaient mal appliqué l'étiquette et l'ordre des préséances établi pour son célèbre lever ont non seulement été placés en état d'arrestation, ce qui ne pouvait pas faire de mal, mais purement et simplement révoqués. Il se ridiculise avec de telles prétentions.

Les relations entre le prince et Stambouloff devinrent vite intenables et l'empereur écrivit à la comédienne : « J'espère que *Le Petit Ferdinand*[1] essaiera de contrôler ses nerfs et sa

1. En français dans le texte.

colère pour arriver à une entente avec son ministre qui, bien que sans doute peu facile à manœuvrer, n'en reste pas moins indispensable. » Mais après le mariage pour lequel Stambouloff avait tant œuvré, Ferdinand se sentait assez fort pour commencer à saper la position de cet homme qui, après avoir combattu pour l'indépendance de la Bulgarie et fait échec à toutes les intrigues des Russes, représentait maintenant la pierre d'achoppement d'une réconciliation avec le tsar et de la reconnaissance de Ferdinand par les grandes puissances.

La politique dans les Balkans devenait trop tortueuse pour Katharina et depuis son mariage Ferdinand avait moins besoin de son affection. Les lettres du prince restèrent sans réponse et pour Noël 1893 il se plaignait de n'avoir reçu d'elle qu'une simple carte, bien que cette carte accompagnât en cadeau une très belle épingle de cravate en diamant et rubis qui, même en ces jours fastueux de la *Belle Époque*[1], ne pouvait pas passer pour le présent d'une vague relation. Cela ne réussit cependant pas à le consoler de son abandon :

> Ainsi vous en êtes arrivée au stade où vous m'envoyez une simple carte comme à un étranger. *En vérité*[1] j'en suis très triste car je préférerais quelques lignes de vous plutôt que de n'importe qui d'autre. Je sais bien que je suis depuis longtemps relégué en troisième classe dans votre catalogue d'amitiés. Je suis devenu un type sans intérêt et tuant d'ennui qui n'a rien de neuf à proposer et c'est bien ce qui me blesse tant, d'autant plus que vous n'ignorez rien de mes sentiments pour vous et que je ne vois pas quelle faute j'ai pu commettre pour mériter un tel traitement.

1. En français dans le texte.

Cette lettre, écrite alors qu'il gardait le lit pour cause de rhume, ne mentionnait nulle part la jeune femme qui, deux mois plus tard, allait mettre au monde son héritier. En février 1894 Katharina Schratt reçut une note de l'empereur lui annonçant la nouvelle : « Donc malgré tout cette petite femme délicate a accouché d'un énorme garçon plein de forces. Notre ami bulgare a de la chance car cet événement va l'aider à consolider sa position dans le pays. »

Mais il y avait d'autres problèmes à affronter bien plus sérieux que la situation en Bulgarie. Au cours de l'automne et de l'hiver 1893-1894 l'empereur dut consacrer tout son temps à une crise ministérielle qui renversa le gouvernement Taaffe au pouvoir depuis plus de quatorze ans. Avec Taaffe, François-Joseph perdait le seul ministre qu'il ait aimé depuis l'époque de Schwarzenberg. Les deux hommes se connaissaient depuis l'enfance et ils s'entendaient à la perfection bien qu'il fût difficile de trouver deux personnes aux caractères si opposés. Ils étaient tous deux essentiellement honnêtes, soucieux d'obtenir la justice et des chances égales pour les diverses ethnies de l'empire. Malheureusement, les termes du compromis étaient tels qu'ils ne pouvaient pas intervenir en Hongrie ; les chauvins Magyars faisaient obstruction à toute réforme et ne reconnaissaient aucun droit aux minorités slaves et croates tant que celles-ci refuseraient de se fondre dans la race dominante.

Edward Taaffe, dont les ancêtres irlandais avaient combattu dans l'armée de Wallenstein et s'étaient établis en Bohême où ils avaient acquis de vastes propriétés, était un cynique tolérant et allègre qui, tout en donnant l'impression de ne rien prendre au sérieux et de bailler devant toute idéologie, travaillait pourtant plus que la majorité de ses contemporains et réalisa davantage au cours de son exercice que la plupart de ses prédécesseurs. C'était un négociateur et surtout un conciliateur qui décrivait sa politique avec modestie comme un « débroussaillement » (*fortwursteln*) mais ce débroussaillement était remarquablement efficace et c'est seulement après son départ que la boîte de Pandore des nationalités en lutte que ses doigts habiles et souples avaient réussi à maintenir fermée s'ouvrit avec fracas et qu'en sortirent les panslavistes, les pangermanistes, les jeunes Tchèques et les *Irridentisti* italiens, revendications à la bouche et drapeaux au poing, entraînant le démembrement de l'empire.

Pour contenir la suprématie agressive des libéraux allemands et gouverner malgré la Hongrie, Taaffe avait créé ce qu'on appela « l'alliance de fer », un gouvernement au-dessus des partis — une coalition bizarre faite d'éléments très disparates : les cléricaux qui représentaient la paysannerie catholique ; les gros propriétaires ; et, plus surprenant encore, les Tchèques et les Polonais qu'il avait su s'attacher grâce à ses Ordonnances sur les langues qui donnaient un statut officiel aux diverses langues des minorités. Les fonctionnaires en poste en Pologne et dans les régions impériales de Bohême devaient utiliser la langue du pays, ce qui ouvrait la voie aux jeunes ambitieux originaires des provinces, et parmi eux les plus nombreux et les plus intelligents étaient les Tchèques, pour entrer dans l'administration d'État jusqu'ici exclusivement réservée aux Autrichiens de langue allemande.

Cosmopolite convaincu, Taaffe avait œuvré plus que quiconque pour faire de Vienne un creuset de toutes les ethnies, favorisant ainsi l'éclosion de tous les talents. Mais les Germanophones, et il y avait parmi eux autant de disparités que parmi les diverses minorités, étaient tous amèrement hostiles au comte Taaffe en le voyant soutenir ainsi les supposées races inférieures. Peu importait le parti auquel ils appartenaient : bourgeois prospères du vieux Parti Libéral ou Socialistes Chrétiens de Karl Lueger, les employés en col blanc qui s'entassaient dans les immeubles collectifs lugubres et gris qui bordaient le centre-ville ; démagogues de Schönerer ou

Sociaux Démocrates de Victor Adler, ces prolétaires que les Viennois virent pour la première fois en 1890 lorsqu'ils réussirent à interrompre le *corso* fleuri de mai au Prater, immobilisant les voitures décorées par leurs bruyantes manifestations et réclamant la journée de huit heures ; peu importait leur parti, tous nourrissaient la même haine pour le comte Taaffe. Assez curieusement, c'était pourtant ce suave aristocrate irlando-bohémien, d'ailleurs plus poussé par les circonstances que par ses convictions, qui était le plus à même d'introduire des réformes que personne jusqu'ici n'avait osé imaginer. Une loi en faveur du suffrage universel et d'une limitation du nombre d'heures de travail déclencha une telle colère dans les rangs des possédants, des gros propriétaires aux plus petits commerçants, que « l'alliance de fer » se désagrégea pour devenir une minorité impuissante et le comte Taaffe en fut réduit à remettre sa démission. L'empereur vit partir son vieil ami avec son flegme habituel. Bien des années plut tôt, alors qu'il était un jeune homme tentant de surmonter son chagrin devant le lit de mort du prince Schwarzenberg, sa mère, la redoutable archiduchesse Sophie, lui avait déclaré qu'aucun ministre ne devait être considéré comme indispensable.

Mais le départ de Taaffe laissa un vide que François-Joseph ne parvint jamais à combler. Son charme irlandais et sa manière désinvolte avait allégé la charge du gouvernement. On prolongeait les conseils des ministres en fumant un bon cigare tous ensemble et en se souvenant du bon vieux temps. Taaffe avait refusé de se laisser déprimer ou bouleverser par ce que son maître et lui-même appelaient en privé les *Schweinereien* (attitude répugnante) des Hongrois. Un peu d'humanité réchauffait toujours son cynisme et c'est seulement après son départ que François-Joseph comprit à quel point le métier du pouvoir était devenu difficile.

Il apprit la nouvelle de la crise ministérielle à Budapest et écrivit à Katharina Schratt, à qui il se confiait de plus en plus, bien qu'elle ne s'intéressât pas vraiment à la politique et reconnût qu'elle lisait rarement les journaux.

> Me voilà avec une crise sur les bras, aussi y a-t-il quelque peu d'égoïsme dans mon impatience à vous voir. Votre chère présence me réconforterait et me réchaufferait le cœur en ces temps difficiles. Quoi de mieux que venir s'asseoir près de vous dans votre chambre douillette, au fond de votre fauteuil si confortable et bavarder tranquillement.

Trois jours plus tard il avait regagné Vienne.

> Me voici, et même si les complications qui m'ont rappelé ici sont désagréables, du moins cela signifie-t-il que je vais vous retrouver plus tôt que prévu. C'est là le seul trait de lumière en perspective, mais c'est un trait bien éclatant car j'ai tant envie de vous voir que je me précipiterais bien volontiers à la Gloriettegasse, ce qui est malheureusement impossible aujourd'hui à cause du conseil des ministres.

Quelques jours plus tard, la crise résolue et un nouveau ministère nommé, l'empereur restait pessimiste :

> Jusqu'ici on ne peut affirmer qu'une chose : le prince Windischgrätz a entrepris de former un soi-disant gouvernement de coalition après m'avoir rencontré deux fois. Il choisit des ministres et

> vient me les soumettre. La tâche risque d'être difficile du fait d'un surplus de candidats aux postes ministériels plutôt que par manque de choix, et il va s'agir de déterminer qui est apte et qui ne l'est pas. Je crains que la formation de ce gouvernement ne prenne un certain temps, et ensuite il restera à décider comment il pourra fonctionner.

François-Joseph avait raison de ne pas montrer trop d'optimisme. Trois gouvernements successifs furent renversés par des manœuvres d'obstruction au Parlement et des luttes souterraines qui conduisirent à des émeutes et des manifestations de rues, jusqu'au jour où, plusieurs années plus tard, l'empereur trouva en Ernst von Koerber un administrateur doué qui parvint à briser le pouvoir du Parlement en jouant un parti contre l'autre, faisant des concessions à chacun à tour de rôle, donnant l'impression à l'un d'être privilégié aux dépens de l'autre, et pendant tout ce temps, dirigeant le pays en se passant d'eux et l'enrichissant d'une prospérité qu'il n'avait jamais connue jusqu'alors.

Mais tout cela, ce serait plus tard. Au cours de la dernière décennie du XIXe siècle l'empereur concentra toutes ses forces sur la survie, utilisant ses ministres comme des instruments pour faire fonctionner l'empire et les révoquant dès qu'ils ne lui servaient plus, mettant toute sa foi dans la loyauté de l'armée et dans la dévotion du petit peuple pour qui il devenait chaque jour un peu plus une sorte de père dont le prestige mythique préservait cet empire hétérogène de l'éparpillement. Son pessimisme, mêlé d'une farouche détermination à tenir, se retrouve dans ses lettres à Katharina Schratt, la seule personne sur qui il pût compter pour ce qui était du tact et de la discrétion.

Dans le début des années 1890 sa femme s'était retirée du monde au point de ne même plus s'intéresser aux affaires hongroises et au cours de ses séjours à Budapest elle ne sortait que rarement des terres du château. Elle était la proie d'une mélancolie chronique et même la beauté de l'Achilleon ne lui procurait plus de joie : d'abord la villa Hermès et maintenant l'Achilleon — des fortunes englouties à essayer vainement de trouver un foyer pour son épouse ou du moins un point d'ancrage pour son esprit inquiet. Du fond de sa dépression, François-Joseph écrivait à Elisabeth : « Je nourrissais l'espoir secret qu'après avoir fait construire votre maison avec tant de plaisir et d'enthousiasme vous seriez heureuse de rester dans un endroit créé par vous-même. Mais hélas il n'en est rien et vous allez reprendre votre errance à travers le monde. » Pourtant il suffisait qu'elle revienne pendant une semaine pour qu'il retombe sous son charme. Même pendant ses périodes d'absence aucun membre de l'entourage impérial n'était vraiment libéré de son image. A la Hofburg, Ida von Ferenczy continuait à faciliter les rencontres entre l'empereur et Frau Schratt selon les instructions de l'impératrice. Mais à certains moments Ida, dont l'amour pour sa maîtresse confinait à l'idolâtrie, souffrait de ce rôle d'intermédiaire qu'on lui faisait jouer. Ou bien œuvrait-elle, comme le suggère l'ambassadeur d'Allemagne dans une lettre au Kaiser, dans l'intérêt de son pays en essayant d'attirer la sympathie de l'amie de l'empereur sur les affaires hongroises ? On peut alors douter de sa réussite car Katharina se souciait assez peu du pays de son mari et le peu que nous savons sur ses idées politiques nous la montre plutôt comme une libérale allemande à l'ancienne manière.

Les relations avec Ida von Ferenczy n'ont jamais dû être très faciles. Elles étaient toutes deux coléreuses et nerveuses. Il y eut des disputes triviales auxquelles le pauvre empereur se trouva parfois mêlé. Elisabeth se prit de passion un beau jour pour la fabrication du vin que Frau Schratt avait expérimentée à Hietzing et elle chargea Ida von Ferenczy de contacter la comédienne pour obtenir la recette. Malheureusement, à ce moment-là, Katharina et Ida ne s'adressaient plus la parole et l'empereur écrivit une lettre pathétique à son amie, la suppliant...

> ... en toute humilité, aussi bien pour moi-même que pour éviter de gros ennuis susceptibles de jeter de l'ombre sur votre entente avec l'impératrice, de faire l'effort de recevoir Frau von Ferenczy comme si vous ne lui en vouliez pas. Votre honnêteté et votre franchise sont deux de vos qualités que j'admire le plus, mais parfois, dans la vie, il faut savoir déguiser ses sentiments et se contrôler. Je dois moi-même souvent m'y résoudre comme le prouvent mes relations avec mes ministres hongrois.

François-Joseph ne semble pas s'être très bien rendu compte qu'il avait sa part de responsabilité dans le fait que Katharina n'était plus aussi douce ni d'humeur aussi égale que lorsqu'il l'avait rencontrée. La nature très particulière de leurs relations, ses exigences et en même temps les limites qu'il imposait, tout cela ne pouvait qu'agir sur les nerfs de la femme la plus normale et la plus saine. Les lettres de l'empereur contiennent de plus en plus fréquemment des allusions à des scènes qu'elle faisait aussi bien au théâtre qu'avec ses amis. En octobre 1893, au moment de la crise ministérielle, il reprochait :

> Ainsi vous voilà sombre à votre tour, déprimée comme je ne vous avais encore jamais vue. La scène violente que vous avez provoquée à la répétition montre bien que vos nerfs sont totalement à vif. Cela ne vous ressemble guère et ce n'est pas

bien. D'habitude vous êtes si calme et si je vous dis que je me suis montré violent et désagréable vous vous moquez de moi, aussi je vous supplie d'essayer de vous calmer et de vous contrôler, car ces accès de colère ne réussiront qu'à vous rendre malade.

Katharina n'avait aucun ennui sérieux mais des centaines de petites contrariétés ; une vieille mère exigeante dont elle se voulait la fille dévouée et aimante ; un mari financièrement pesant ; des collègues jalouses ; des retards et des discussions pour le renouvellement de son contrat ; des admirateurs qu'elle aurait aimé encourager plus qu'elle ne pouvait se le permettre ; et par-dessus tout la bataille quotidienne contre les griffes de l'âge — « Fat and forty » (grosse et quadragénaire) : perspective terrifiante pour une comédienne qui briguait encore les rôles de jeune fille ! Les cures d'amincissement qui lui éprouvaient tant les nerfs devinrent encore plus rigoureuses, au point que l'impératrice elle-même se joignit à son mari pour tirer le signal d'alarme lorsque la comédienne commença à prendre des pilules agissant sur la glande thyroïde sans surveillance médicale appropriée.

Mais Elisabeth était, plus que toute autre, la première responsable de l'acharnement de la pauvre Katharina à vouloir maigrir. Peut-être profitait-elle là d'un moyen inconscient de se venger de la femme qui avait gagné le cœur de son mari alors que son dessein premier n'avait été que de lui procurer un fauteuil confortable. On peut se demander également s'il était bien nécessaire que l'empereur poussât l'honnêteté jusqu'à mentionner *die Freundin* dans toutes ses lettres à sa femme et sa femme dans toutes ses lettres à *die Freundin*. Un jour il alla jusqu'à écrire à Elisabeth : « *Die Freundin* n'est pas venue me voir hier car elle a dû garder le lit à cause des fortes douleurs provoquées par la *stille Woche* », un événement dont l'intérêt devait paraître bien mince aux yeux de l'impératrice. C'eût été aussi absurde de la part d'Elisabeth d'être jalouse de Katharina que si Katharina avait été jalouse de la belle impératrice. Mais combien de rencontres avec l'empereur furent annulées pour la simple raison qu'Elisabeth rentrait à l'improviste à Lainz ou à Miramar et que le mari dévoué se devait d'être là pour l'accueillir. « Nous avons eu de joyeuses retrouvailles » écrivait François-Joseph à la comédienne lorsqu'il alla rejoindre sa femme en Suisse. Mais quelques jours plus tard à peine, dans une lettre de Territet, il confiait : « J'ai chaque jour un peu plus envie de vous revoir et je ne crois pas que vous m'ayez déjà manqué à ce point. »

DES SOUVERAINS SUR LA COTE D'AZUR

Elisabeth pouvait bien voyager à travers le monde sous l'identité de la comtesse de Hohenembs, les gens respectaient l'anonymat de la grande femme sombre qui les croisait dans la rue, suivie d'une dame de compagnie essoufflée et d'un policier discret dans le lointain, mais François-Joseph ne put préserver son incognito lorsque, dans les premiers mois de 1894, il rejoignait sa femme sur la Côte d'Azur pour de brèves vacances. Jusqu'à ce jour il ne s'était rendu à l'étranger qu'en visites officielles car tout son temps était accaparé par les manœuvres militaires et les banquets protocolaires. Mais malgré les boîtes rouges des dépêches qui le suivaient partout il consacra entièrement à la détente les quinze jours qu'il vint passer à Cap Martin.

Cap Martin, un promontoire boisé qui relie Menton et Monte-Carlo, était alors la station balnéaire de la Côte d'Azur la plus tranquille et la plus fermée. L'hôtel, et ses oliveraies qui descendaient jusqu'à la mer, jouxtait la villa de l'ex-impératrice Eugénie et durant ces quelques jours François-Joseph profita avec volupté de l'existence dans un palace de luxe au milieu d'un paysage de rêve. Même Elisabeth fit quelque effort pour mener une vie proche de la normale, organisant de petits festins pour son mari dans les plus célèbres restaurants de la côte et montrant elle-même, à la grande joie de l'empereur, un solide appétit devant les mets délicieux. Dans un élan impulsif elle avait suggéré que Katharina Schratt pourrait les rejoindre — un *Katzensprung* (saut de chat) sur la Côte d'Azur la remettrait de son mauvais rhume — mais après réflexion on décida que cette visite serait une erreur et provoquerait bien des commentaires inutiles. La moitié des têtes couronnées d'Europe semblaient s'être donné rendez-vous sur le Côte d'Azur cet hiver-là, et tous accompagnés de leurs courtisans et de leurs domestiques : autant de gens curieux n'ayant rien d'autre à faire que bavarder et tout à fait disposés à dénigrer l'empereur et l'impératrice d'Autriche et leur amitié pour la comédienne du Burgtheater.

« Nous en avons discuté », écrivit François-Joseph à Katharina Schratt après lui avoir envoyé au dernier moment un télégramme plutôt blessant qui assénait « Non invitée »,

> ... et hélas nous sommes arrivés à la conclusion que, étant donné l'environnement et l'impossibilité de rester incognito, il était préférable d'annuler votre visite. Chez nous les gens ont en général assez bien compris la nature de notre amitié mais ici, en terre étrangère, et dans un endroit malheureusement surpeuplé et à la mode, les choses sont quelque peu différentes. La côte fourmille de gens qui nous connaissent et nous craignons que nos relations avec vous fassent l'objet de critiques malveillantes. L'impératrice, qui porte toujours un jugement exact sur ces choses pense que cela ne pourrait nullement nuire à des gens de notre âge, mais risquerait surtout de vous faire du tort ainsi qu'à Toni. Voilà, c'est dit et vous êtes si bonne et si sensible que je puis

espérer ne pas vous avoir offensée. Mais je suis très triste à l'idée de ne pas vous voir pendant tout ce temps et malgré le plaisir d'avoir retrouvé l'impératrice, malgré la beauté de la région et le bon air, je me sens parfois bien mélancolique et mes pensées ne vous quittent pas.

Dans cette lettre l'embarras de l'empereur est évident. Elisabeth, elle, avait complètement oublié qu'elle avait suggéré une telle visite. De nombreux membres de sa famille se trouvaient sur la Côte d'Azur et même le plus excentrique des Wittelsbach se serait posé des questions sur la présence de la comédienne. Katharina qui avait su s'habituer aux contretemps de dernière minute se montra aussi « bonne et sensible » que l'avait espéré l'empereur et le 1er mars le couple impérial reçut le traditionnel panier de violettes qu'elle avait prié Edward Palmer de faire livrer pour elle puisqu'il passait ses vacances à Monte-Carlo. Elle avait l'esprit suffisamment généreux pour se féliciter de voir le pauvre empereur profiter d'un peu de détente et la naïveté même des lettres du souverain ne les rendait que plus touchantes. Il joignit à l'une d'elles des plaques de jeu pour lui montrer qu'il avait visité son cher casino,

> ... mais j'en ai bien vite été chassé par la curiosité du public... J'aime beaucoup Monte-Carlo et Monaco mais j'ai trouvé les salles de jeu surchargées et sans aucune élégance. Les joueurs m'ont paru eux aussi tout à fait vulgaires, beaucoup de personnes âgées et seulement quelques jolies femmes, des *cocottes*[1] pour la plupart. Il paraît que c'est mieux le soir. En compagnie de

1. En français dans le texte.

> Liechtenstein (grand chambellan) et de Paar (chef d'état-major) j'ai réussi, sans être reconnu, à visiter le magnifique parc et les terrasses et à entrer dans le bâtiment des jeux. Mais après m'avoir laissé regarder la roulette et le *trente-et-quarante*[1] à plusieurs tables, les gens ont commencé à se montrer beaucoup trop pressants et il était grand temps de partir. Suivis par une foule immense nous avons quand même pu regagner nos voitures.

Il lui envoya le menu d'un splendide repas qu'il avait pris au célèbre restaurant Noël et Patard.

> Nous essayons tous les restaurants, les uns après les autres et nous mangeons vraiment beaucoup trop de toute cette nourriture riche et variée, au point que l'impératrice elle-même montre un excellent appétit, ce qui fait que, malheureusement, elle n'en jeûnera que davantage ensuite pour ne pas insulter les balances... Demain je vais dîner avec ma suite à l'hôtel de Paris de Monte-Carlo où on m'a dit qu'il y avait toutes sortes de dames. Je suis vraiment curieux de les voir.

L'empereur considérait Cannes, qui commençait juste à être à la mode, comme l'endroit le plus beau de la Côte d'Azur. Quelques-uns des parents de l'impératrice, et parmi eux l'ancien roi de Naples et son frère, le comte de Caserta, avaient loué des villas pour la saison d'hiver et le *Grief*, le yacht impérial qui avait ramené Elisabeth de Corfou, était ancré dans le

1. En français dans le texte.

port. On reçut à bord du *Grief* les visiteurs royaux tels que le prince de Galles dont le propre bateau mouillait à Monte-Carlo et l'ancienne impératrice des Français ; et on fit une excursion en famille jusqu'aux Iles Marguerite, accueillis par un feu d'artifice et un orchestre tsigane. Ce soir-là, même Elisabeth sortit de sa mélancolie ; debout sur le pont, enveloppée dans une fourrure blanche, elle semblait d'une beauté si sublime que tout le monde, depuis son mari jusqu'au plus jeune des mousses, en fut complètement subjugué.

Trois jours plus tard François-Joseph retrouvait Vienne pour y apprendre que Katharina Schratt venait de partir pour Venise car le Burgtheater se produisait à la Fenice. « Tous vos collègues, y compris le directeur, feraient mieux de se reposer » se plaignait l'empereur, déçu de ne pas la trouver chez elle. « Je suis très triste depuis mon retour et je me sens très seul ; votre compagnie me manque et je n'ai que des ennuis comme vous devez vous en douter si par hasard vous avez lu les journaux. »

La politique commençait à pénétrer jusque dans le milieu de Katharina. La force grandissante des socialistes chrétiens de Lueger, s'ajoutant à son magnétisme personnel, éveillait une nouvelle conscience politique chez les Viennois les plus superficiels et les plus insouciants. Karl Lueger s'exprimait au nom des oubliés, le garçon de café, le petit employé de bureau, le petit commerçant, les centaines et les milliers de petits hommes s'accrochant à leur emploi, terrifiés à l'idée d'être balayés par la grande marée de l'immigration des provinces, et qui haïssaient les étrangers et surtout les juifs, qu'il s'agît des juifs misérables des ghettos de Galicie dont ils ne voulaient pas pour voisins, ou bien des riches industriels à la tête des grands complexes qu'ils considéraient, à tort ou à raison, comme des exploiteurs. Rien n'était plus facile que d'exciter la jalousie de ces gens humbles et sans défense dont personne ne s'était jamais soucié. Mais

Karl Lueger se consacrait à eux avec passion. Il voulait sincèrement que leur vie soit meilleure et plus prospère, tout comme il souhaitait que Vienne ne soit pas seulement la plus belle ville du monde mais aussi la plus propre, la plus moderne et la plus progressiste. On ne s'étonnera pas, dès lors, que cet homme beau et cultivé, qui avait commencé sa vie sociale en tant qu'avocat de province, devînt l'idole des Viennois. Ceux qui n'avaient jamais été sensibles aux démagogies sans nuances de Schönerer se laissèrent séduire par la propagande plus insidieuse de Lueger et l'empereur écrivait : « C'est affreux de voir l'antisémitisme gagner toutes les classes. Il y a peut-être de bonnes raisons à cela mais les conséquences sont épouvantables. »

Vers 1894 Lueger était déjà membre du conseil municipal et un an plus tard il fut élu maire à une faible majorité. François-Joseph ne donna pas son accord à la nomination mais Lueger fut à nouveau élu l'année suivante, avec cette fois les deux tiers des voix. De nombreux amis juifs de Katharina parlaient déjà d'aller s'installer à Budapest, mais l'empereur n'était pas homme à se laisser impressionner par Lueger, il refusa une seconde fois de ratifier le vote et dut dissoudre le conseil municipal. Il fallut attendre encore deux ans, jusqu'en 1897, pour voir François-Joseph s'incliner devant l'opinion publique et accepter la nomination d'un homme qui allait devenir le meilleur maire que Vienne ait jamais connu et dont le mandat refléta les derniers rayons dorés de la *Franz Josef Zeit.*

L'hésitation de l'empereur à nommer celui dont il était le premier à reconnaître le génie administratif venait en partie de ce problème de l'antisémitisme et en partie de l'opposition des Hongrois. En tant que membre du Parlement, Lueger avait fait campagne contre l'injustice de l'accord commercial et douanier qui, basé sur un contrat de dix ans, donnait un avantage absolu aux Hongrois, leur laissant même la possibilité d'exercer un chantage sur le reste de l'empire chaque fois qu'ils n'obtenaient pas ce qu'ils voulaient. Lueger affirmait qu'on devait fixer l'accord une fois pour toutes, décision inacceptable pour les Hongrois et que l'empereur, dans sa grande prudence, ne voulait pas se hasarder à ratifier. François-Joseph était disposé à s'en tenir honnêtement aux termes de l'*Ausgleich* de 1867, sans se soucier des abus auxquels pouvait conduire la rapacité de l'aristocratie magyare, et c'était d'ailleurs là la principale pomme de discorde entre son héritier et lui.

Autant Rodolphe avait toujours manifesté son penchant pour les Hongrois, autant François-Ferdinand les haïssait et les méprisait. Cette haine quasi pathologique de la part du prétendant au trône augurait mal de l'avenir de la double monarchie. Au temps de sa grave maladie la presse hongroise prit un plaisir presque morbide à répéter qu'il était incurable, et ses partisans comme lui-même incriminaient ce qu'ils appelaient le traitement de faveur de l'empereur envers les Magyars et accusaient l'impératrice d'être à l'origine de ce favoritisme. Mais l'impératrice ne jouait plus aucun rôle en politique et c'était maintenant le tour de cette pauvre Katharina Schratt d'écouter pendant des heures les griefs de l'empereur contre ses ministres hongrois et de s'intéresser aux dédales de l'*Ausgleich*, sujet qu'elle avait jusqu'ici joyeusement ignoré. Des journalistes et des politiciens renommés vinrent bientôt figurer parmi les invités d'Hietzing et de la Gloriettegasse et le monde de la banque y rencontra l'élite du Burgtheater et les plus célèbres peintres et écrivains du moment. Bien qu'elle-même fût dépourvue de tout sens musical au point de pouvoir à peine chanter un air, chose rare chez les Viennois, Katharina entretenait des relations amicales avec la plupart des grands musiciens, depuis Johannes Strauss jusqu'à Gustav Mahler. Et lorsqu'il venait passer ses vacances d'été à Ischl, dans les dernières années de sa vie, Johannes Brahms s'arrêtait souvent à la pâtisserie Zauner pour y prendre le thé avec Kathi Schratt.

Elle avait un don pour attirer les hommes dans toutes les circonstances de la vie, qu'ils fussent sportifs ou intellectuels, artistes ou politiques. Elle évoluait dans des cercles si variés qu'il ne se passait ni ne se disait presque rien dans Vienne dont elle ne fût pas informée et son plus grand talent consistait à sélectionner ce qu'elle rapporterait et ce qu'elle tiendrait caché au vieil empereur fatigué « qui avait bien assez d'ennuis sur les bras sans être importuné sans raisons nécessaires ».

La mort du patriote hongrois Louis Kossuth, en exil en Italie, déclencha de nouvelles manifestations anti-gouvernementales dans les rues de Budapest. Et à la suite d'une brève visite à Vienne François-Joseph écrivait à Katharina :

> Il y a déjà trois jours que je ne vous ai vue et il me semble que cela fait une éternité, et une triste éternité en plus. Depuis je rêve sans cesse de vous et si cela peut paraître absurde du moins avez-vous ainsi la preuve que vous occupez constamment mon esprit. Ici je me sens si seul et mélancolique, et je suis accablé de tant de tâches de toutes sortes que je n'ai plus qu'un souhait *(aussi möcht I)* tout laisser tomber et regagner l'adorable et verte Villa Hermès ou cette chère Gloriettegasse, ou même les salles étouffantes du Burg de Vienne. Voici que je deviens comme vos amis, le Bulgare et le comte Wilczek, et que je me plains sans arrêt pour éveiller votre sympathie.

François-Joseph reconnaissait là ses jalousies, mais il plaisantait presque avec Katharina quand il s'agissait du Bulgare, alors qu'envers le comte Wilczek il se montra profondément jaloux jusqu'à la fin de ses jours.

On trouve dans les lettres de l'empereur beaucoup plus d'allusions au prince Ferdinand qu'au comte Wilczek car la distance entre Sofia et Vienne ne suffisait pas à décourager un voyageur infatigable comme le prince. Le nouvel Orient Express avalait le trajet en moins de trois jours et son wagon personnel ajouté au train représentait un modèle de luxe. Les murs du salon étaient tendus de velours vert pâle et les chambres tapissées de soie turquoise. Un journaliste français le qualifia de *vrai bijou d'intimité voyageuse*[1] et le prince y régalait ses compagnons de voyage des mets les plus fins d'Europe. Quel contraste avec l'empereur d'Autriche qui, à son retour de la Côte d'Azur, se plaignait auprès de Katharina Schratt que le gouvernement italien ait « mis un train spécial à ma disposition, ce qui a dû coûter très cher ».

Le prince Ferdinand fit plusieurs voyages à Vienne au cours du printemps et de l'été 1894, à l'époque même où il déployait tous ses talents de Machiavel pour se débarrasser de son encombrant Premier ministre et où il encourageait délibérément une campagne de diffamation pendant son absence. Indigné par l'injustice et la bassesse des accusations, Stambouloff refusa de suivre les conseils de ses amis et se lança dans une violente attaque personnelle contre celui qu'il avait installé sur le trône. La politique dans les Balkans descendit ainsi à son niveau le plus bas et, prenant prétexte de la santé de sa femme, Ferdinand partit pour Karlsbad.

A Karlsbad, Katharina reçut une lettre de l'empereur à ce propos :

> J'ai lu dans la presse que la princesse bulgare passe par Vienne en allant suivre une cure à Franzensbad, je crains donc qu'avant longtemps vous

1. En français dans le texte.

> n'ayez le plaisir de goûter la méchante compagnie du Bulgare. Maintenant qu'il a réussi à se débarrasser de Stambouloff qui, de toutes façons, devait être le diable en personne, j'ai peur qu'il ne se laisse entraîner trop loin dans les eaux prorusses et dans ce domaine je n'ai pas la moindre confiance en lui.

Trois semaines plus tard, l'empereur s'affligeait encore : « L'idée que le Bulgare était avec vous à Karlsbad m'ennuie et me remplit de jalousie. »

La révocation de Stambouloff recevait un accueil très défavorable dans la presse européenne et le prince Bulgare avait grandement besoin d'amis. L'une des rares sur qui il pouvait compter était Katharina Schratt qui, bien que lassée de ses plaintes, ne pouvait lui résister dès qu'il faisait l'effort de charmer et de distraire. Renonçant à tous les travers d'un tyran des Balkans, il se conduisait alors comme s'il n'avait pour unique souci que de l'accompagner au théâtre ou au casino, et d'aller cueillir des cyclamens avec elle dans les bois. Mais au cours de l'été suivant, en 1895, il n'était plus possible à « Frau Kathi », malgré toute sa loyauté, de s'afficher sur l' « *Alte Wiese* » en compagnie d'un homme que la presse internationale désignait comme un meurtrier.

Même si Ferdinand n'a pas réellement trempé dans l'assassinat de Stambouloff, il est certain qu'il n'a rien tenté pour l'empêcher. Autoriser son nouveau gouvernement à mettre illégalement son ex-Premier ministre en accusation et refuser à celui-ci la permission de quitter le pays alors que sa vie était en danger, tout cela revenait à signer son arrêt de mort, car il savait bien qu'on avait libéré les conspirateurs macédoniens arrêtés en même temps que Panitza et qu'ils avaient juré de venger la mort de leur chef. Il ne fait aucun doute que

Ferdinand tenait à ce que Stambouloff fût réduit au silence avant de dévoiler sa nouvelle politique prorusse et de créer des remous avec les puissances occidentales. Mais sa délicatesse naturelle et son horreur du sang répandu l'auraient retenu devant la brutalité d'un meurtre qui choqua le monde civilisé et ramena les Bulgares et leur souverain au stade de la barbarie. Il existait tant de façons de se débarrasser tranquillement de quelqu'un — un coup de feu, la nuit, dans une rue déserte, ou un cheval qui s'emballe et provoque un accident — mais la vision de Stambouloff littéralement taillé en pièces dans l'un des principaux jardins de sa capitale remplissait Ferdinand de la même horreur que ses accusateurs. L'homme aux abois, qui se savait condamné, lui avait envoyé une lettre deux jours avant d'être tué, en lui livrant les noms, les adresses et les emplois du temps des assassins macédoniens qui menaçaient sa vie, et en lui demandant de lui donner, en tant que gardien de l'ordre dans le pays, la protection à laquelle tout sujet avait droit. Ferdinand ne reçut jamais cette lettre car il avait déjà fui vers Karlsbad.

Stambouloff mourut après une atroce agonie, massacré par ses agresseurs et dans la station thermale de Bohême où on le traitait d'ordinaire comme l'un des visiteurs privilégiés, le prince Ferdinand se retrouva soudain dans la peau d'un paria. La veuve de Stambouloff reçut les condoléances de l'Europe entière : l'empereur François-Joseph envoya un télégramme ; la reine Victoria lui en adressa deux et donna à son messager des instructions spéciales pour qu'il place personnellement sa couronne mortuaire sur la tombe, geste que le prince Ferdinand eut du mal à pardonner. Quant à sa propre couronne et à la lettre de condoléances qu'il avait fait porter par l'un de ses officiers, elles lui furent retournées par la veuve qui, montrant au jeune homme horrifié les mains coupées de son mari exposées dans une coupe, dit : « Voici les mains qui ont placé la couronne royale sur la tête de votre maître. »

L'une des voisines du prince à Karlsbad, fille de la princesse Radziwill, écrivait à sa mère :

> Le prince Ferdinand est ici. Il habite une villa à côté de mon hôtel. Au début de son séjour, on le voyait souvent mais depuis son drame il évite les mondanités, se promène avec deux hommes de sa suite et un policier le suit partout. La princesse est arrivée hier pour voir son mari. Il paraît qu'elle veut qu'il abdique. Il reçoit des insultes en pleine rue et je crois qu'il a très peur de rentrer dans son pays.

Il avait toute l'opinion publique contre lui et Katharina Schratt resta loin de Karlsbad. Ferdinand, qui se considérait comme l'innocente victime d'une campagne de calomnies, lui écrivit avec une vertueuse indignation : « Toute cette affaire me rend malheureux et je n'ai pourtant rien fait pour mériter le traitement abominable que je dois endurer. La *Freie Presse* a publié contre moi un article de première page on ne peut plus infamant que la censure n'aurait jamais dû laisser passer. Je me demande ce que *Megalotis*[1] dira de tout cela quand vous le verrez. »

Mais *Megalotis* n'avait rien à dire pour la défense du prince car il savait qu'une délégation bulgare se trouvait déjà à Saint-Petersbourg où la mort récente du tsar Alexandre III avait ouvert la voie à une réconciliation. Quand Ferdinand passa par Vienne à son retour de Karlsbad les portes de la Hofburg ne s'ouvrirent pas devant lui. Furieux et frustré il écrivit à « Frau Kathi » :

1. Megalotis : grec pour roi ; surnom donné à François-Joseph par l'impératrice.

> J'ai essayé de voir l'empereur pour parler avec lui des tragiques incidents qui viennent de se produire et on m'a dit qu'il n'était pas là. J'ai essayé à trois autres reprises en passant par ses secrétaires, et on m'a répondu à chaque fois qu'on n'arrivait pas à le trouver, si bien qu'il ne me resta plus qu'à partir. Me voici donc de retour dans mon cher pays, par une chaleur accablante de trente-huit degrés, à me sentir malade, malheureux et abandonné.

Durant deux années le prince Bulgare resta *persona non grata* à la Cour autrichienne. François-Joseph finit par accepter l'idée que Ferdinand n'était pas directement responsable du meurtre de Stambouloff, mais il refusa de pardonner l'acte d'apostasie dont il s'était rendu coupable en brisant délibérément les vœux qu'il avait faits au pape, à sa femme et à son beau-père et en acceptant la conversion de son fils de deux ans à la foi orthodoxe. C'était là le prix à payer pour l'amitié de la Russie, mais la raison d'État n'avait aucune valeur d'excuse aux yeux du strict et sévère pape Léon XIII ni à ceux de Sa Majesté catholique et apostolique d'Autriche qui se pliait à toutes les décisions venues de Rome. L'ironie de la situation voulut que ce fût en s'attirant les foudres du monde catholique que Ferdinand réussit à obtenir la reconnaissance officielle qu'il attendait depuis neuf longues années. Cinq jours après la magnifique cérémonie au cours de laquelle l'Infant Boris fit son entrée dans l'Eglise orthodoxe grecque, aux côtés d'un haut dignitaire russe représentant son parrain le tsar, tous les anciens signataires du traité de Berlin, y compris l'Autriche, reconnurent formellement Ferdinand comme prince de Bulgarie. Après des années de voyages incognito en Europe, des années à hanter les manifestations officielles où il n'était que le petit prince de

Saxe-Cobourg Gotha, il pouvait enfin faire valoir ses prérogatives royales et prendre place parmi ses pairs.

A Constantinople le vieux et rusé sultan Abdul Hamid ne le traita pas en vassal rebelle mais en souverain indépendant et l'hébergea dans l'un des palais impériaux. Saint-Petersbourg, Paris et Berlin l'accueillirent avec les honneurs dus à un roi. Mais à Vienne l'empereur François-Joseph n'exprima aucun désir de le voir, à la grande désolation de son nouveau ministre des Affaires étrangères, le comte Goluchowski, qui confia au prince Hohenlohe, le chancelier allemand, qu'il se rendait parfaitement compte des inconvénients d'une telle décision mais qu'il ne voyait pas comment persuader son maître d'agir contre ses convictions. Le Kaiser Guillaume était excédé par l'entêtement de son vieil allié, oubliant que François-Joseph avait été le premier à désirer la reconnaissance pour Ferdinand alors que toutes les autres puissances craignaient les réactions de la Russie. Mais c'était devenu chez l'empereur une affaire de principes. Comme il l'écrivait à Katharina Schratt : « Ce n'est pas tellement une question de religion, mais cela prouve bien que cet homme n'a absolument aucun caractère. J'espère que vous ne le fréquenterez plus. Je vous en voudrai si vous le faites. »

Mais Katharina éprouvait plus de sympathie et de compréhension que l'empereur pour les faiblesses humaines. Dans l'Olympe théâtral du Burgtheater, creuset de terribles rivalités et d'ambitions contraires, personne n'aurait agi différemment de Ferdinand. Lui-même n'était-il pas un acteur luttant pour la survie, pour obtenir une place sur la scène européenne où il sentait qu'il avait un rôle de tout premier plan à jouer. Six mois après la conversion de son fils, le prince retrouvait Karlsbad et, cette fois, le drapeau bulgare flottait sur la façade de son hôtel, et François-Joseph raillait Katharina Schratt : « Vous aurez beau dire, j'ai bien peur qu'il ne faille pas attendre bien longtemps avant de vous voir totalement réconciliée avec le Bulgare. »

L'IMPÉRATRICE SE REPOSE SUR KATHARINA

« Maintenant que maman voyage sans cesse, il n'y a plus d'espoir de voir papa mettre un terme à cette malheureuse liaison avec *die Schratt*. »

Cette phrase, l'archiduchesse Valérie la note dans son journal en 1895, alors qu'elle ne fait plus mystère de son antipathie pour l'amie de son père. Ayant toujours été très proche de ses parents, la plus jeune fille de l'empereur ne pouvait que désapprouver cette dépendance de plus en plus grande envers Katharina Schratt. Et elle était encore plus désolée de constater que cet enthousiasme se trouvait apparemment partagé par sa mère qui, lors de ses rares visites à Lainz et à Ischl, tenait toujours à inviter Frau Schratt et à la traiter comme une amie de la famille. Entendre sa mère qualifier l'actrice de sœur adoptive (*Wahlschwester*) devait tout particulièrement irriter Valérie qui n'avait pas oublié l'époque où elle pleurait sur son épaule, à se plaindre de l'engouement de François-Joseph pour Frau Schratt. Mais aujourd'hui, l'impératrice était devenue trop lointaine, trop indifférente, pour éprouver de la jalousie. Elle ne ressentait plus qu'un immense soulagement de voir quelqu'un d'autre disposé à prendre en charge ce vieil homme triste qu'elle avait aimé tant d'années plut tôt. Elle en arrivait même parfois à éprouver de la compassion pour la femme plus jeune et elle disait alors à son mari : « C'est sans doute un grand honneur d'être votre amie, mais une *assommante*[1] épreuve aussi, avec vos questions continuelles et cet incessant désir de savoir ce qu'on fait et où l'on va. » Et, dans un sursaut de sa rancœur enfouie, elle ajoutait : « Je me demande si elle vous dit toujours tout. »

Lorsqu'en février 1895, le couple impérial retourna au Cap Martin, Frau Schratt fut invitée à le rejoindre, sans qu'on se soucie de sa réputation comme Elisabeth l'avait fait l'année précédente. Le baron Hawerda reçut même de l'empereur l'ordre de retenir une suite pour la comédienne à Menton. Mais Katharina fit preuve d'indépendance en préférant se rendre à Monte-Carlo.

« J'ignore pourquoi *die Freundin* n'a pas utilisé l'appartement que Hawerda lui avait retenu à Menton, écrivit François-Joseph à sa femme, mais il est peut-être préférable qu'elle réside à Monte-Carlo protégée par " Notre-Dame de Roulette ", cela lui évitera des aller-retour. »

Cette lettre fut écrite alors que le pauvre François-Joseph, qui avait tant espéré cette rencontre avec l'actrice, venait d'être rappelé à Vienne pour assister aux funérailles nationales de l'archiduc Albert. Katharina, après avoir partagé sa première semaine de vacances entre Paris et un pèlerinage à Lourdes, arriva dans le sud de la France alors qu'il était reparti depuis deux jours.

Les pèlerinages à Lourdes et au sanctuaire autrichien de Mariazell tenaient un rôle important dans la vie de Katharina et illustraient une foi simple et enfantine mêlée de superstition, amalgame de prières ou de cierges pour la Madone et d'amulettes ou de porte-bonheur. Elle ne voyait rien d'incongru à faire un pèlerinage à Lourdes entre de futiles achats à Paris et

1. En français dans le texte.

des nuits de jeu à Monte-Carlo, car elle était tout à la fois extrêmement frivole et profondément bonne. Aussi, comme elle ressentait de la compassion pour l'empereur solitaire, mit-elle fin à ses vacances pour aller le retrouver à Vienne.

« Mon cœur bondit de joie à la pensée que vous avez pu souhaiter rentrer plus tôt que prévu ; mais que va dire notre monde si plein de malice en vous voyant revenir déjà, alors que vous étiez partie pour quatre semaines de vacances. »

Le « monde si plein de malice » avait beaucoup à dire sur le cas de Katharina Schratt. L'ambassadeur d'Allemagne, le comte — plus tard le prince — Eulenbourg, qui prit son poste en charge en 1894, écrivit que « durant ces quinze ans passés à Vienne, personne, de quelque rang ou de quelque condition qu'il soit, ne suscita autant de commentaires que *die Schratt* ». Personne ne fut plus critiqué, plus envié et plus admiré. Dans le milieu du théâtre, elle comptait encore plus d'amis que d'ennemis, mais dans le petit monde de la Cour une certaine animosité se développait envers cette femme dont l'influence commençait à paraître redoutable. Il n'y avait pourtant rien à redouter car jamais Katharina ne montra le moindre désir d'intervenir dans les affaires de l'Etat. Elle ne faisait que donner son avis lorsqu'on le lui demandait et cet avis était généralement honnête, de bon sens, et désintéressé. Mais, comme elle le disait elle-même, sa tâche consistait à divertir, et à cette époque l'empereur avait un tel besoin de sa compagnie, il s'était si bien habitué aux charmants petits déjeuners et repas de la Gloriettegasse, que lorsqu'elle regagna la ville pour y passer l'hiver, il prit peu à peu l'habitude de l'inviter à dîner au Palais.

La première fois qu'il osa ce geste sans précédent, ce fut en octobre 1894 lorsqu'il suggéra qu'elle aimerait peut-être dîner avec lui au Burg, après la représentation du dimanche après-midi. Cette invitation dut se situer très peu de temps après la querelle de l'actrice avec Ida von Ferenczy, dans une période où elle ne pouvait souhaiter rencontrer le souverain dans l'appartement d'une femme à qui elle n'adressait plus la parole. Mais longtemps après la fin de cette brouille, alors que Katharina et l'empereur se retrouvaient régulièrement dans l'appartement d'Ida, les dîners au Palais continuèrent, pour devenir bientôt réguliers. Conformément à son caractère, François-Joseph détaillait fidèlement chacune de ces occasions à sa femme sans l'accord de qui les invitations n'eussent même pas été lancées.

Le valet de chambre de l'empereur rapporte que lorsque la *Gnädige Frau* venait dîner, Sa Majesté passait toute la matinée dans un agréable état de fébrilité et sélectionnait soigneusement ses plats favoris sur le menu envoyé par les cuisines impériales. Quand il était seul, François-Joseph n'utilisait que très rarement les cuisines et se contentait souvent d'un plateau de goulash ou de bœuf bouilli accompagné de boulettes de pâte servi dans son bureau avec un verre de bière. Un soir qu'il rentrait d'un bal de la Cour fatigué et assoiffé, ne trouvant aucune bouteille d'eau minérale dans sa chambre, il se contenta d'un verre d'eau fade prise à même un robinet. Lorsqu'il raconta l'anecdote à Katharina Schratt, elle s'étonna qu'il n'ait pas pensé à sonner son valet de chambre pour qu'on lui fasse porter une bouteille de champagne depuis le Redoutensaal où le bal se poursuivait ; il répondit qu'il n'avait pu se résoudre à réveiller quelqu'un à une heure aussi avancée de la nuit. Katharina s'empressa de rapporter toute l'histoire à Ida von Ferenczy qui était en contact permanent avec l'impératrice et, très peu de temps après, François-Joseph écrivait à Elisabeth :

« Je me fais servir du champagne avant de me coucher pour effacer les fatigues des bals de la Cour. *Die Freundin* me l'a conseillé, sans doute sur vos chères instances. »

Katharina se faisait un devoir de toujours parler au nom de

l'impératrice et d'entretenir les illusions de François-Joseph sur sa femme, car elle était réellement désolée de le voir dans ce palais immense et glacial, au milieu de centaines de domestiques en livrée et de dignitaires officiels dont pas un ne se préoccupait de son confort. Elle seule savait découvrir ce dont il avait besoin. Les souvenirs qu'elle choisissait pour lui avec tant de soin amoureux – un paravent décoré pour le protéger des courants d'air, une veste d'intérieur en laine chaude, un plaid, ou le dernier modèle d'éventail électrique – auraient pu être offerts par bien des épouses bourgeoises à leur mari plutôt que par une actrice en vogue au monarque le plus riche d'Europe. Elle ne se lassait pas de faire des cadeaux et en offrait toujours sept à la fois au lieu d'un, car elle pensait que ce chiffre lui portait bonheur. Et l'empereur, à qui personne d'autre n'eût osé donner le moindre présent, adorait ceux de Katharina, depuis la brosse à cheveux électrique qui émerveillait ses petits-enfants jusqu'à la boîte à musique qu'elle lui rapporta de Paris et qui reproduisait fidèlement le chant du rossignol. Mais celui qu'il chérissait le plus était un petit miroir à main portant l'inscription : *Portrait de celui que j'aime*[1].

C'était une vie épuisante pour une femme qui tenait encore à rester une actrice de premier plan et qui ne cessait de jouer, de répéter de nouvelles pièces ou de donner des lectures poétiques devant diverses sociétés littéraires très connues à cette époque. Mal adaptées à son talent, ces lectures lui permettaient pourtant d'avoir le plaisir de se présenter comme la comédienne adulée de la Cour, lisant des textes classiques devant un public nombreux venu uniquement pour la voir. En plus de ses activités professionnelles, elle recevait beaucoup et sortait tout autant dans le monde et l'empereur, toujours inquiet pour sa santé, écrivait :

1. En français dans le texte.

« Votre constante activité de ces derniers jours va au-delà du divertissement et ne peut être que néfaste. »

En même temps, il tirait de la fierté de ses succès et fut ravi lorsque le grand acteur français Coquelin parla d'elle comme d'une *femme extraordinaire*[1].

Les diplomates étrangers recherchaient sa compagnie, espérant ainsi plaire à l'empereur, et peu de temps après son arrivée en Autriche, l'ambassadeur d'Allemagne, le comte Eulenbourg, écrivait depuis Ischl au Kaiser Guillaume :

« J'ai rendu visite à la célèbre Frau « Kathi » Schratt, sachant que ce serait apprécié dans certains milieux, et j'ai passé une heure très agrèable avec cette charmante dame. »

Ce qui avait commencé par une visite intéressée devint bientôt une réelle amitié et, dans ses mémoires, Eulenbourg consacre un chapitre entier à Frau Schratt qu'il décrit comme étant :

> ... ravissante et l'allure extraordinairement jeune ; un teint merveilleux, des cheveux d'or éclatants et de grands yeux bleus à la douceur infinie ; une personne vraiment bonne, incapable de dire une méchanceté et toujours agréable, joyeuse et disposée à aider autrui. En plus de tout cela, sa compagnie est des plus délicieuses et elle a une façon très personnelle de raconter les petits potins.

Il s'agit là d'un hommage exceptionnel de la part de Eulenbourg, cultivé et doué, musicien, poète et diplomate, favori du Kaiser Guillaume et en relations amicales avec tout ce que Vienne et Berlin comptaient d'artistes de renom.

1. En français dans le texte.

François-Joseph ne fut pas long à suspecter *die Freundin* de voir un peu trop le fascinant ambassadeur.

> Trois rencontres avec le comte Eulenbourg, c'est trop pour mon goût. L'impératrice a tout de suite compris le danger que représentait pour moi le comte. Mais, comme vous le savez, j'avais moi-même déjà des inquiétudes car l'ambassadeur est très séduisant et tellement plus spirituel, plus amusant que moi, qu'il lui sera facile de prendre ma place dans votre cœur. Aussi, je remue de sombres pensées et il est grand temps que je puisse me rassurer en regardant au fond de vos chers yeux clairs.

L'empereur redoutait peut-être aussi que le diplomate, subtil et talentueux, ne pousse l'actrice à quelque indiscrétion. Mais les mémoires d'Eulenbourg semblent prouver que Katharina ne lui a confié que ce qu'elle voulait bien lui dire, insistant sans cesse sur son amitié avec l'impératrice plutôt qu'avec l'empereur.

> Elle est très intime avec l'impératrice Elisabeth. Elles se consultent fréquemment sur les sujets touchant à l'empereur, et l'impératrice se repose sur Frau Kathi pour s'occuper de son mari et veiller à ce qu'il ne manque ni d'exercice ni de bon air. En retour, elle est pleine de petites attentions et lui donne cadeau sur cadeau. D'ailleurs, comme Frau Kathi est très superstitieuse, on trouve d'innombrables porte-bonheur et autres petits cochons de métal ou de porcelaine parmi ces présents. D'une certaine façon, l'impératrice

> semble plus intime avec l'actrice qu'avec ses propres filles car même son amour pour Valérie n'est plus ce qu'il était.

Ses relations avec l'impératrice ne furent sans doute jamais aussi intimes qu'elle voulait bien le laisser croire à l'ambassadeur ; mais Katharina n'en demeurait pas moins un des liens essentiels existant encore entre François-Joseph et Elisabeth. Elle représentait, avec les petits-enfants, le seul sujet de conversation encore possible et dans presque toutes les lettres échangées entre mari et femme on trouve mention de *die Freundin*. Le principal point commun entre l'impératrice et l'actrice restait l'intérêt qu'elles portaient à leurs cures d'amincissement. Au plus fort d'une crise politique, François-Joseph notait :

« *Die Freundin* est désespérée parce qu'elle a pris six kilos ces derniers mois. Elle s'est mise à la bicyclette dans l'espoir de perdre du poids, mais jusqu'ici le seul résultat a été une mauvaise chute sur la tête. »

Depuis Karlsbad, Katharina écrivait, inconsolable :

« Certains souffrent de phtisie galopante, moi je souffrirais plutôt d'obésité galopante. »

Cette remarque amusa beaucoup l'impératrice qui, à partir de ce moment-là, chaque fois qu'elle prenait un kilo, ne parlait plus que de son « obésité galopante ».

L'âge venant, la façon de vivre d'Elisabeth devenait de plus en plus incohérente. Aucune médecine ni aucun médecin n'aurait pu venir en aide à cette femme qui se privait de manger pendant des semaines entières, se contentant de lait et d'oranges, avec parfois, comme un caprice, une de ces glaces à la violette qu'elle affectionnait tant. Même lors des quelques mois qu'elle passa en Autriche, on la vit plus souvent dans des endroits comme Karlsbad et Gastein que chez elle. Elle ne rendait visite à Valérie que pendant quelques jours, disant que le bonheur des autres la blessait et qu'elle préférait l'anonymat des grands hôtels au plus beau de ses palais. Ses réactions devant les gens et les lieux dépendaient entièrement de son état nerveux et elle souffrait alors presque constamment de sciatique et de névrite. En revanche, dès qu'elle se sentait mieux, elle reprenait ses promenades-marathons qui avaient raison de ses dames de compagnie les plus jeunes et les plus robustes. Les contacts humains devenaient chaque jour plus irréels pour Elisabeth et il lui arrivait de se sentir disposée à aborder le premier passant venu et engager avec lui une conversation aussi intime que si elle s'adressait à son meilleur ami. Sur la Riviera, elle s'amusa beaucoup à pénétrer sans autorisation dans les jardins des propriétés privées, mettant ainsi sa suite dans le plus grand embarras. La plupart du temps, les propriétaires la reconnaissaient malgré son incognito et ils se sentaient flattés par ses extravagances ; mais, une fois, elle fut poursuivie par une vieille dame scandalisée et il s'en fallut de peu qu'elle ne dût rendre des comptes à la police.

Cependant, François-Joseph continuait à lui écrire quotidiennement comme à quelqu'un de parfaitement équilibré, lui annonçant la naissance de leur premier arrière-petit-enfant, fils d'Elisabeth, la fille de Gisella, qui avait scandalisé la Cour de Bavière en se laissant enlever par un baron Seefried. A cette occasion, François-Joseph qui, d'ordinaire, était si sévère et si intolérant pour les frasques des jeunes archiducs, se montra à la fois humain et compatissant en pardonnant à sa petite-fille rebelle et en acceptant son mari au sein de la famille. Mais, comme il le faisait remarquer à sa femme :

« Il est étrange de penser que l'aîné de nos arrières-petits-enfants sera un baron Seefried. »

Elisabeth, quant à elle, se souciait peu de savoir s'il serait un baron Seefried ou une Altesse royale. Dans ses lettres, elle mentionnait rarement ses petits-enfants et encore moins Erzi, la fille de Rodolphe que l'empereur chérissait plus que tous les autres, car elle détestait toujours autant sa belle-fille veuve, l'archiduchesse Stéphanie.

En revanche, toutes les lettres de l'impératrice à son mari contenaient au moins une référence à *die Freundin*. Elle s'intéressait à ses voyages, lui recommandant de bons restaurants à Florence ou Rome, et lui conseillait d'emmener Toni et ses petits camarades manger une spécialité de glace au café Gambrinus, à Naples. Elle lui envoya un gâteau et des fleurs pour sa fête et elle manifesta son inquiétude lorsqu'elle apprit que l'actrice s'adonnait à nouveau à ces « dangereuses pilules amincissantes ». Plus l'impératrice s'éloignait de la vie réelle, plus elle semblait s'attacher à l'amie de son mari. Au début du printemps 1896, alors que l'empereur passait ses vacances avec sa femme au Cap Martin et que Frau Schratt était revenue à Vienne pour veiller sa mère mourante, il lui écrivit :

> Avant-hier, alors que nous prenions un petit déjeuner délicieux mais trop copieux chez Périmont, l'impératrice s'est soudain écriée : « Quelque chose me manque ! », et elle me demanda si je ne ressentais pas la même impression. Je lui répondis que non et la questionnai à mon tour sur cette chose qui lui manquait : « Die Freundin, qui devrait être ici à partager tout cela avec nous. » J'avoue que je n'y pensais pas et l'impératrice qui est, comme vous le voyez, plus soucieuse encore de vous que moi-même, m'a dit de vous rapporter cet instant.

Comment s'étonner alors que l'archiduchesse Valérie, qui souhaitait voir l'affection de ses parents tout entière focalisée sur elle-même et sa famille, ne souffrît de voir l'actrice jouer un rôle aussi important dans leur vie.

A Vienne, l'impératrice était devenue une légende plutôt qu'une réelle présence et, en août 1896, la Cour la vit présider pour la dernière fois le dîner de gala offert en l'honneur des souverains russes, Nicolas et Alexandra. Les témoins oculaires ont rapporté qu'Elisabeth, bien qu'encore en deuil, ne donna pas seulement l'impression d'appartenir à la même génération que la tsarine, mais apparut d'une beauté si délicate qu'elle rejeta totalement la jeune femme dans l'ombre. François-Joseph raconta à Frau Schratt :

« La visite des Russes s'est très bien passée. Leurs Majestés ont été d'excellente humeur et tout à fait à l'aise, tout particulièrement lors d'un dîner privé à Lainz très chaleureux et fort joliment fleuri. »

Mais une rumeur circula selon laquelle deux hommes avaient perdu la vie à cette occasion en tentant de cueillir des edelweiss, les fleurs préférées de l'impératrice, qu'on ne trouve que sur les pics montagneux les plus élevés et les moins accessibles.

Durant le même été 1896, le couple impérial assista aux festivités du millénaire de Budapest. Ce fut une visite spécialement douloureuse pour Elisabeth car la dernière fois qu'elle avait participé à une cérémonie publique dans cette ville, elle était accompagnée de Rodolphe que les Hongrois aimaient non en tant que Habsbourg mais parce qu'il était son fils. Encore aujourd'hui, sa seule présence suffisait à réduire l'opposition au silence et à soulever l'enthousiasme des Magyars au moment où elle prit place sur le trône aux côtés de l'empereur à la réception officielle du Parlement hongrois réuni au Château de Buda. Les *Eljens* qui résonnèrent sous les voûtes dès son apparition exprimaient clairement la gratitude et l'adoration de toute une nation.

Les Hongrois trouvèrent là une chance magnifique de prendre congé de leur reine qu'ils ne devaient plus jamais revoir. Quelques mois plus tard Elisabeth se leva un matin pour découvrir son visage mangé par une horrible éruption cutanée et, à partir de ce jour-là, elle s'enferma dans une solitude presque totale. La délicatesse de son entourage réussit à conserver le secret sur les atteintes de la plus cruelle des maladies pour une si belle femme. Le monde extérieur ne la vit plus que drapée dans des voiles ou abritée derrière de grandes ombrelles blanches, un éventail toujours levé devant le visage. Les effets sur son moral furent désastreux et lorsque l'empereur la rejoignit au Cap Martin au début du printemps 1897, il la trouva dans un tel état de dépression que son séjour en fut totalement gâché. Il écrivit à Katharina Schratt, qui passait ses vacances à Monte-Carlo :

> Si jamais l'aspect, malheureusement navrant, de l'impératrice vous choque, n'en montrez rien, je vous en prie. De la même façon, évitez d'aborder le sujet de sa santé avec elle et, si vous n'y parvenez pas, encouragez-la et ne lui recommandez surtout aucune nouvelle cure ni aucun nouveau remède. Vous allez trouver l'impératrice absolument épuisée, très souffrante et le moral tout à fait bas. Vous imaginez quelle inquiétude je peux ressentir. Cette fois-ci, la villégiature sur la magnifique Côte d'Azur sera bien triste.

Il semble bien qu'Elisabeth ait espéré la venue de l'actrice presque aussi ardemment que son mari. Et François-Joseph écrivait :

« Son seul souci est de vous inviter car elle craint toujours de vous déranger au milieu de vos distractions et de votre repos si nécessaire. »

Vers la fin de son séjour, il demanda :

> Quand repartez-vous ? J'ai doucement insinué à l'impératrice que vous viendriez nous rendre visite encore une fois, ce à quoi elle a répondu : « La pauvre (*die Arme*) », car elle croit toujours que ce doit être une torture pour vous de venir voir deux vieillards comme nous. Cependant je suis, moi, persuadé que ça ne vous est pas si pénible que cela et, comme je sais que vous lui feriez tant plaisir, que quelques heures passées en votre compagnie lui seraient si bénéfiques, je vous prie de bien vouloir venir encore une fois, sauf seulement si cela doit par trop vous déranger, bien sûr.

Mais lorsque l'actrice suggéra à François-Joseph qu'il lui rende visite à Monte-Carlo, il répondit :

« J'en ai parlé à l'impératrice et elle pense qu'il est préférable que je ne vienne pas. Ça ne pourrait que vous faire du tort et dresser beaucoup de gens contre vous. J'ai du mal à accepter cela. Je ne doute pas qu'elle ait raison, mais vous me manquez d'autant plus que je vous sais si proche. »

Pourtant, en certaines occasions, ces précautions semblaient oubliées et on vit ouvertement l'empereur d'Autriche en voiture avec Frau Schratt, respectueusement salués aussi bien par les touristes que par les habitants de la région. Les membres les plus austères de l'entourage impérial murmuraient que Sa Majesté vieillissait et qu'une telle conduite eût été impensable dans le passé. Mais ceux qui le connaissaient un peu plus intimement, comme son ordonnance le comte Paar ou le grand chambellan, le prince Rodolphe Liechtenstein, n'avaient que des louanges à adresser à l'actrice dont la nature joyeuse atténuait quelque peu la morosité de la vie solitaire de l'empereur.

Elle ne s'imposait jamais et ne s'occupait que de ses propres affaires, se contentant du Burgtheater comme royaume et de ses anciens amis comme compagnons. On pouvait la voir l'après-midi en voiture avec l'empereur et dîner le soir même à l'Hôtel de Paris de Monte-Carlo en compagnie d'Edward Palmer, le banquier juif qui avait été son admirateur fidèle dès l'époque de ses débuts. Des figures du passé réapparaissaient sans cesse dans sa vie et, dans les derniers mois de 1896, elle joua un rôle majeur dans l'une des *causes célèbres*[1] de l'époque, lorsqu'elle permit à son ancien fiancé et collègue Alexandre Girardi d'échapper à l'asile psychiatrique où voulait le faire enfermer une épouse vengeresse.

Idole des Viennois, Girardi, à qui il suffisait d'entrer en scène et de remuer une main ou lever un sourcil pour que le public s'étouffe de rire, était, comme beaucoup d'acteurs comiques, d'une nature timide et nerveuse. Son mariage avec l'actrice allemande Helene Odilon, aussi célèbre pour sa légèreté que pour son talent, était une catastrophe. Sa femme, qui ne l'avait épousé que pour favoriser sa propre carrière, affichait une liaison avec le riche baron Rothschild et le rendait malade de jalousie. Les scènes qu'il lui faisait publiquement devinrent si terribles que lorsqu'elle décida de se débarrasser de lui, elle n'eut aucune difficulté à obtenir du médecin des artistes un certificat le déclarant fou. Rothschild se laissa maladroitement entraîner dans cette affaire, usant de ses relations et de sa fortune pour obtenir les services du fameux psychiatre Wagner Jauregg qui, ne pouvant résister à l'appât d'énormes honoraires, semble avoir compromis sa signature sur le certificat sans avoir convenablement examiné le patient. Le malheureux

1. En français dans le texte.

Girardi fut condamné à être enfermé dans un asile d'Etat, mais lorsque la police et les médecins se présentèrent pour l'emmener, l'acteur, prévenu par un ami, avait déjà pris la fuite.

Le soir même, Katharina Schratt se trouvait dans son appartement de Vienne lorsque Girardi, éperdu et échevelé, vint frapper à sa porte pour demander du secours. Après avoir entendu son histoire, elle s'empressa de contacter un ami commun, l'acteur du Burgtheater Devrient et le convainquit d'accompagner Girardi à Hietzing pour passer la nuit avec lui dans sa maison où personne n'oserait se présenter sans un ordre venu du « Saint-des-Saints ». Le lendemain, lors de son rendez-vous habituel avec l'empereur, elle ne tarda pas à raconter la terrible aventure de Girardi, la bassesse de sa femme et le comportement regrettable du baron Rothschild. Mais François-Joseph écouta très froidement la plaidoirie passionnée ; son esprit légaliste et bureaucratique était profondément choqué par ce malencontreux défi à l'autorité. Pourquoi ne l'avait-elle pas d'abord consulté ? Et n'avait-elle pas pensé au scandale qui ne manquerait pas d'éclater lorsqu'on apprendrait que l'acteur s'était caché dans la propre maison de Katharina ? Mais elle réfuta tous ses arguments. Si elle avait pris le temps de le consulter, ce « pauvre Xandl » (surnom de Girardi) serait déjà derrière des barreaux, et même si Sa Majesté acceptait d'intervenir, il faudrait des semaines, peut-être des mois, avant de pouvoir le faire libérer. Tout ce qu'elle demandait, c'était qu'on annule le mandat d'arrêt et Girardi, qui souffrait d'une profonde dépression nerveuse, irait dans une clinique de son libre choix. Elle parla avec tant d'éloquence et de pouvoir de conviction que l'empereur finit par abroger l'arrêt sous la condition que l'acteur, selon les conseils de Frau Schratt, se fasse hospitaliser.

Quelques mois plus tard, Alexander Girardi, complètement guéri et légalement séparé de sa femme, ravissait à nouveau son public en incarnant le personnage de Frosch dans une reprise de la *Fledermaus* de Strauss. « L'affaire Girardi » et l'intervention de Katharina Schratt alimentèrent les potins de Vienne pendant plusieurs années. Lorsqu'elle joua avec Girardi dans une représentation de gala du *Dissipateur* de Raimund, l'empereur qui détestait toutes les formes de publicité lui écrivit :

« J'ai lu dans la presse que vous aviez joué avec Girardi au théâtre Raimund. Etait-ce bien nécessaire ? »

François-Joseph qui, dans les débuts, s'était appliqué à ne jamais intervenir dans les engagements de Katharina au théâtre, devenait, avec l'âge et sa dépendance grandissante, de plus en plus sensible aux problèmes engendrés par sa carrière. Il détestait tout particulièrement la voir figurer en tant qu'invitée dans les capitales étrangères et l'actrice, qui continuait à adorer sa liberté, se sentait de taille à discuter ses contrats sans le consulter. Lorsqu'elle abrégea sa cure à Karlsbad pour aller jouer à Munich aux côtés de Hugo Thimig, François-Joseph, qui apprit la nouvelle par les journaux, en ressentit de la colère et marqua sa peine et sa réprobation .

> Ce que vous me dites sur cet engagement pour Munich avec Thimig me rend très triste. J'y vois la confirmation de ce que je craignais en lisant la presse. Cela signifie qu'après une interminable séparation (un mois), je ne vous verrai à Ischl que cinq ou six jours plus tard que ce que nous avions convenu. Pourtant, je n'ose me plaindre car cette année est déjà si triste. Bien sûr, les devoirs de votre profession, votre réputation artistique passent avant tout, c'est bien naturel, et si ces représentations vous conviennent, je suppose que je dois en être moi aussi satisfait.

Quelques jours plus tard, il revenait à la charge :

> J'espère que vous vous rétablirez tout à fait à Ischl, car ces représentations de Munich, immédiatement après la cure de Karlsbad, ne doivent faire aucun bien à votre santé et à votre état nerveux. Je me sens triste et anxieux, et également blessé que vous ne m'ayez rien dit de ce projet à l'étranger, en arrangeant tout cela derrière mon dos. Je vous ai dit et répété avant votre départ que je souhaitais vous revoir à Ischl le 10 juillet. Vous ne m'aviez pas alors contredit et vous sembliez même d'accord. C'est très déloyal de votre part. Je suis tout à fait franc avec vous et vous ne l'êtes pas. Tout cela assombrit considérablement mes pensées.

Ainsi François-Joseph commençait-il à réaliser que *die Freundin* n'était ni aussi naïve ni aussi franche que ce qu'il avait pu croire. Mais ce côté insaisissable, et surtout sa farouche indépendance, tout cela ne la rendait que plus charmante encore et il écrivait :

« Il vous arrive parfois d'être terrible, mais vous restez en même temps un ange délicieux. »

L'ASSASSINAT DE L'IMPÉRATRICE

Dans les pages consacrées à décembre 1897 le comte Eulenbourg écrivait dans son journal : « La seule occasion où Frau Kathi a pris une part active en politique, c'est lorsqu'elle a poussé l'empereur à renoncer à l'impopulaire ordonnance sur les langues et à se débarrasser du comte Badeni. » François-Joseph avait espéré trouver chez ce gentilhomme polonais, célèbre dans l'armée pour ses qualités de gouverneur en Galice, la force nécessaire pour imposer l'ordonnance sur les langues de Taaffe et la faire appliquer malgré les manœuvres d'obstruction. Mais les talents qui avaient fait merveille en Galice féodale se révélèrent lamentables au Parlement. Les tentatives d'un Premier ministre slave pour faire passer en force une loi qui favorisait les minorités déclenchèrent la fureur de l'ensemble de la population de langue allemande et entraînèrent au Parlement des scènes d'une telle violence qu'on dut appeler la police pour faire évacuer la salle. Un député radical de langue allemande insulta publiquement le Premier ministre, le traitant de « fripouille polonaise », sur quoi Badeni le provoqua en duel, et François-Joseph commenta pour Katharina Schratt : « Je pense que le comte a accordé un trop grand honneur à Herr Wolf en se battant avec lui ; il ne méritait guère plus que quelques coups de canne. »

Mais toute la situation avait maintenant dérapé. L'émeute avait débordé le Parlement pour contaminer les rues – d'abord les étudiants, puis les ouvriers, poussés par les politiciens socialistes.

L'empereur qui avait dû se rendre à Budapest pour travailler à un nouveau contrat de dix ans avec la Hongrie, le second depuis l'*Ausgleich* de 1867, et n'était parvenu une fois de plus qu'à faire de nouvelles concessions aux Magyars, rentra dans sa capitale pour y découvrir qu'on avait proclamé l'état d'urgence et appelé l'armée pour seconder la police. Dans une note à Frau Schratt datée du lendemain de son retour il écrivait :

> Je pensais déjà si fort à notre rencontre d'hier quand, à quatre heures, j'ai reçu une note de la police m'informant qu'on redoutait des troubles chez les étudiants pour la soirée. Inquiet à l'idée de voir des foules s'assembler et marcher sur le Burg, ce qui risquait de perturber votre trajet jusqu'ici et surtout celui d'ici jusqu'au théâtre, j'ai décidé qu'il était préférable que vous ne veniez pas. Mais mon besoin de vous voir est tellement incommensurable que j'ai l'audace de vous prier de vous déplacer cet après-midi entre cinq et six heures, à condition bien sûr que la situation reste calme. J'ai tellement de bonheur à vous avoir simplement assise près de mon bureau pendant mon repas.

Fut-ce pendant cette visite, comme le suppose le comte Eulenbourg, que Katharina conseilla à l'empereur de se débarrasser de Badeni ? Car depuis plusieurs jours elle suivait de sa fenêtre la progression de l'agitation de rue, elle entendait des rumeurs sur une possible révolution et voyait ses amis comme Edward Palmer, tous de solides libéraux allemands contrariés de voir leur vie bien tranquille troublée par les prétentions d'une minorité slave, fulminer contre le gouvernement. Et son imagination toujours vive lui faisait déjà entrevoir une répétition de 1848, avec les foules envahissant la Hofburg et forçant l'empereur à fuir. Un récit rapporté de la banlieue de Hernals et affirmant qu'une foule avinée avait brocardé l'empereur en le traitant de « Herr Schrattenbach » suffisait pour qu'elle se voie dans la peau d'une nouvelle du Barry livrée à la vindicte des émeutiers. Comment alors la blâmer d'avoir perdu son sang-froid et d'avoir demandé à l'empereur de sacrifier Badeni ?

Elle n'était d'ailleurs pas la seule à vouloir cette révocation. Le comte Goluchowski, ministre des Affaires étrangères, lui aussi Polonais et le comte Banffy, Président du conseil hongrois, désapprouvaient tous deux cette malheureuse ordonnance. Mais Eulenbourg avait sans doute raison lorsqu'il affirmait que ni l'un ni l'autre de ces deux politiciens chevronnés n'aurait conseillé à l'empereur de se plier à la loi de la rue. Ils auraient plutôt suggéré la dissolution du Parlement et l'ouverture de négociations ayant pour but le renvoi du Premier ministre. Le François-Joseph des premières années ne se serait jamais laissé intimider par le désordre, mais les derniers mois n'avaient apporté que malheur et déception au monarque de soixante-sept ans. Il venait de rentrer de Hongrie après des semaines de disputes et de marchandages autour de la moindre clause du contrat et il se peut bien que, dans un moment de découragement, il se soit laissé influencer par les craintes d'une femme aimante et anxieuse.

Les diplomates étrangers et tout particulièrement le comte Eulenbourg, jugèrent avec sévérité cette décision d'un gouvernant qui devenait vieux et faible, et le Kaiser Guillaume fut plus convaincu que jamais qu'il revenait à l'Allemagne de prendre les rênes de la triple alliance. Ses visites à son allié se firent de plus en plus fréquentes et dans l'une de ses lettres à Katharina Schratt, François-Joseph s'en plaignait : « La prochaine visite du Kaiser et le voyage à Saint-Pétersbourg me donnent déjà des indigestions. » Bien que scrupuleusement loyal envers l'alliance allemande, il ne parvenait pas à aimer cet impulsif et emphatique Guillaume.

Le nouveau chancelier allemand, le comte Bülow, qui accompagnait son maître à Budapest à la fin du millénaire, remarqua « le contraste absolu entre les deux empereurs », et c'est peut-être pour cette raison que François-Joseph fut pratiquement le seul souverain européen avec qui Guillaume n'eut jamais de brouille.

> Alors que Guillaume s'affirmait lui-même sans cesse et à tous propos, François-Joseph restait aussi impersonnel qu'une ombre. Guillaume était vaniteux et vantard. L'empereur François-Joseph n'avait aucun désir de briller et, dans les limites qui lui imposait sa charge, restait en retrait. Il n'aimait pas paraître et le manteau de chasse de Guillaume, ses bottes à revers, ses éperons et son chapeau à plume le remplissaient d'horreur. Guillaume tutoyait tous les princes allemands, non seulement les membres des familles régnantes mais ceux des autres familles ; François-Joseph réservait strictement le tutoiement pour ses parents les plus proches et l'idée d'utiliser la seconde personne du singulier avec un Lobkowicz ou un Esterházy lui aurait fait l'effet d'un manquement à l'étiquette pour les deux parties en présence... François-Joseph ne comprenait pas l'intimité qu'entretenait le Kaiser avec certains et trouvait vulgaires ses plaisanteries et ses calem-

bours, en un mot il pensait qu'il ne se conduisait pas comme un gentilhomme.

Qu'il n'ait jamais été heureux en compagnie du Kaiser, nous en avons une preuve dans une lettre envoyée à Katharina Schratt de chez le prince Esterházy où il chassait : « Aujourd'hui nous sommes encore entre nous, aussi tout reste-t-il intime et *gemütlich*. Mais demain le Kaiser Guillaume arrive avec son énorme suite et tout deviendra plus lourd et plus pénible... Je me sens maussade et j'ai l'humeur sombre. » La visite hongroise fut tout entière une épreuve et le comte Bülow notait à quel point le discours élogieux adressé par le Kaiser aux Hongrois, et prononcé au cours du banquet officiel au château de Buda, porta sur les nerfs de l'empereur :

> J'étais assis en face des deux empereurs et je vis très clairement sur le visage de François-Joseph que l'enthousiasme brûlant à l'égard des Magyars manifesté par son invité allait trop loin pour son goût. Le Kaiser termina son discours par un éloge de l'empereur pour qui, en Europe et plus particulièrement en Allemagne, on ressentait une admiration sans bornes que lui, Guillaume, partageait à la manière d'un fils. Là aussi, il y avait trop d'emphase. Fondamentalement, François-Joseph aimait aussi peu la nouvelle Allemagne que la nouvelle Italie, peut-être moins encore.

Le comte Bülow avait raison car le souvenir de la défaite de Königgrätz creusait une plaie plus profonde que celui de Solferino.

François-Joseph se sentit plus à l'aise dans l'atmosphère froide et guindée de la Cour russe, à échanger des politesses avec un jeune tsar très timide. La visite de 1897 à Saint-

Pétersbourg aboutit à la signature d'un accord secret entre les deux puissances pour maintenir le statu quo dans les Balkans. C'était un accord dicté par les circonstances car la Russie voulait disposer de ses forces en Extrême-Orient et l'Autriche-Hongrie avait bien trop d'ennuis à l'intérieur pour se permettre des escapades dans le Bas-Danube. Selon la formule du comte Goluchowski : « on avait mis les Balkans sous une cloche de verre », ce qui ne manquait pas d'être frustrant pour l'ambitieux prince de Bulgarie dont l'éventuelle expansion dépendait de sa capacité à exploiter la rivalité entre les deux puissances. Ferdinand écrivait son amertume de se voir paralysé aussi longtemps que l'Autriche et la Russie resteraient amies.

François-Joseph, qui ne lui avait pas pardonné la conversion du prince Boris, dit à Katharina Schratt : « J'espère vraiment que vous vous tiendriez à votre intention de ne plus voir le Bulgare, mais je ne suis pas très certain que, par bonté, vous ne finirez pas par faiblir, ce qui me serait très désagréable. » Malgré toutes ses promesses, Katharina ne s'était jamais sérieusement brouillée avec le prince Ferdinand qui l'accablait sans cesse de lettres où il se plaignait de la déloyauté avec laquelle on le traitait. Il accompagnait souvent ses lettres de cadeaux choisis avec un goût si exquis qu'on avait bien du mal à résister : un bouquet de cyclamens en améthyste et diamant, pour lui rappeler ceux qu'ils avaient cueillis ensemble dans les bois de Karlsbad : un papillon rare sorti de sa collection personnelle, entouré de pierres précieuses ; un oiseau des monts Rhodope livré dans une cage en or ; et des orchidées de ses serres qui arrivaient enveloppées de glace par l'Orient Express ; autant de présents d'une variété infinie pour une femme qui répétait toujours qu'elle n'aimait rien autant que les surprises.

La vie du théâtre voyait se succéder querelles et réconciliations et Katharina savait bien qu'avant longtemps le comte Goluchowski finirait par persuader l'empereur de recevoir le prince Ferdinand. A peine deux semaines après ses remontrances, François-Joseph écrivait à la comédienne :

> Le Bulgare vient me voir demain à deux heures. Il a discuté avant-hier avec Goluchowski pendant plus d'une heure et demie, d'abord avec beaucoup de véhémence et sur un ton dominateur puis de plus en plus servile, surtout vers la fin de cette conversation très animée — bref, un parfait comédien. Je suis curieux de voir quelle attitude il va adopter en face de moi.

Pauvre François-Joseph qui devait maintenant louvoyer pour faire tenir le cap à son bateau récalcitrant. Elle était bien loin, l'époque où l'Autriche dictait sa loi à ses satellites.

Avec Karl Lueger installé au Rathaus, François-Joseph n'était même plus le maître dans sa propre ville. Quand il arrivait en compagnie du maire pour une manifestation officielle comme par exemple l'inauguration de la Grande Roue (*Riesenrad*) au terrain de jeu du Prater, l'un des grands événements de 1897, Karl Lueger recevait toujours plus d'acclamations que lui. L'année 1897 avait été dans tous les domaines ce que l'empereur appelait une année malheureuse (*Pechjahr*) et connut même une tragédie familiale puisque la duchesse d'Alençon, la plus jeune sœur de l'impératrice, périt dans l'incendie qui éclata à Paris, au Bazar de la Charité. Depuis lors Elisabeth, hantée par la mort, n'avait plus parlé ni pensé qu'à cela, et répétait qu'elle souhaitait mourir et qu'elle n'avait plus sur terre la moindre raison de vivre.

La mélancolie du couple impérial affectait tout leur entourage et même les vacances d'été à Ischl n'avaient plus leur caractère paisible du passé. L'empereur ne puisait un peu de joie et de détente que dans la compagnie de Katharina Schratt. Mais Katharina commençait à se fatiguer de toujours devoir amuser et distraire, et il lui arrivait parfois de céder à la dépression. A quarante-cinq ans elle n'avait plus sa vigueur de vingt ans, mais elle ne voulait sacrifier ni sa carrière ni sa vie mondaine. Elle vivait sur un grand pied et ses extravagances ajoutées à sa générosité ne la laissaient pas à l'abri des ennuis d'argent. Elle recevait continuellement et avait une des meilleures cuisinières de Vienne. Elle parcourait l'Europe avec ses petits animaux et une armée de domestiques ; un jour on retarda l'Orient Express de plus d'une heure parce que le petit singe de Frau Schratt s'était échappé du wagon et les contrôleurs et les employés de wagons-lits coururent à sa recherche sur les voies, jusqu'à ce qu'on le retrouve dans les toilettes en train de tirer joyeusement sur la chaîne. Le train de vie de Katharina dépassait de beaucoup le salaire d'une comédienne du Burgtheater, et Edward Palmer se désespéra plus d'une fois en essayant d'équilibrer ses comptes. Ses dettes lui causaient des insomnies et déclenchaient chez elle des accès de dépression qui inquiétaient l'empereur :

> Je suis vraiment au désespoir. Si au moins je connaissais la raison profonde de vos troubles et si j'étais sûr qu'une quinzaine sur le Semmering allait vous rendre la santé. Il est certain que personne ne pourrait longtemps supporter le tourbillon, l'agitation et le tapage dans lesquels vous vivez constamment, sans parler du manque de sommeil. Je suis assailli de scrupules à l'idée que je dois être le premier responsable de tout cela, que c'est votre amitié pour moi qui vous cause tous ces ennuis tous ces contretemps et même certaines des visites qu'on vous rend. Si vous ne m'aviez jamais rencontré, vous auriez une vie paisible et vous seriez probablement en meilleure santé.

François-Joseph se tenait aussi pour responsable des lettres anonymes qu'elle recevait à nouveau, et de la jalousie de ses collègues, jalousie bien compréhensible étant donné sa situation privilégiée durant l'exercice de Burckhardt. Même son ami Thimig commençait à voir d'un mauvais œil la façon dont *die Schratt* intervenait auprès de la direction et essayait de pousser ses protégées. « Au théâtre, *die Schratt* règne sans partage » rapportait le comte Eulenbourg au Kaiser allemand...

> Tout le monde rampe devant elle, y compris mon vieil ami Berger, l'administrateur. Malheureusement *die Schratt* a la femme de Berger, la célèbre Hohenfels, inscrite sur sa liste noire et le pauvre homme qui en souffre beaucoup parle de démissionner de son poste et de quitter Vienne... Le Burgtheater est maintenant entièrement dirigé par Frau Kathi et deux de ses protégées, ce qui fait que tout va de moins en moins bien.

Chose encore plus grave, Katharina fut assez stupide pour mettre ses deux petites protégées en rapport avec l'empereur. Ce qu'elle n'avait sans doute fait que par gentillesse dans le but de le distraire fut immédiatement interprété comme une preuve de son influence corruptrice. Même quelqu'un d'aussi intelligent qu'Eulenbourg exagérait l'importance que pouvait avoir l'emprise de l'entourage de Frau Kathi sur l'empereur vieillissant. Les inoffensives parties de tarot avec Edward Palmer, les quelques heures partagées avec deux jolies petites comédiennes, entraînèrent d'amères réactions à la Cour et la désapprobation de l'archiduchesse Valérie qui affichait bien franchement son antipathie envers l'amie de son père.

Une femme aussi naturelle et spontanée que Katharina Schratt devait avoir bien du mal à garder la tête froide au milieu des intrigues et surtout dans le climat d'adulation qui l'entourait. Pour le moment elle restait la reine indiscutée du Burgtheater. Mais en 1897 on ferma la salle pendant six mois pour y apporter de profondes modifications de structure ; la graine plantée par Hugo Thimig dans le salon de Hietzing avait fini par germer. On rectifia tous les défauts et à la réouverture public et comédiens y trouvèrent leur compte. Mais quelques mois plus tard seulement Buckhardt démissionna de son poste de directeur, usé par les critiques et les différends qui opposaient ceux que Katharina appelait « les dieux », oubliant qu'elle se montrait elle-même capricieuse et difficile comme la pire des déesses. Ils l'accusaient d'être un fonctionnaire sans imagination et d'engager à grands frais des acteurs étrangers en dépouillant les membres permanents de la troupe. Il apprit aux Viennois à comprendre et à aimer Ibsen, et il fit entrer au Burg pour la première fois les œuvres d'un nouvel auteur du nom de Arthur Schnitzler, dont les pièces figurent encore aujourd'hui au répertoire du Burgtheater et y évoquent le Vienne de la *Belle Epoque*[1] avec tout son cynisme et son désenchantement cachés derrière le charme et la frivolité.

Cette année révéla de brillantes réalisations artistiques. Alors qu'on jouait *Liebelei* (*Amourette*) de Schnitzler au Burg, Gustav Malher venait d'être nommé directeur de l'opéra de la Cour, nomination d'autant plus surprenante que Vienne n'appréciait pas ses compositions à l'époque. A la Künstlerhaus un groupe de jeunes peintres, avec à sa tête Gustav Klimt se détacha des traditions académiques pour fonder ce qui devait devenir la « Sécession ». Des noms appelés à l'immortalité au siècle suivant apportèrent leur contribution à la nouvelle revue *Ver Sacrum* : des architectes comme Olbrich et Loos, des poètes comme Rilke et Hofmannsthal. Même Klimt, qui s'était

1. En français dans le texte.

appuyé sur l'école de Makart pour fonder sa propre forme d'expression hautement stylisée, appartenait à l'esprit *fin de siècle*. Ses personnages qui choquaient par leur nudité perverse, ses fleurs déjà fétides, reflètent la décadence sensuelle d'un monde qui s'essouffle. *Weltschmerz* était la maladie à la mode dans cette ville où, malgré toute la gaieté de parade, on comptait le plus grand nombre de suicides en Europe. *Weltschmerz* qu'on retrouve dans les pièces de Schnitzler, dans la tristesse de Kasperl, le clown du théâtre de marionnettes du Prater, et dans les airs des opérettes de Strauss que chantait Girardi : « *Glücklich ist wer vergisst, was nicht mehr zu ändern ist* » (Heureux celui qui peut oublier ce qu'on ne peut plus changer).

Même quelqu'un d'aussi extraverti que Katharina Schratt n'était pas immunisée contre l'atmosphère dominante, une atmosphère aussi débilitante que le *Föhn*, ce vent chaud du sud si obsédant en été. Des humeurs de *Weltschmerz* s'insinuèrent dans sa vie si brillante et fiévreuse tout entière placée sous les projecteurs, qu'elle soit ou non sur scène. Des journalistes spécialisés dans les potins rapportaient le moindre de ses gestes tandis que les critiques consacraient de longs articles à sa carrière de femme et d'artiste, et assez bizarrement il semble bien que l'empereur ait approuvé cette glorification de son amie, qu'il croyait d'ailleurs entièrement due à son talent. « Hier le conseiller Braun a attiré mon attention sur le *feuilleton* du *Tagblatt* dédié à Frau Schratt par Sigmund Schlesinger ; j'ai lu avec grand plaisir le portrait qu'il a tracé de votre chère personne avec beaucoup de vérité et en style clair. » Mais à cetains moments l'adulation devenait aussi pesante que la critique et Katharina éprouvait le besoin de fuir, ce qui explique sa passion pour les montagnes, pour l'air pur des glaciers. Elle conservait toujours une partie de ses vacances d'été pour la montagne, ce que l'empereur désapprouvait avec une telle vigueur qu'on peut se demander si le comte Wilczek ne l'accompagnait pas encore dans ces expéditions. Il semble que François-Joseph ait eu connaissance des séjours de la comédienne au château du comte à Moosham car dans une lettre à l'impératrice datée de 1895 on peut lire : « *die Freundin* vient de rentrer de son excursion avec Toni et des amis qui s'est terminée par une visite de trois jours à Hans Wilczek, dans le vieux château qu'il possède au sud de Salzbourg, sur la frontière de Carinthie et qu'il a restauré en style médiéval. Il porte le nom de Moosham ».

Jusqu'à quel point l'avait-on renseigné sur Moosham et sur les mois que Katharina Schratt, jeune comédienne sans argent, y avait passé avec son petit garçon ? Depuis tout ce temps Katharina n'avait jamais cessé de voir le comte Wilczek, ce qui souleva plus d'une discussion et plus d'une tension dans ses rapports avec l'empereur qui ne faisait aucun mystère de sa jalousie. Mais dans une lettre écrite en juin 1898 et qu'il lui envoya à Bad Kissingen François-Joseph, d'habitude si prudent et circonspect dans ses écrits, lâcha la bride à ses sentiments :

> Comment assez vous remercier de m'avoir écrit avec une telle franchise et en même temps d'une manière si rassurante à propos de votre rencontre avec le comte Wilczek. Dans cette affaire je me suis conduit de façon impardonnable et je n'aurais jamais dû me permettre de vous demander de ne plus le recevoir. Ma seule excuse est ma jalousie et le fait que je vous aime tant.

En post-criptum il ajoutait : « Je vous prie de déchirer cette lettre immédiatement. » Mais quelle femme aurait eu le cœur de détruire une telle lettre, moins que tout autre un être aussi sentimental que Katharina Schratt. On a mis beaucoup de soin à l'oublier dans la sélection de la correspondance éditée par le baron Bourgoing sous la responsabilité de Toni Kiss, mais le fils de Katharina lui-même n'a pas trouvé le courage de la déchirer. C'est la dernière vraie lettre d'amour que François-Joseph écrivit jamais, peu de temps avant que la nouvelle de l'assassinat de l'impératrice fasse de lui en un seul jour un vieillard.

Au cours de cette dernière année de 1898, l'année qui vit la célébration des cinquante ans de règne de François-Joseph, il semble bien que l'impératrice se soit sentie enfin lasse de sa vie de nomade. Cet été-là, à Ischl, elle parut triste de quitter sa famille, mais elle se trouvait alors dans un tel état de santé qu'il n'était pas question pour elle de prendre part aux festivités du jubilé et les médecins lui prescrivirent une cure à Bad Nauheim, l'une des stations thermales allemandes les moins séduisantes mais les plus efficaces. De là, elle envoya à son mari des lettres tendres, lui demandant de venir la rejoindre en Suisse lorsqu'elle en aurait terminé avec cette « assommante cure ». François-Joseph qui se laissait, comme toujours, réduire à l'esclavage par le devoir, lui répondit que « étant donné la situation politique, les manœuvres d'automne et les cérémonies du jubilé, il m'est absolument impossible de partir ».

Bien que sans charme, Bad Nauheim semble avoir eu des effets bénéfiques car l'impératrice arriva en Suisse avec un moral comme on ne lui en avait pas vu depuis des mois. Son éruption avait disparu et elle pouvait profiter du beau temps d'automne. Dans une lettre à Frau Schratt, lancée une fois de plus dans ce que l'empereur appelait « une de ses expéditions casse-cou en montagne », il écrivait : « J'ai Dieu merci de très bonnes nouvelles de l'impératrice. Elle profite de l'excellente exposition de l'hôtel de Caux et de l'air pur et revigorant des montagnes. Elle s'adonne à la marche sans trop se fatiguer et prévoit même d'autres excursions. »

Ce fut la dernière lettre que François-Joseph devait jamais recevoir de sa femme. Deux jours plus tard Elisabeth était morte, poignardée sur un quai de Genève. Le chef de sa maison avait essayé de la dissuader de visiter une ville réputée pour être un nid de révolutionnaires. Mais elle s'était contentée de répondre en riant : « Qui voudrait s'en prendre à une vieille femme comme moi ? »

Le lettre de l'empereur parvint à Katharina à Mariazell, alors qu'elle avait déjà appris la terrible nouvelle et vu les affiches bordées de noir sur les murs du village qui annonçaient l'assassinat de l'impératrice. Autour d'elle, tout le monde répétait la même question : « Pourquoi s'en était-on pris à elle ? Quel mal avait-elle fait pour mériter cela ? » Mais elle représentait la victime idéale aux yeux du jeune vagabond italien qui rôdait sur les quais de Genève. Ce garçon abandonné par sa mère dans les rues de Paris, qui n'avait pas connu d'autre foyer que l'orphelinat Saint-Antoine et les baraquements de l'armée italienne où il avait fait son service militaire, en voulait à la société en général, aux riches et aux puissants en particulier. Luccheni était en quête d'une tête couronnée pour, en la frappant, se justifier lui-même et passer de l'état de clochard anonyme à celui d'anarchiste notoire. Comment aurait-il pu deviner que cette femme fière et pâle qui avançait si calmement vers lui, n'espérait plus que la mort ? Son seul triomphe fut de briser le cœur de l'empereur car François-Joseph ne se remit jamais de ce coup qui éteignit en lui toute sensation et le rendit incapable, du fond de son malheur, de répondre à la sympathie de ceux qui désiraient le plus l'aider. L'événement affecta jusqu'à ses relations avec Katharina Schratt et les conduisit à une brouille qui n'aurait jamais dû se produire.

CHAGRIN ET BROUILLE

Dès qu'elle apprit la nouvelle Katharina Schratt mit fin à ses vacances et rentra à Vienne où elle trouva la ville en proie au deuil. Des drapeaux noirs pendaient de toutes les fenêtres. Le portrait de l'impératrice, voilé de crêpe, était exposé dans tous les magasins, et des foules en larmes se pressaient dans les églises. Des plus jeunes aux plus vieux, de ceux qui se souvenaient d'elle en jeune mariée au sommet de sa beauté à ceux qui l'avaient à peine entrevue, masquée par ses voiles au fond d'une voiture couverte, tous se retrouvaient dans leur deuil pour la mère impératrice, la femme qui était devenue une légende de son vivant. A Schönbrunn, l'empereur, immobile et replié dans sa douleur, attendait la visite des invités royaux qui arrivaient pour les funérailles nationales. Son aide de camp, le comte Paar, avait été le seul à entendre les sanglots d'un homme qui demandait à Dieu : « Rien ne me sera donc épargné dans cette vie ? »

Katharina fut aussitôt reçue : « C'est si gentil à vous d'être revenue, avec qui mieux que vous pourrais-je évoquer la disparue *(Verklärte)*. Je vous attendrai à partir de onze heures et je vous prie de ne pas passer par les jardins mais de venir directement à mes appartements. *Auf Wiedersehen.* » Malgré toute l'ambiguïté de leurs relations, Katharina éprouvait pour l'impératrice défunte un chagrin profond et sincère car elle venait de perdre à la fois une protectrice et une amie. Sans doute à certains moments en avait-elle voulu à Elisabeth pour son égoïsme et sa dureté de cœur envers l'empereur, mais comme tout le monde, elle avait fini par succomber à son charme et une lettre de condoléances qu'elle reçut de Ida von Ferenczy prouve bien l'intimité des rapports entre la comédienne et sa maîtresse impériale :

> Ma chère Frau Kiss. Dès que j'ai appris votre arrivée, j'ai éprouvé l'étrange désir de venir vous voir pour pleurer avec vous sur l'immense malheur qui nous accable toutes deux. Nous pouvons bien nous réconforter l'une l'autre puisque vous avez perdu en Sa Très Gracieuse Majesté votre amie la plus chère et la plus fidèle et, pour utiliser ses propres termes « votre sœur adoptive » *(Wahlschwester)*. Quant à moi, j'ai malheureusement tout perdu en perdant Sa Majesté. Le cœur brisé, je reste votre dévouée Ida Ferenczy.

Elisabeth avait recommandé Katharina Schratt à ses filles, prévoyant la vulnérabilité de la situation de Katharina après sa mort, lorsque la bride serait lâchée à la malveillance et à la jalousie. Valérie et Gisella respectèrent toutes deux le souhait de leur mère et dans les premiers jours elles traitèrent Frau Schratt avec gentillesse et considération. Mais si Gisella demeura toujours loyale envers l'amie de son père, l'hostilité latente de Valérie ne tarda pas à se faire sentir. Des influences extérieures l'encouragèrent. D'abord il y avait son mari François Salvador qui avait dès le début désapprouvé cette amitié ; et ensuite, de façon plus efficace encore, son aumônier jésuite, le père Abel, très lié aux chrétiens socialistes de Karl Lueger et hostile à l'entourage juif de Frau Schratt. Le fait que l'impératrice avait reçu les sacrements alors qu'elle était déjà inconsciente et qu'elle était virtuellement morte sans absolution suffit pour que le jésuite parvienne à convaincre l'archiduchesse très impressionnable et extrêmement religieuse que l'âme immortelle de sa mère courait un danger si l'empereur ne se consacrait pas exclusivement à Dieu.

Katharina s'en plaignit à son ami le comte Eulenbourg :

> Ils n'arrêtent pas de harceler ce pauvre vieil homme. Toutes ces histoires de prières et de repentir lui portent sur les nerfs, mais il se laisse influencer et continue d'aller en confession même s'il n'a rien à confesser. Lorsque je dis à Sa Majesté : « Qu'est-ce qu'une personne aussi bonne que vous peut avoir à confesser ? » Il me répond : « Vous ne voulez donc pas que je devienne meilleur en vieillissant ? » Et je lui dis : « C'est vrai. Mais cela n'a aucun sens que Votre Majesté aille se confesser alors que vous n'avez pas le moindre péché sur la conscience. »

La position de Katharina dans la hiérarchie impériale était suffisamment importante pour qu'elle reçût une visite de condoléances de l'ambassadeur d'Allemagne, et le fait qu'il en parle comme d'une « visite de condoléances » dans une lettre au Kaiser Guillaume indique que le comte Eulenbourg imaginait déjà les difficultés et les ennuis que la comédienne risquait de voir surgir sur sa route maintenant qu'elle ne bénéficiait plus de la protection de l'impératrice.

> Hier, après avoir annoncé ma venue par téléphone, je me suis rendu à Hietzing pour

> présenter mes respects à Frau Kathi Schratt. J'ai trouvé ma charmante hôtesse seule chez elle. De l'extérieur la maison ressemble à toutes les autres. Mais dès qu'on a passé le seuil on se croirait dans un petit manoir perdu dans la campagne. Il y a quelques vieux arbres magnifiques dans le jardin, séparés de la maison par une vieille grille de fer splendide et la cour vitrée est pleine de fleurs.
>
> Frau Kathi, à qui le deuil sied à ravir, m'avait préparé du thé et m'a fait asseoir dans le fauteuil où, m'a-t-elle dit : « Sa Majesté s'asseoit toujours. » Je lui ai dit que je venais lui exprimer ma sympathie devant la perte irréparable qu'elle subissait, sur quoi elle a fondu en larmes, et ce n'étaient pas des larmes de théâtre mais des vraies larmes, sincères, et elle me dit : « Vous ne pouvez imaginer quel coup c'est pour moi. C'était mon amie la plus noble et la plus affectueuse. Sa Majesté m'a même assuré qu'elle avait pensé à moi dans son testament. »

La célèbre discrétion de Katharina semble s'être quelque peu évaporée à cette occasion et elle se confia au comte Eulenbourg comme à un ami plus que comme à un ambassadeur, oubliant que le moindre mot parviendrait aux oreilles du Kaiser Guillaume. « Je puis vous parler franchement car je sais que vous ne me voulez que du bien et que vous êtes tout dévoué à l'empereur. » Mais était-il bien nécessaire, devant un ambassadeur étranger, d'entrer dans les détails de la vie privée de François-Joseph et de ses rapports avec ses filles ?

> Elle m'a dit que l'archiduchesse voulait que son père aille habiter avec elle à Wallsee et que ses

ministres fassent l'aller-retour, mais que l'empereur reste très ferme dans son refus car, comme le dit Frau Kathi : « Que deviendrait ce pauvre vieil homme tout seul à Walsee ? Cet arrangement conviendrait très bien à l'archiduchesse et à sa famille mais ils ne songent pas une seconde à Sa Majesté. »

L'ambassadeur prévoyait très bien les tensions à venir dans la famille impériale, Valérie jouant de sa qualité de fille préférée de sa mère pour essayer de distendre les liens qui unissaient son père et son amie. Du point de vue allemand, l'influence de Frau Schratt présentait beaucoup moins d'inconvénients que celle de l'archiduchesse bigote entièrement dévouée au parti clérical auquel appartenait également le comte Thun, alors Premier ministtre. A eux deux, le ministre et la fille pourraient maintenir toute la journée l'empereur à genoux dans le confessional à attendre des conseils de Rome plutôt que de l'Allemagne en majorité protestante.

Une première déception attendait Katharina à l'ouverture du testament de l'impératrice où elle ne figurait pas, même si François-Joseph corrigea cet oubli en lui donnant un talisman en or, un thaler à l'effigie de saint Georges, l'un des rares bijoux qu'Elisabeth ait constamment porté. Mais une déception beaucoup plus grave attendait Katharina vers la fin de l'année avec la distribution des récompenses du jubilé. Une médaille spéciale, qui devait s'appeler plus tard l'ordre d'Elisabeth, avait été frappée pour commémorer les cinquante ans de règne. A l'origine l'impératrice devait la remettre elle-même et, peu de temps avant sa mort, elle avait assuré Frau Schratt qu'elle serait dans les premiers à la recevoir. Maintenant c'était l'empereur qui devait la décerner en mémoire de sa femme et Katharina, persuadée qu'on respecterait les désirs de l'impératrice, s'attendait à la recevoir. Comme le jour de la remise approchait et que François-Joseph n'en parlait toujours pas, elle aborda elle-même le sujet, lui rappelant la promesse de sa femme, mais s'entendit répondre que ce qui eût été naturel du vivant de l'impératrice devenait tout à fait impossible dans les circonstances présentes et ne pourrait qu'entraîner des désagréments dont elle serait la première à souffrir. Pour une fois Katharina perdit sa « chère gentillesse ». Elle avait compté sur cette décoration au point d'en parler à tous ses collègues. Ce devait être la preuve tangible de l'amitié d'Elisabeth plus que jamais nécessaire maintenant qu'elle avait disparu. À tort ou à raison, elle suspecta Valérie d'avoir influencé la décision de son père, surtout lorsque l'empereur commit la maladresse de lui dire qu'une ancienne gouvernante de Valérie, que l'impératrice n'avait même jamais aimée, venait d'Angleterre pour recevoir l'ordre. Blessée et humiliée, elle se mit en colère et François-Joseph, peu habitué aux scènes, fut choqué par son manque de sang-froid.

Heureusement, une semaine de triomphe au théâtre vint la consoler de sa déception lorsqu'on monta pour la première fois *Le Dissipateur* de Raimund au nouveau Burgtheater avec Katharina Schratt dans son rôle fétiche de Rosl face à Joseph Kainz, le plus grand acteur vivant de la scène germanophone, une vedette de renommée internationale qui exigeait un salaire bien supérieur à celui de n'importe quel membre du Burg. Pleine d'admiration pour Kainz, et pour l'homme autant que pour l'artiste, Katharina multipliait les termes enthousiastes à son propos et l'empereur répondit avec une certaine ironie : « Vous semblez avoir passé une journée heureuse, hier, à jouer avec le grand artiste et l'homme idéal en compagnie de qui vous paraissez vous sentir si bien. »

On ne peut guère en vouloir à Katharina de s'être retournée vers les joies de son métier au moment où elle se sentait délibérément écartée des récompenses du jubilé. L'empereur avait plus que jamais besoin d'elle mais au cours de ces premiers mois il resta littéralement obsédé par la mémoire d'Elisabeth. De Budapest, où après deux mois les drapeaux noirs n'avaient pas encore été retirés, il écrivait : « Je me sens toujours mieux en votre compagnie, car avec qui pourrais-je mieux parler de notre *inoubliable* que nous aimions tant tous les deux. » Le ton reste amoureux mais la lettre n'a plus l'ardeur des années passées. Il était trop muré dans son chagrin pour pouvoir répondre à la chaleur de Katharina et, malgré sa sincère compréhension, elle souhaitait parfois qu'il gardât quelques pensées pour les vivants. Son état de nerfs ne s'améliorait pas et l'approche de la ménopause se manifestait par des douleurs, des maux de têtes et surtout par une susceptibilité accrue. François-Joseph, qui n'avait pas compris combien elle avait été meurtrie de se voir refuser l'ordre d'Elisabeth, écrivait :

> J'ai peur d'être responsable de votre dépression alors que je voudrais si fort que vous alliez mieux et je vous aime tant. J'espère seulement que votre état de nerfs va s'améliorer et que ces douleurs à l'estomac vont disparaître... Les moments que je passe en votre compagnie sont les seules lumières de mon existence triste et mélancolique et tout ce que je vous demande, c'est de m'aimer un tout petit peu et d'essayer de ne pas m'en vouloir.

Pourtant, sans s'en apercevoir, il ne cessait de la blesser. Une malheureuse lettre, écrite au château de Gödöllo, qui avait été la demeure favorite d'Elisabeth, déçoit une proposition spontanée, bien qu'inopportune, d'aller le rejoindre :

> Votre projet de venir me rendre visite me touche car il prouve que vous m'aimez encore et il m'aurait rendu immensément heureux s'il avait été réalisable. Mais si une visite au château de Buda eût été facile, en comparaison, ici on ne peut l'envisager. Je vis avec mon état-major dans le plus grande promiscuité, sans aucune femme sauf une vieille servante et chaque nouvel arrivant à la gare crée un événement majeur. Cela provoquerait beaucoup de rumeurs qui ne seraient pas agréables pour vous et qu'il vaut mieux éviter. Croyez-moi, il est préférable dans notre intérêt commun de nous priver du plaisir de nous voir et de le remettre jusqu'après mon retour à Vienne.

Comme d'habitude, François-Joseph pensait d'abord à la comédienne avant de penser à lui, mais Katharina était trop disposée à se sentir offensée et l'empereur, qui commençait à redouter son penchant de plus en plus prononcé pour les scènes, écrivait deux jours plus tard : « Je redoute quelque peu notre prochaine rencontre car j'ignore si vous m'en voulez de ne pas avoir pu donner suite à votre proposition de me rejoindre à Gödöllo. J'espère que vous serez aussi douce et bonne avec moi que vous l'avez toujours été et que vous me recevrez avec la même gentillesse. »

Ce n'était là que l'une des séries de malentendus qui conduisirent peu à peu à une brouille temporaire. Fidèle à la promesse faite à sa mère, l'archiduchesse Valérie invita la comédienne à lui rendre visite ainsi qu'à son mari à Wallsee, invitation acceptée avec plaisir et fierté, jusqu'au moment où l'empereur, qui savait que le geste de sa fille n'était dicté que par la piété filiale et qui craignait de voir l'événement tourner au désagrément aussi bien pour Valérie que pour Frau Schratt, fut assez maladroit pour conseiller à celle-ci de refuser. Il ne comprenait vraiment rien aux femmes, et encore moins à une comédienne vaniteuse et irritable à une période critique de sa vie. Au cours d'une scène de colère, Katharina perdit son sang-froid au point de s'en prendre ouvertement à l'archiduchesse, un acte de *lèse-majesté*[1], que François-Joseph ne toléra pas et auquel il répondit sur un ton qu'il n'avait jamais utilisé jusqu'ici avec elle. Le résultat de l'incident fut que Katharina partit tout à coup pour Monte-Carlo sans prévenir l'empereur qui n'apprit la nouvelle que par le baron Hawerda. Peiné par sa conduite, il se plaignit :

> Ce n'était pas très gentil de votre part de me cacher votre projet de vous absenter pendant trois semaines et j'ai été choqué par votre façon de ne me télégraphier que vos prochaines haltes — Riva, Gênes, etc. — au lieu de me dire tout de suite que vous alliez à Monte-Carlo, ce qui était bien naturel et pas du tout surprenant. Quoi qu'il en soit, vous voici maintenant dans votre repaire favori et j'espère seulement que l'air des salles de jeu vous sera plus bénéfique que celui très pur des montagnes dont vous auriez tant besoin pour calmer vos nerfs.

Entre-temps, l'archiduchesse Valérie et sa famille avaient emménagé à Schönbrunn où leur présence ne réchauffa que très peu l'atmosphère sinistre qui y régnait. Le comte Eulenbourg raconte combien il redoutait d'être invité à dîner au palais :

1. En français dans le texte.

> ... car l'empereur semble avoir un effet d'éteignoir sur sa fille qui, prise séparément, est plutôt une femme séduisante mais qui, en face de son père, devient timide au point de ne pouvoir ouvrir la bouche. Et comme le vieux monsieur ne peut être qualifié d'amuseur, on nous assomme d'une soirée tellement ennuyeuse qu'hôtes et invités sont également soulagés de la voir prendre fin. Quel contraste avec un dîner chez Frau Kathi Schratt. Que ce soit à Hietzing ou en ville, la conversation est toujours animée et spirituelle, l'assitance variée et brillante, et l'hôtesse elle-même l'une de ces animatrices-nées qui tirent toujours le meilleur de ses invités.

Dans une lettre personnelle au chancelier Bülow, l'ambassadeur décrit un dîner donné par « Frau Kathi » peu de temps avant son départ pour la Côte d'Azur. A cette occasion, il se retrouva placé aux côtés du prince Rodolphe Liechtenstein ; du marquis von Becquehem ; de Herr Gustav Mahler, le directeur de l'Opéra ; de Herr direktor Palmer ; de Max Devrient, comédien du Burgtheater, et sa femme ; et de « la plus récente amie de " Frau Kathi ", la comtesse Nora Fugger-Hohenlohe, l'une des rares femmes appartenant à la *Erste Gesellschaft* à ignorer le système de castes qui régit la société viennoise. Frau Kathi, qui portait des pèrles magnifiques, s'est montrée comme toujours parfaite dans son rôle d'hôtesse ». Mais sous son amabilité souriante, Katharina cachait de lourds soucis et après le dîner elle prit l'ambassadeur à part pour exprimer toutes ses peines. La lettre de l'ambassadeur dit encore :

> Jusqu'à aujourd'hui, elle a toujours refusé de se laisser engager dans la politique. Mais elle entend

de toutes parts des plaintes sur la façon qu'a l'empereur de se remettre entièrement entre les mains du comte Thun, son Premier ministre, et du comte Goluchowski, son ministre des Affaires étrangères, Slaves tous deux et donc déterminés à interdire l'entrée de l'administration à tout Allemand bien pensant.

Mais quand Eulenbourg suggéra à la comédienne que c'était à elle, qui avait tant d'occasions de voir l'empereur, de l'informer de ce qu'on disait en ville, elle se contenta de répondre qu'il avait bien assez d'ennuis sans qu'on vienne gâcher ses rares moments de détente avec cette assommante politique. Il n'y avait pas une seule bonne nouvelle et le pauvre vieil homme travaillait si dur et se donnait tant de mal. Personne n'était jamais content et il lui arrivait parfois de se sentir si découragé qu'il se sentait incapable de continuer et que, puisqu'il avait si peu de chance, le pays s'en sortirait mieux sans lui. Alors un éclair de colère passait dans les yeux bleus de Kathi et elle ajoutait : « Je répète à Sa Majesté que c'est de la folie de parler ainsi, car sans lui tout s'effondrerait en une seconde. »

Katharina n'avait pas que la politique comme souci. Edward Palmer, toujours au fait des derniers potins, lui apprit qu'une forte cabale s'organisait contre elle autour du gendre de l'empereur et du comte Goluchowski, le ministre des Affaires étrangères. Elle répéta immédiatement la chose à François-Joseph qui semble l'avoir prise suffisamment au sérieux pour en discuter avec l'un des officiels de la Cour les plus haut placés. Le 24 févier 1899, il écrivait à la comédienne :

Hier, le prince Liechtenstein est revenu me voir au sujet des intrigues dont Palmer vous a

> parlé. Ses nouvelles ont été dans l'ensemble rassurantes. Il n'est pas question que Goluchowski soit mêlé au complot et mon gendre semble également innocent dans ce domaine, aussi ne doit-il pas y avoir grand-chose de vrai dans ce qu'affirme Palmer. Mais quoi qu'on ait pu dire, aucun complot ni aucune intrigue ne peut en quelque manière que ce soit affecter l'amitié et l'éternelle gratitude que j'ai pour vous.

François-Joseph avait beau l'assurer de son amitié et même de son amour, Katharina se plaignit au comte Eulenbourg de ce qu'il ne faisait rien pour la protéger contre la malveillance de son entourage. Dans son inimitable dialecte de Baden, entre sourires et larmes, elle disait : « N'importe quel enfant qui a un jouet préféré fait toute une histoire si quelqu'un essaie de le lui prendre et refuse de le lâcher. Mais Sa Majesté ne fait rien et accepte qu'on me détruise. »

La présence de Valérie à Schönbrunn rendait les choses encore plus difficiles car, volontairement ou non, elle s'arrangeait toujours pour que les enfants viennent voir leur grand-père au moment où, d'ordinaire, il faisait sa promenade d'après-midi en compagnie de Frau Schratt ; l'empereur grommelait, mais il finissait toujours par céder, jusqu'au moment où, en complicité avec la comédienne, le Dr Widerhofer affirma que l'air frais et l'exercice étaient indispensables à sa bonne santé.

Monte-Carlo et la fièvre des tables de jeu changèrent les idées de Katharina après toutes les intrigues médiocres et les incessantes tracasseries de Vienne. Mais l'arrivée d'Edward Palmer, qui venait comme d'habitude passer ses vacances sur la Côte d'Azur, apporta d'autres mauvaises nouvelles. D'après Palmer, il était question du remariage de l'empereur dès que la période de deuil de la Cour serait finie. On disait que l'idée avait à l'origine germé dans l'esprit du ministre des Affaires étrangères et que le but recherché était de donner au pays une impératrice pour remplir les devoirs de représentation et rendre à la Cour son rôle de pivot central de la société. Le choix évident semblait être l'archiduchesse Marie-Thérèse, âgée de quarante-deux ans et veuve de Charles-Louis, le frère de l'empereur, mort deux ans auparavant. Mais l'archiduchesse Valérie, qui détestait le prétendant au trône, préférait, disait-on, une candidate plus jeune — une jolie princesse d'Orléans qui pourrait encore donner un fils à l'empereur maintenant âgé de soixante-dix ans.

Tout d'abord Katharina refusa de croire ce qu'elle considérait comme de méprisables ragots de bas étage. Mais à son retour à Vienne, elle découvrait avec stupeur que même le comte Eulenbourg, qui n'était pourtant pas n'importe qui, accordait foi à la rumeur, car bien que l'état d'esprit actuel de l'empereur semblât exclure toute possibilité de remariage, son sens du devoir pourrait bien finir par le persuader d'agir dans l'intérêt de son pays. Pourtant, Katharina se refusa obstinément à croire ce qui serait un désastre non seulement pour elle mais pour l'avenir de Toni qui avait maintenant dix-huit ans, terminait son service militaire et s'apprêtait à passer ses examens de diplomate.

Les lettres que François-Joseph envoyait sur la Côte d'Azur restaient celles d'un veuf affligé. Il écrivait : « Comme je vous envie de revoir tous ces magnifiques endroits que nous avons visités ensemble avec notre bien-aimée ». Mais il se lassait peu à peu de la vie de famille et de son statut de grand-père, et la lettre qui accueillit son amie à son retour retrouvait quelques signes de son ancienne ardeur :

> Ces quelques lignes vous attendront à votre arrivée à cette chère Gloriettegasse avant que

nous nous revoyions au bout de ce qui m'a paru une séparation interminable. Je n'ai pas besoin de vous dire combien je suis impatient de voir venir demain, car j'espère que vous savez encore tout ce que vous signifiez pour moi... Si vous le permettez, je viendrai vous voir à sept heures et demi comme d'habitude. Si vous pensiez que c'est trop tôt, je viendrais à huit heures ou même plus tard... Comme vous serez bien fatiguée par votre voyage et que j'ai également appris que vous n'étiez pas bien ces derniers temps, je vous supplie de ne pas vous lever et de rester tranquillement au lit, ce qui vous fera le plus grand bien et me procurera le plus grand des plaisirs car je n'aime rien autant que venir m'asseoir sur votre lit pour bavarder avec vous. Nous aurons tant de choses à nous dire.

Puis il faisait une allusion à leurs récentes disputes en ajoutant : « Parlons tranquillement et sans nous énerver », et signait : « Votre François-Joseph qui vous aime infiniment. »

Katharina devait être au sommet de sa séduction lorsqu'elle reçut l'empereur, en ce matin de printemps 1899, dans sa jolie chambre fleurie, la table du petit déjeuner rapprochée de son lit et chargée d'argenterie, de croissants et de café chaud, et elle-même appuyée sur des coussins réhaussés de dentelle, revêtue de l'un de ses négligés les plus féminins et les plus extravagants, son célèbre teint *café au lait* encore aussi doux et dépourvu de rides que celui d'une jeune fille, ses cheveux d'or à peine teintés d'argent. Elle avait beau se plaindre de sa mauvaise santé — et elle ne s'en privait pas —, ou s'inquiéter pour sa ligne, qui était certainement maintenant celle d'une femme mûre, elle ne pouvait qu'apparaître aux yeux de son vieil admirateur comme l'essence même de la jeunesse et de la beauté.

Ils n'abordèrent sûrement pas le sujet de la « rumeur Palmer » en cette occasion, car rien ne devait ternir l'harmonie de leurs retrouvailles. Mais quelques jours plus tard, au cours de l'une de leurs promenades matinales, alors qu'elle abreuvait l'empereur des derniers potins, Katharina lui glissa que la rumeur la plus constante dans la capitale concernait son remariage. François-Joseph accueillit cette nouvelle avec le plus sincère étonnement et répondit en riant : « Vous plaisantez. » Mais elle lui affirma qu'elle était sérieuse, que la rumeur s'était répandue partout et que le comte Eulenbourg lui avait dit qu'on en parlait même dans les milieux diplomatiques. Sur quoi l'empereur posa sur elle son regard las, tendre et bleu et lui dit : « Vous pouvez dire de ma part au comte Eulenbourg que je n'ai aucune intention de me remarier, quoi que puissent dire les gens. » Katharina pouvait respirer plus librement. Mais elle aurait peut-être souhaité l'entendre dire encore une chose. L'empereur ne lui fit jamais la moindre de ces surprises auxquelles elle rêvait, ni ne prononça jamais les mots qu'elle imaginait dans ses songes. Comme elle l'avait dit au comte Eulenbourg, elle n'était rien d'autre qu'un jouet favori, et certains jouets se cassent bien facilement.

UNE COMÉDIENNE VIEILLISSANTE

Durant huit ans, de 1890 au départ de Burckhardt, Katharina avait conservé le statut de vedette intouchable du Burgtheater, poussant ses favoris, dépassant régulièrement la durée normale de ses congés, désirant et obtenant les premiers rôles aux dépens de comédiennes plus jeunes et plus qualifiées. Energique par nature, elle était devenue encore plus dominatrice avec l'âge et même de vieux amis dévoués comme Hugo Thimig déploraient sa façon d'exploiter la situation. Les choses se gâtèrent avec la nomination d'un nouveau directeur. Paul Schlenther était un Prussien de l'Est qui, en tant que critique dramatique du puissant *Vossiche Zeitung*, était devenu l'un des personnages les plus importants du monde théâtral de Berlin où il avait su gagner le respect des comédiens et des auteurs. Thimig faisait partie de ceux qui avaient soutenu sa candidature au Burg et, malheureusement, il l'avait fait sans consulter Katharina Schratt qui prit immédiatement en exécration « cet antipathique journaliste prussien et sa mégère de femme » et alla dire sa désapprobation à l'empereur. Craignant de la voir créer des problèmes, la direction dit à Thimig que Schlenther ne pourrait tenir qu'en mettant *die Schratt* de son côté. Mais le nouveau directeur, solide et peu apte au compromis, était bien trop sûr de lui pour se prosterner devant une puissante comédienne. Il pouvait également compter sur l'appui du prince Montenuovo qui, depuis la mort récente du prince Hohenlohe, avait la charge des théâtres de la Cour.

Hohenlohe avait sincèrement aimé le théâtre, tandis que son successeur, le prince Rodolphe de Liechtenstein, ami personnel de l'empereur et de l'impératrice, et, accessoirement, de Katharina Schratt, préférait les chevaux à l'art, aussi la responsabilité des théâtres de la Cour avait-elle échu au sous-chambellan. Le prince Alfred Montenuovo pouvait s'enorgueillir de posséder du sang royal par sa grand-mère l'impératrice Marie-Louise de France, qui avait après la mort de Napoléon contracté un mariage morganatique avec le comte Neipperg, et il était plus obsédé par la mystique de la royauté que le plus important des archiducs. Pour faire plaisir à sa fille bien-aimée, l'empereur François avait élevé ses descendants au rang de princes de Montenuovo, et le cousin morganatique de François-Joseph faisait maintenant partie des officiels de la Cour les plus dignes de confiance et les plus influents. Il était fanatiquement dévoué à son maître et, attaché à son prestige, il désapprouvait son intimité avec Frau Schratt et tous les gens qu'il pouvait rencontrer chez elle. Son sens de la bienséance se trouvait froissé lorsqu'il savait Sa Majesté catholique et apostolique en train de jouer aux cartes avec des banquiers juifs. Et à peine eut-il le pouvoir au théâtre qu'il décida de mettre un terme aux privilèges et aux abus d'une comédienne dont le talent était égalé sinon surpassé par celui d'une demi-douzaine de ses collègues. Paul Schlenther disposait donc d'un soutien de poids en la personne du prince Montenuovo et, à sa grande indignation, Katharina s'aperçut que ses doléances sur le nouveau directeur n'opéraient pas le moindre effet sur l'empereur.

Au début, elle eut peu de raisons de se plaindre. On remonta avec un succès considérable des pièces en vogue longtemps comme *Le Maître de Forges* de Ohnet, *Verschwender (Le Dissipa-*

teur) de Raimund et *Divorçons* de Sardou, où elle tenait la vedette. Il y eut même une reprise de *la Mégère apprivoisée*, avec Katharina Schratt dans son rôle shakespearien préféré. Pourtant, parmi les lauriers tressés de louanges se trouvaient quelques épines insidieuses qui suggéraient qu'une comédienne de quarante-six ans était peut-être un peu trop mûre pour jouer Kate. Et dans le nouveau théâtre naturaliste maintenant à la mode, avec des pièces de Sudermann et Gerhart Hauptmann et les drames psychologique des grands auteurs scandinaves Ibsen et Strindberg, il ne se trouvait pas de *Glanzrollen* (rôles-vedettes) pour Katharina Schratt. Les années d'exercice de Schlenther virent les plus grands triomphes d'Arthur Schnitzler : *Reigen (La Ronde), Liebelei (Amourette)* et *Zum grünen Kakadu (Au perroquet vert)*, autant de pièces que Katharina aurait pu jouer dix ans plus tôt mais qui ne convenaient plus à cette matrone épaisse, bien qu'encore fascinante, qui devenait chaque année un peu plus difficile à distribuer et un peu plus exigeante dans ses revendications.

La mauvaise santé, les crampes d'estomac, les migraines et les étourdissements causés par la ménopause l'affligeaient de périodes de dépression et de crises de nerfs dont François-Joseph parlait souvent dans ses lettres. Mais cet été-là, ils passèrent des semaines heureuses et sereines. Et le 29 août 1899 François-Joseph remerciait son amie « pour la gentillesse et la grande patience dont vous m'avez gratifié au cours de ces deux derniers mois ». Sa reconnaissance semble s'être concrétisée par un chèque particulièrement généreux destiné à l'aider à régler le problème toujours brûlant de ses dettes et elle répondit par d'emphatiques louanges, le qualifiant « d'ange supérieur », « d'archange » et se traitant elle-même de « plus ingrate des créatures ». « Comme vous exagérez avec cette glorification de ma vieille personne décrépite », écrivait François-Joseph. Mais elle ne consacra pas un sou à ses dettes. Elle s'empressa de tout dépenser dans un nouveau voyage hors de prix.

En septembre elle prenait des bains de mer à Biarritz, résidant à l'hôtel Victoria, très en vogue, et en octobre on la vit au grand hôtel de Paris où il semble qu'elle ait, sous sa propre responsabilité, acheté les droits d'une pièce qui lui paraissait convenir parfaitement à son talent. L'argument tournait autour des amours de jeunesse de Napoléon avec une Anglaise, Miss Howard, dont la fortune devait l'aider à mettre sur pied le *coup d'État*[1] grâce auquel il prit le pouvoir. Malgré l'enthousiasme de Katharina, il s'agissait d'une petite pièce insipide et superficielle que Schlenther refusa à bon droit comme étant indigne du Burg. Courroucée par ce refus, elle exigea le renvoi de ce « Prussien qui n'a pas la moindre idée du goût du public viennois ». Mais Montenuovo confirma la décision du directeur et l'empereur refusa une fois de plus de se mêler de cette affaire.

A partir de là, ce fut la guerre ouverte entre Schlenther et Frau Schratt, et Hugo Thimig notait dans son journal à la date du 7 janvier 1900 :

> La querelle entre Schlenther et *die Schratt* atteint des sommets. Le directeur est déterminé à ne pas monter la stupide petite pièce que *die Schratt* a rapportée de Paris. Elle, de son côté, est tout autant déterminée à se débarrasser de lui à n'importe quel prix. Son mauvais caractère se tourne maintenant contre l'empereur qui a refusé pour une fois de satisfaire à ses exigences. L'autre soir il est venu au théâtre pour la première fois depuis la mort de l'impératrice. Il accompagnait

1. En français dans le texte.

> le roi de Serbie à la dernière représentation du *Dissipateur* où jouait Kathi Schratt, mais la comédienne n'a pas jeté son rituel coup d'œil amical vers la loge royale. Sa Majesté en était si bouleversée qu'il a fait appeler Netty, la fidèle servante, pour avoir une explication.
>
> On dirait que depuis quelque temps, *die Schratt* envisage une possibilité de distendre les liens qui l'attachent à l'empereur. On raconte qu'elle en a assez des éternelles contraintes et que sa liberté lui manque. Nous allons bien voir qui va gagner en fin de compte : le théâtre c'est-à-dire Schlenther, ou bien *die Schratt.* Si d'aventure Kathi a suffisamment d'emprise sur notre vieux souverain pour qu'il ne parvienne pas à se passer de sa chère compagnie, alors notre pauvre Burgtheater recevra un coup dont il ne se remettra pas. A l'inverse, si l'empereur, d'ordinaire si correct et si attentif à l'opinion publique, refuse de laisser faire, alors *die Schratt* perdra la partie, ce qui sera pour notre théâtre la meilleure chose qui puisse arriver.

Katharina avait des amis puissants aussi bien à l'intérieur du théâtre qu'à l'extérieur. Rodolphe Liechtenstein, qui était tout entier dévoué à l'empereur et savait combien il avait besoin de l'amitié de la comédienne, aurait très volontiers sacrifié Schlenther à son caprice. Mais il se faisait vieux et fatigué et Montenuovo avait maintenant pris en main la plus grande part des affaires de la Cour. Au printemps 1900 Schlenther restait directeur et tous les efforts de Katharina pour le déloger étaient restés inefficaces.

Il y eut de nouveaux problèmes lorsqu'arriva l'heure du renouvellement de son contrat et la comédienne se vit traitée sur le même pied que les autres membres de la troupe. Ce qui la mit particulièrement en rage, c'était une clause qui stipulait que tout dépassement de congé de plus d'une semaine entraînerait de lourdes amendes. Par le passé elle avait toujours pris ses vacances comme elle l'entendait, souvent d'ailleurs pour exaucer les vœux de l'empereur. Et voici que maintenant on lui donnait des ordres comme à la dernière des débutantes.

En ce printemps 1900, l'empereur devait faire face à des soucis autrement plus importants que la question du contrat de Katharina. La lignée des Habsbourg risquait de se trouver interrompue ; la succession était compromise car l'héritier du trône, maintenant tout à fait guéri, venait de tomber irrémédiablement amoureux et rêvait d'épouser une femme qui, bien que de noble extraction, n'appartenait à aucune des quelques familles privilégiées formant le petit vivier où l'on puisait les fiancées royales. Autant il pouvait paraître dur et agressif dans la vie de tous les jours, autant François-Ferdinand se montra des plus romantiques et des plus fidèles dès le soir où il vit Sophie Chotek pour la première fois, lors d'un bal de la Cour à Prague. C'était une presque vieille fille sans argent, ni jeune, ni jolie, mais même ses ennemis, parmi lesquels on devait trouver un peu plus tard la quasi-totalité de la Cour autrichienne, étaient obligés de reconnaître qu'elle possédait énormément de charme et d'intelligence.

L'archiduc aima Sophie Chotek en secret pendant cinq ans, et pour faciliter leurs rencontres elle avait pris un poste de suivante chez l'archiduchesse Frédérique qui, avec cinq filles à marier, espérait bien voir l'une d'elles devenir un jour impératrice et faisait tout ce qu'elle pouvait pour que François-Ferdinand multiplie ses visites à son château de Pressbourg. Un jour, à l'issue d'une partie de tennis, il oublia sa montre en or à laquelle était attaché un médaillon. Curieuse, l'archiduchesse fit la fatale erreur de l'ouvrir et découvrit avec stupeur, en lieu et place du visage souriant et rond de sa fille aînée, celui de sa suivante. Vexée et furieuse, elle alla se plaindre à l'empereur et François-Joseph, qui commençait à peine à tolérer son héritier et admirait ses qualités militaires, s'aperçut avec horreur que ce qu'il s'apprêtait à réprimander comme un flirt inopportun devenait à la face du monde une histoire d'amour passionnée : l'archiduc demandait l'autorisation d'épouser Sophie Chotek. Pour l'empereur, il n'y avait qu'une solution : que le mariage entraînât la renonciation à tous droits de succession, alors que François-Ferdinand était bien décidé à obtenir Sophie et le trône. Et ce fut là l'occasion de la première dispute de l'empereur avec le comte Thun, le Premier ministre qu'il avait jusqu'ici su apprécier. Sophie Chotek descendait d'une très vieille famille bohémienne dont on pouvait remonter la lignée jusqu'aux seigneurs féodaux du Moyen Age. La plupart de ses ancêtres avaient été exterminés au cours des guerres de religion des XVIe et XVIIe siècles et Thun ne voyait aucune objection à ce mariage qui rencontrerait une énorme adhésion populaire dans un pays où les Tchèques ne cessaient de protester contre l'état d'infériorité où ils se jugeaient maintenus par rapport aux Hongrois. Lorsque le ministre suggéra que les Chotek soient intégrés à la liste des familles privilégiées, l'empereur répliqua par un refus très sec et quelques semaines plus tard Thun présentait sa démission.

François-Ferdinand et son oncle, avec la totalité de la hiérarchie impériale rangée derrière l'empereur, se trouvaient donc maintenant en conflit ouvert, et les frères de l'archiduc eux-mêmes n'osaient pas soutenir ce qu'ils considéraient comme une cause perdue d'avance. Seule sa belle-mère, la frêle et douce archiduchesse Marie-Thérèse, qui avait donné dès son enfance à ce garçon difficile un amour et une compréhension inhabituelle même chez une mère, prit sur elle d'intervenir en sa faveur. Marie-Thérèse faisait partie des rares membres de sa famille que François-Joseph admirât et respectât vraiment, et ce fut elle qui parvint finalement à convaincre son beau-frère de consentir à ce mariage morganatique, expression que François-Joseph jugeait frappée du sceau de la honte. Le futur empereur aurait une épouse à qui il serait interdit de porter son nom et des enfants qui ne pourraient même pas prétendre au trône. Mais peut-être était-ce préférable à ce qui risquait de se passer après sa mort — et à soixante-dix ans il devait bien envisager l'éventualité de la mort — si François-Ferdinand s'avisait de violer les lois et les traditions de sa maison en élevant Sophie Chotek au rang d'impératrice. L'empereur finit donc par accorder son consentement et l'inévitable Montenuovo rédigea l'acte de renonciation solennel par lequel François-Ferdinand jurait en présence du nonce du pape, des princes de l'église et de tous les archiducs réunis de priver ses enfants de leur légitime héritage.

Le fait que Montenuovo ait accepté de s'exposer dans une affaire qui devait lui attirer la haine éternelle d'un homme aussi dur et rancunier que François-Ferdinand le montre bien moins sous le jour d'un carriériste — car qui pouvait imaginer que l'empereur allait vivre encore seize ans — que sous celui d'un défenseur fanatique de ce qu'il considérait comme les lois sacrées de la maison des Habsbourg.

La brouille entre l'empereur et le prétendant au trône était maintenant totale et entraînait des menaces désastreuses sur l'avenir de la monarchie. Il y avait deux Cours, la Hofburg et le Belvedère, le magnifique palais sur la colline qui domine la ville, construit par Hildebrandt pour le prince Eugène de Savoie et aujourd'hui embelli par François-Ferdinand grâce à tous les trésors hérités des Este[1]. Se retrouvaient au Belvedère

1. Les trésors des Este revinrent à la branche cadette de la Maison des Habsbourg lorsque la dernière duchesse de Modane épousa le frère cadet de l'impératrice Marie-Thérèse.

tous les mécontents de la capitale, administrateurs, savants et techniciens tenus à l'écart par la *camarilla* de l'aristocratie de la Hofburg. François-Joseph ne pardonna jamais sa mésalliance à son neveu et les secrets d'Etat n'arrivaient jamais jusqu'à celui qui aurait pu les confier à sa femme. L'empereur entretenait avec Sophie Chotek des rapports courtois mais distants. A son mariage on en fit une princesse et on l'éleva plus tard au rang de duchesse de Hohenberg. Mais à la Cour, la plus jeune des archiduchesse conservait la préséance sur elle et on ne l'autorisait jamais à monter dans une voiture de la Cour, ni à prendre place dans une loge de la Cour au théâtre. On ne trouve que de brèves allusions à elle dans la correspondance de François-Joseph avec Katharina Schratt. Trois mois après le mariage il en fait pour la première fois mention dans une lettre datée du 9 septembre 1900 : « Hier mon neveau François m'a présenté sa femme sur mon invitation. Tout s'est très bien passé. Elle s'est montrée naturelle et simple, mais elle n'a plus l'air tellement jeune. »

Le mariage morganatique de François-Ferdinand et l'avenir de la succession obsédaient l'empereur. Ce ne fut pourtant pas la seule crise matrimoniale qu'il dut affronter en ce printemps 1900. Sa belle-fille, Stéphanie, la princesse impériale d'Autriche, veuve de Rodolphe venait de tomber amoureuse d'un gentilhomme hongrois de son entourage et voulait l'épouser ; François-Joseph se montra cette fois-ci beaucoup plus tolérant et bon que le père de Stéphanie, le roi Léopold de Belgique, qui non seulement déshérita sa fille mais interdit à ses sœurs de conserver la moindre relation avec elle. L'empereur, au contraire, continua à verser son allocation à sa belle-fille et l'autorisa à épouser le comte Lónyay, mais en stipulant que, en tant qu'archiduchesse impériale, Erzi, sa fille de dix-sept ans, ne pouvait plus demeurer sous le toit de sa mère.

Ces ennuis de famille laissèrent peu de loisirs à l'empereur pour compatir ou même seulement prêter l'oreille aux tracas, en comparaison plutôt triviaux, de Katharina Schratt. Son sens rigide de l'honneur lui interdisait de critiquer la conduite du prétendant au trône, même devant sa meilleure amie, et ce manque de franchise augmenta chez la comédienne l'impression d'abandon et le sentiment d'être en porte-à-faux qu'elle éprouvait de plus en plus péniblement depuis la mort de l'impératrice. L'hostilité de l'archiduchesse Valérie et la dépendance croissante de l'empereur envers sa fille avec qui il discutait de tous les problèmes de famille ; l'intimité de ses relations avec l'archiduchesse Marie-Thérèse — tout contribuait à faire comprendre à Katharina qu'il était grand temps pour elle de se préserver des machinations d'une Cour jalouse. Elle se trouvait alors dans un état nerveux si déplorable que la moindre contrariété se voyait multipliée par cent et au début de mars éclata un différend avec l'empereur au cours duquel le vieux monarque fatigué et irrité essaya vainement de convaincre sa déraisonnable amie d'accepter le contrat du Burgtheater et de ne pas se faire un ennemi de Montenuovo. Il semble que sa réacion fut si violente qu'il finit par perdre patience et écrivit le lendemain une lettre d'excuses qui montre bien la profondeur de son affection pour elle et le pouvoir qu'elle avait de le blesser :

> Ma chère et bonne amie. En réalité j'ignore si je puis encore user de ces mots et si je ne devrais pas plutôt écrire « Gnädige Frau ». Mais je ne parviens pas à perdre l'espoir que les nuages noirs d'hier vont se dissiper et que nous allons retrouver notre vieille et heureuse amitié. Vous avez rejeté avec tant d'obstination et de passion mes remontrances et mes conseils pourtant sincères, fondés et favorables à notre intérêt commun, que je me suis laissé emporter par une

véhémence que je regrette et pour laquelle je vous prie de tout cœur de me pardonner. Je veux bien de mon côté oublier la façon précipitée, insultante et douloureuse pour moi dont vous m'avez quitté hier. Mais laissez parler la voix de votre bon cœur, analysez calmement la situation et vous découvrirez que nous ne pouvons pas nous séparer, que nous devons nous retrouver. Repensez aux longues années de notre sereine amitié, aux joies et aux peines, surtout aux peines hélas, que nous avons partagées et que vous m'avez aidé à supporter. Pensez à notre chère inoubliable *(unvergessliche)* que nous aimions tant tous deux et qui veille sur nous comme un ange gardien, et j'espère qu'alors vous serez disposée à une réconciliation... Chaque matin, dès mon réveil, ma première pensée allait toujours vers vous, la perspective de vous voir me donnait le courage d'affronter la journée. Je suis sûr que votre bon cœur ne voudra pas que tout ceci change, et que je termine mes vieux jours privé de votre chère compagnie qui me procure chaleur et force. Votre façon de partir hier, je suis au regret de vous le dire, éveille en moi un doute sur vos sentiments à mon égard. Mais s'il vous reste encore un peu de cette vieille amitié, vous comprendrez comme cette incertitude m'est pénible et vous me donnerez un signe pour me laisser espérer que tout peut aller bien à nouveau.

Katharina répondit par télégramme, prétextant une migraine qui l'empêchait d'écrire longuement, mais promettant une rencontre pour bientôt. Sa mauvaise santé ne lui interdit pourtant pas de jouer et François-Joseph écrivait le lendemain, 8 mars :

> Jamais je n'aurais pensé que vous joueriez hier après une mauvaise nuit de migraine. C'est une preuve de votre force de caractère et de votre sens du devoir. Mais malgré le désir que j'avais depuis longtemps de vous voir dans le rôle de Cyprienne, je n'ai pu me résoudre à aller au théâtre après ce qui s'était passé. Vous voir ainsi de loin m'aurait été trop pénible.

Katharina ne manqua pas une seule représentation tout au long du printemps car elle était bien décidée à montrer à la direction qu'elle n'avait rien perdu de sa popularité auprès du public et pouvait séduire des salles aussi importantes que les plus grandes vedettes. Mais sa santé ne supporta pas autant de fatigue et les médecins ordonnèrent un repos complet. La nervosité dont elle souffrait à l'époque, et qui devait finalement la conduire à la dépression totale, n'avait pas tant pour cause ses querelles au théâtre et ses difficultés avec l'empereur que l'état désastreux de ses finances dont elle n'était pas toujours responsable. Des traites et des reconnaissances de dettes signées par Nicholas Kiss arrivaient régulièrement de ses différents postes à l'étranger, obligations qui, il le savait bien, seraient toujours honorées par une femme qui ne voulait pas que le moindre scandale vînt salir le père de Toni. Toni lui-même, encouragé par sa mère, menait une vie bien au-dessus de ses moyens et illustrait déjà le penchant familial à faire des dettes au point qu'on hésitait à en informer Edward Palmer.

Les relations de Katharina avec François-Joseph demeurèrent tendues durant tout le printemps, prêtes à se briser à la moindre vexation. Alors qu'elle passait ses vacances de Pâques dans les Dolomites, il lui écrivit de Vienne à propos du plus grand événement théâtral de la saison, la représentation de *la Gioconda* de Gabrielle d'Annunzio par la comédienne italienne Eleonora Duse.

> Avant-hier (8 avril), j'ai assisté en entier à la représentation de *La Gioconda* par La Duse. La salle affichait complet et le public était très choisi. Le représentation était remarquable, pour peu qu'on s'habitue à tout ce qui nous paraît bizarre, car La Duse, plutôt âgée, sans maquillage, les cheveux grisonnants et sans corset, joue de façon remarquable, bien que dans un style peut-être un peu trop naturel.

En temps ordinaire Katharina admirait avec générosité et enthousiasme ses collègues de théâtre : à Paris, elle ne manquait jamais une représentation de Sarah Bernhardt et se montrait fière de l'amitié de Coquelin, et au cours de ses voyages en Italie, elle avait été la première à décrire à l'empereur l'extraordinaire génie de La Duse. Mais aujourd'hui le triomphe de La Duse signifiait du même coup celui de Schlenther qui l'avait invitée au Burg et sa haine du nouveau directeur, aggravée par son impuissance à le déloger, était devenue presque pathologique.

Une cure à Karlsbad, où elle fut victime des assiduités d'un jeune déséquilibré qui la suivait partout depuis près d'un an, n'améliora pas le moins du monde sa santé. La correspondance concernant son contrat devint de plus en plus venimeuse jusqu'au jour où, dans un accès de colère, elle finit par remettre sa démission — geste destiné à mettre la direction dans l'embarras, à forcer le trop conciliant Liechtenstein à agir et à obliger Montenuovo à se débarrasser de Schlenther plutôt que de voir le Burgtheater perdre la plus populaire de ses comédiennes. Mais rien ne se passa comme Katharina l'avait imaginé. Une note polie de Schlenther exprimait tout juste l'espoir qu'elle voudrait bien revoir sa décision et, sur les conseils de Montenuovo, l'annonce officielle de sa démission fut reportée au début de la saison d'automne.

Entre-temps la Cour s'était transportée à Ischl et Katharina Schratt résidait comme d'habitude à la villa Felicitas. Là, elle reçut la visite du prince Liechtenstein, charmant et arrangeant à son habitude, prêt à céder à ses caprices dans la mesure du possible. Elle confessa à Liechtenstein qu'elle n'avait pas seulement des problèmes avec le théâtre mais que tout avait changé après la mort de l'impératrice et qu'elle se retrouvait maintenant dans une situation fausse. Elle était devenue un fardeau pour l'empereur et elle avait décidé de s'en aller, au plus grand plaisir de certains. Plus tard, le prince devait la décrire comme une femme malade que les nerfs avaient complètement abandonnée. Mais pour le moment rien n'avait bougé. L'empereur continuait à prendre son petit déjeuner avec Frau Schratt, coupant à travers le parc pour se rendre à la maison de bain où la comédienne prenait chaque matin un bain dans un torrent de montagne glacé. Les jours de beau temps on servait le petit déjeuner sur la véranda et les passants pouvaient apercevoir leur empereur boire son café et fumer son premier cigare de la journée en compagnie de Katharina Schratt. Katharina était immensément populaire à Ischl et personne ne voyait d'inconvénient à l'amitié que leur empereur portait à cette femme si gentille, si généreuse et toujours prête à aider ses voisins.

Le soixante-dizième anniversaire de François-Joseph, le 18 août 1900, souleva une grande vague de loyalisme dans l'ensemble de la province du Salzkammergut. On tira des feux d'artifices du haut de toutes les montagnes et la moindre rue de village arborait des drapeaux noirs et jaunes. Des délégations vinrent de toutes parts apporter leurs félicitations et des cadeaux affluèrent à la villa Kaiser depuis les quatre coins de l'empire. Parmi les cadeaux de la famille se trouvaient ceux de Katharina Schratt que l'empereur remercia : « Comme vous m'avez gâté avec vos cadeaux charmants, utiles, mais bien trop chers. » Dix jours plus tard, alors que les vacances touchaient à leur fin, l'archiduchesse Valérie, ayant remarqué que son père semblait particulièrement déprimé, lui demanda s'il voulait bien aller en promenade avec les enfants l'après-midi ; elle s'entendit répondre qu'il devait aller rendre visite à Frau Schratt pour la dernière fois car elle avait décidé de le quitter, peut-être pour toujours. La nouvelle stupéfia Valérie. Elle espérait cela depuis des années et avait tout fait pour en arriver là mais elle ne parvint pas à se réjouir en face du visage ravagé de son père et de ses yeux las et tristes, au bord des larmes. Pour la première fois elle mesurait le poids de sa responsabilité d'avoir tant voulu le priver de la seule compagnie qui lui apportait un peu de gaieté et de bonheur.

Tout ce que nous savons sur cette dernière rencontre se trouve dans une lettre que François-Joseph adressait à son amie vingt-quatre heures à peine après leur séparation, une lettre au ton si déchirant qu'on se demande comment Katharina a pu persister dans sa détermination. Elle lui avait sans doute fait parvenir quelques mots de réconfort puisqu'il disait :

> J'imagine que vous auriez voulu en dire plus. Moi aussi. Peut-être me direz-vous tout plus tard, lorsque vos nerfs iront mieux, ce qui avec l'aide de Dieu se produira dans peu de temps, et je recevrai alors à nouveau vos chères, *chères* lettres. Merci de m'avoir regardé si longtemps hier après notre séparation qui a été l'un des moments les plus pénibles de ma vie. Le clocher sonne juste six

heures. Il y a vingt-quatre heures, je quittais ma chambre pour notre dernière promenade, mon ange passionnément aimé (heiss geliebte Engel). Hier, après que vous ayez disparu à mes yeux, j'ai croisé un ramoneur – vous croyez que de telles choses portent chance. Peut-être cette rencontre me portera-t-elle chance et, pour moi, la chance signifie vous revoir un jour.

UNE CÉLÉBRITÉ EUROPÉENNE

La nouvelle du départ de Frau Schratt fut une traînée de poudre à travers Ischl. A la Kurhaus, au casino et à la patisserie Zauner, on ne parlait plus que de cela. Il régnait une certaine jubilation dans les milieux de la Cour et plus particulièrement chez l'archiduchesse Valérie, mais ceux qui étaient très proches de l'empereur, comme le Dr Widerhofer ou son aide de camp, le comte Paar, envisageaient l'avenir avec crainte et appréhension. Ida von Ferenczy, qui vivait en Hongrie depuis la mort de l'impératrice, arriva à Ischl, véritable essaim de rumeurs et d'intrigues, et elle écrivit immédiatement au prince Liechtenstein pour savoir la vérité.

> Excusez-moi si je me permets de vous importuner avec une lettre, mais je viens d'apprendre la nouvelle qui, même si elle remplit d'aise les dames, me jette dans l'angoisse et les sombres pressentiments. Je vous prie de me dire où est la vérité. Si la rupture vient de Sa Majesté, il n'y a aucun souci à se faire. Mais si c'est la pâquerette *(Gänseblümchen)* qui a mis un terme à leurs relations, alors ce pourrait être une tragédie. Il est dangereux, à soixante-dix ans, de changer de vie

> et de renoncer à une agréable distraction, et notre cher empereur ne mérite pas cela. Mais aucune souffrance ne semble devoir lui être épargnée.

Le qualificatif quelque peu méprisant de pâquerette pour parler de Katharina, d'autant plus que le nom allemand signifie littéralement fleur d'oie, montre bien que, après toutes ces années, l'amie idolâtre de l'impératrice refusait encore d'admettre que la comédienne eût jamais été autre chose qu'un divertissement dans la vie de l'empereur. Liechtenstein qui aimait sincèrement son maître et savait à quel point il avait besoin de l'actrice, répondit :

> Il est difficile d'expliquer une situation qui n'a pas une mais plusieurs causes. Il semble que depuis la mort de Sa Majesté l'impératrice, Frau Schratt ait souffert du manque de sa protection. En réalité il ne s'est rien passé de précis. Mais elle en est venue à la conclusion qu'elle se trouve dans une situation fausse, qu'on lui fait grief de choses qui ne se sont jamais produites. Elle n'a rien à se reprocher puisque ses relations avec l'empereur sont toujours restées tout à fait platoniques. Depuis quelque temps ce sentiment, nourri par des blessures imaginaires et parfois réelles, n'a fait que s'amplifier jusqu'à ce qu'elle décide de quitter Vienne, de ne plus se mêler aux autres et d'avoir la paix. La crise a eu lieu durant les vacances d'été à Ischl. Elle a promis de ne pas vendre sa maison de Hietzing et sa villa de Ischl demeure également meublée, aussi reste-t-il un minuscule espoir pour qu'elle consente à revenir au printemps bien qu'en partant elle se soit

refusée à s'engager de la moindre façon. Ses nerfs sont totalement *kaputt* et un peu de calme lui fera peut-être du bien. Sa Majesté est désespérée et il va avoir du mal à vivre sans sa réconfortante compagnie. Il sent maintenant qu'il a perdu la distraction que Sa Majesté l'impératrice avait désirée pour lui. Pour le moment Frau Schratt est malade ... dès le début sa situation a été équivoque mais elle ne l'a compris qu'après la mort de Sa Majesté l'impératrice. Depuis deux ans, son désir de se dégager de tout cela a tourné à l'obsession et on ne pouvait rien faire d'autre que la laisser partir. Lorsqu'elle se sera reposée, peut-être même au point de s'ennuyer, il se peut que ses anciens sentiments pour Sa Majesté renaissent et qu'elle se souvienne alors de toute la gratitude qu'elle lui doit. Il semble que la séparation se soit déroulée avec beaucoup d'amour et sans aucune amertume, sinon qu'elle n'a fait aucune promesse de retour. A ceux qui lui reprochent de se comporter sans aucune reconnaissance envers l'impératrice, elle réplique que la situation a changé. Et il ne fait pas de doute qu'elle est aujourd'hui plus vulnérable. Je me sens si triste à la pensée du sinistre hiver qui attend notre pauvre vieil empereur. C'est bien injuste qu'il ait dû perdre sa seule distraction. Mais en regardant les choses du point de vue de Frau Schratt, on ne peut pas tout à fait la blâmer, et ceux qui se réjouissent de tout cela ne sont que des imbéciles à la tête vide.

Liechtenstein se montrait honnête et généreux envers Katharina Schratt dont il restait l'ami personnel. Mais lui aussi parlait d'elle comme de la « distraction » de l'empereur et elle devait maintenant se sentir lasse de n'être que cette distraction. Après la mort de l'impératrice elle avait dû espérer qu'on lui accorderait un peu de cet amour et de cette protection dont Elisabeth avait usé pour toujours rester à l'abri des dures réalités de la vie. Mais François-Joseph n'était même pas capable de la garder de la malveillance de sa propre famille ni de la défendre dans ses difficultés au théâtre. Et surtout, elle était lasse de toujours devoir rester discrète et de ne jamais voir se dissiper l'aura de majesté qui entourait l'empereur jusque dans leurs moments les plus intimes. Elle était bavarde par nature. Son intarissable débit de *Tratsch* (potins), qui la rendait irrésistible aux yeux d'un homme aussi réservé et laconique que François-Joseph, profitait parfois à d'autres et cet amour des *Tratsch* dépassait parfois les bornes de la réserve. Comme beaucoup de jolies femmes elle était sensible aux flatteries et nul n'était plus versé dans l'art de flatter que l'ambassadeur d'Allemagne, maintenant élevé au rang de Prince par son souverain reconnaissant. Malgré les réticences de l'Empereur à discuter des problèmes matrimoniaux du prétendant au trône, « Frau Kathi » était assez bien informée pour donner au prince Eulenbourg quelques informations très utiles. Et à plusieurs reprises, le ministre des Affaires étrangères autrichien, qui ne comptait pas parmi les amis de Katharina, alla informer son souverain que Frau Schratt parlait trop à l'ambassadeur d'Allemagne. La comédienne prenait très mal ce genre de remontrances et sa détermination à partir ne s'en renforçait que davantage.

Son collègue Hugo Thimig notait dans son journal :

> Il existe plusieurs versions sur les raisons du départ de *die Schratt*. Je crois pouvoir l'expliquer très facilement. Elle doit sans doute avoir une folle, ou peut-être pas folle du tout, envie de

> partir. L'esclavage dans les chaînes d'or semble l'avoir conduite au bord de la dépression. Après quelques mois de liberté, il se pourrait bien qu'elle revienne. Pourtant elle parle aujourd'hui de quitter l'Autriche pour toujours et je dois avouer que ce serait une bénédiction pour notre théâtre que d'être débarrassé d'un exemple aussi éclatant de protection des hautes sphères.

Katharina n'aurait jamais cru que l'empereur accepterait sa démission et signerait sans protester le décret qui autorisait son départ et la plaçait sur la liste des retraités. Jusqu'au dernier moment elle avait espéré le renvoi de Schlenther. Mais François-Joseph avait beau être malheureux, il avait beau vouloir tenter tout ce qui était en son pouvoir pour faciliter son retour, il craignait qu'une intervention de sa part n'ait pour seul effet de faire du tort à la réputation de son amie et d'alimenter le flot de ragots qu'avait déclenché l'annonce de son départ. Avec la même impassibilité qu'il avait montrée lors de la démission du comte Taaffe, l'un des seuls ministres en qui il ait jamais eu confiance, il signa le décret qui privait son Burgtheater bien aimé de la seule comédienne dont il ne se soit jamais lassé et qu'il pouvait revoir jour après jour en s'émerveillant encore du moindre de ses gestes et de la plus fugace de ses expressions. Son malheur se traduisit par une irritation nerveuse contre ses ministres et une humeur de plus en plus maussade en famille où tous les efforts de l'archiduchesse Valérie pour le divertir avec ses enfants ne parvinrent pas à dissiper sa mélancolie misanthropique. Parmi ses petits-enfants, il n'appréciait que la compagnie d'Ezri qui, âgée de dix-sept ans, vivait avec lui à Schönbrunn depuis le remariage de sa mère. Pour faire plaisir à Ezri il faisait l'effort d'assister à des bals et des *thés dansants*[1],

1. En français dans le texte.

mais même la plus charmante fille de dix-sept ans ne pouvait remplacer ce qu'Eulenbourg décrivait comme « la beauté chaude et féminine » de Frau Schratt et le bavardage gai et facile autour de la table du petit déjeuner, à la Gloriettegasse. Il continuait à lui écrire, « bien que j'ignore si cela vous est agréable que je vous écrive. Mais aussi, longtemps que cela ne vous ennuie pas et que vous ne me direz pas de cesser, je continuerai cette chère vieille coutume et imaginerai que je bavarde avec vous comme au bon vieux temps ».

Il lui arrivait de recevoir une lettre en réponse, mais il s'agissait la plupart du temps de télégrammes l'informant de sa dernière adresse : Gastein - Paris - Munich. Elle se plaignait de ses insomnies et d'aveuglantes migraines, mais ceux qui la rencontraient au cours de ses voyages disaient qu'ils l'avaient trouvée en très grande forme. Sa mauvaise santé ne l'empêcha pas d'ailleurs de faire de la montagne à Gastein, ni de visiter tous les pavillons de l'exposition universelle de Paris — exposition qui s'étendait tout au long de la Seine depuis le Concorde jusqu'au Champ-de-Mars et présentait les plus récentes merveilles de la technologie moderne. Katharina fut une visiteuse infatigable, s'étonnant devant tout ce qui était nouveau, depuis la dernière automobile De Dion Bouton jusqu'à la reproduction du train transsibérien où les visiteurs pouvaient venir s'asseoir dans un luxueux wagon-restaurant tandis que des paysages peints représentant la campagne russe ou chinoise défilaient derrière la fenêtre et que les *moujiks* russes et des *boys* chinois se relayaient pour vous servir des plats de cuisine locale. Elle mangea des glaces sur une piazza San Marco reconstituée et but du thé au pavillon de Ceylan. Tout l'intéressait, que le pavillon fût consacré aux sciences occultes ou à la chasse et elle eut la fierté, dans ce dernier cas, de découvrir une photographie grandeur nature de son empereur en tenue de chasse, auprès de son palmarès de chasseur :

48 345 têtes de gibier sauvage abattues en cinquante-deux ans de règne.

Tous les gens d'importance se retrouvaient à Paris cet automne-là, et Katharina ne manquait pas d'escorte, du fidèle Palmer à Ferdinand de Bulgarie, récemment veuf mais pas le moins du monde inconsolable, qui voyageait incognito et n'était que trop content d'accompagner sa « Frau Kathi » chérie aux spectacles et aux expositions, où l'on voyait les *Nymphéas* de Monet pour la première fois et *le Baiser* de Rodin qui choquait même les Parisiens les plus sophistiqués. Sur les boulevards, Réjane enchantait son public dans le rôle de *Madame sans Gêne* et Sarah Bernhardt remportait son plus important triomphe en interprétant le jeune duc de Reichstadt dans *l'Aiglon* de Rostand. Katharina imagina l'horreur du prince Montenuovo si une comédienne juive avait osé paraître sur la scène du Burg revêtue de l'uniforme d'un maréchal autrichien et incarnant un petit-fils de l'empereur. Il n'y avait pas si longtemps qu'Arthur Schnitzler avait vu son nom retiré de la liste des officiers de réserve pour avoir montré sur scène les pécadilles d'un certain « lieutenant Gustl » et jeté de ce fait une ombre sur l'honneur d'un officier de l'armée royale et impériale.

La sarabande continuelle des fêtes, les déjeuners chez Ledoyen et les soupers chez Maxim's, produisirent un effet désastreux sur la santé déjà chancelante de Katharina et elle dut passer ses dernières semaines parisiennes au fond de son lit sur l'ordre du Dr Staniek qu'on avait spécialement fait venir de Vienne. Toute sa vie, elle n'avait été qu'excès et l'âge n'avait apporté aucune modération : les gâteaux à la crème et les lourds pâtés formaient toujours son ordinaire et contribuaient à accroître son *embonpoint*[1]. Même sa générosité était excessive, car il y avait quelque absurdité à offrir une table Louis-XVI

1. En français dans le texte.

hors de prix à l'un des monarques les plus riches d'Europe dont les palais débordaient de meubles inestimables et qui préférait pourtant dormir sur un lit de camp et se laver devant une table de toilette en fer. Si François-Joseph apprécia le cadeau, ce fut uniquement à cause de la « chère donatrice bien-aimée » et il utilisa la magnifique table — incongrue au milieu des meubles spartiates de sa chambre — jusqu'à son dernier jour. Des paniers de roses, des boîtes de cigares les plus doux et les meilleurs cognacs arrivèrent comme d'habitude pour sa fête. Mais le pauvre vieil empereur recevait plus de cadeaux que de lettres et il essayait d'obtenir quelques nouvelles de Katharina auprès de sa vieille servante qui était restée à Hietzing ; auprès d'Edward Palmer à son retour de Paris ; et même auprès du jeune Toni Kiss qu'il invita à Schönbrunn « dans l'espoir de connaître tout de vos récentes activités ».

D'après Hugo Thimig, Toni avait été le premier à encourager sa mère à abandonner le théâtre car il pensait qu'une mère sur les planches risquait de faire du tort à sa carrière. Mais il désapprouvait profondément l'attitude de Katharina envers l'empereur, attitude qui, poussée à l'extrême, pouvait se révéler désastreuse pour l'avenir. Que ce fût Toni Kiss pour sa carrière, le prince Ferdinand pour la Bulgarie, ou le Prince Eulenbourg pour l'alliance austro-allemande, presque tous ses amis et ses intimes commençaient à penser que le temps venait pour elle d'oublier ses rancunes et de se souvenir des dettes de reconnaissance qu'elle avait contractées envers l'empereur.

Le 13 octobre, le prince Eulenbourg relevait dans son journal :

> J'ai appris que la princesse Gisela, Rodolphe Liechtenstein et tous les proches de l'empereur font leur possible pour faire revenir Frau Kathi, puisque c'est le seul moyen de réjouir le pauvre

vieux gentilhomme. L'archiduchesse Valérie désapprouve sans doute ces tentatives mais elle n'essaie plus d'influencer son père pour qu'il brise définitivement ces liens. Il est difficile de prévoir quels effets psychologiques une séparation prolongée pourrait avoir sur le vieil empereur. Mais je ne crois pas que Frau Kathi laissera les choses aller jusque là.

Eulenbourg se trompait car la comédienne continua à bouder. L'annonce officielle de son départ en retraite au théâtre, qui contrairement à ses espoirs n'avait pas déclenché de tempête de protestations, ajouta encore à sa mauvaise humeur. Une lettre déférente que le directeur Schlenther envoya sur l'initiative du prince Liechtenstein et qui exprimait son profond regret devant la démission prématurée d'une comédienne au sommet de sa carrière qui, par sa beauté et son talent, avait tant fait pour la gloire du Burg, n'eut pour toute réponse qu'un bref accusé de réception. Il était trop tard pour Schlenther lorsqu'il écrivait : « L'année passée et sous ma direction, votre succès dans certaines pièces laissait prévoir une longue et riche carrière à venir. » Il aurait dû montrer sa satisfaction plus tôt, pas maintenant alors que presque tous les théâtres allemands lui faisaient des propositions alléchantes. A peine fut-elle remise de sa maladie qu'on la vit sur scène en vedette invitée d'abord à Stuttgart puis à Munich où la princesse Gisela lui réserva un accueil des plus amicaux. Par une attention encore plus flatteuse, la comtesse Trani, la tante de Gisela, que Katharina avait rencontrée avec l'impératrice sur la Côte d'Azur, l'invita à l'accompagner à Rome pour assister aux festivités de clôture de l'année Sainte. Dans une lettre à son père, la princesse Gisela confiait : « Ma tante Spatz partage notre tristesse devant la décision de Frau Schratt et espère qu'elle ne sera pas irrévocable. »

Le projet du voyage à Rome suffit pour que les Viennois assoiffés de scandales osent affirmer que Frau Schratt allait y demander la dissolution de son mariage avec Herr Kiss pour pouvoir épouser l'empereur. On disait même que la rumeur avait gagné le Vatican et plongé le vieux pape dans un tel état d'inquiétude qu'il avait essayé de repousser l'audience accordée à la comtesse Trani et à sa suite. Mais le jour venu il s'aperçut que Frau Schratt ne souhaitait rien d'autre qu'une bénédiction et il se sentit tellement soulagé qu'il la reçut avec une attention toute particulière, ce qui déplut fortement à ses ennemis du parti clérical en Autriche.

Tous ceux qui connaissaient bien Katharina Schratt n'accordèrent jamais foi à cette rumeur. Foncièrement elle était beaucoup trop intelligente et sensible pour nourrir de telles illusions. Elle avait été témoin des insultes que même une comtesse Chotek avait dû subir, et aussi de la fureur de François-Joseph contre son héritier pour avoir, par son mariage, mis en péril l'inviolabilité de la maison des Habsbourg. On peut d'ailleurs se demander si elle aurait même souhaité devenir l'épouse morganatique d'un vieil homme grincheux et irritable trop usé par les soucis et trop accablé de servitudes pour pouvoir lui consacrer ne fût-ce qu'une heure de bonheur.

Curieusement, pour une femme qui vivait au milieu d'une foule, Katharina sauvegarda toujours le secret de sa vie privée. Si ses relations avec l'empereur étaient aussi platoniques qu'ils ont voulu l'un et l'autre nous le faire croire, ce qui semble tout de même assez difficile à admettre, alors Katharina a dû souffrir plus qu'à son tour. Et maintenant le souvenir de toutes ces souffrances et de toutes ces humiliations venait hanter l'esprit de cette femme malade et hystérique au seuil de la ménopause, une femme qui, si elle avait encore aimé François-Joseph, n'aurait jamais pu lui infliger la peine qu'on devine dans ses lettres.

Au premier jour de l'année, il écrivait :

> Espérons qu'après votre retour à Vienne, nous pourrons reprendre nos anciennes relations si heureuses. J'oublierai avec plaisir la peine que vous m'avez causée et la façon dure et injuste dont vous m'avez traité, et j'espère qu'après cette longue séparation, vous aurez retrouvé assez de contrôle sur vos nerfs pour me pardonner si j'ai pu vous offenser d'une façon ou d'une autre, alors nous ne reparlerons plus jamais de ce qui s'est passé et pourrons reconquérir notre vieille amitié si précieuse.

Un autre jour :

> J'ai appris avec tristesse de Netty que vous allez toujours mal et que vous avez constamment des angoisses et des soucis... Si seulement je pouvais vous aider à mettre un terme à cette vie errante. Si seulement il se présentait un moyen de rendre possible la réalisation de vos désirs malheureusement inconnus de moi, et de vous apporter la paix. Le prince Liechtenstein va se creuser la tête à ce propos et je vais même consulter l'ingénieux Hawerda dans ce sens.

En prenant le poste de grand chambellan, Rodolphe de Liechtenstein n'aurait jamais imaginé qu'il devrait jouer un jour les Mercure pour persuader une Frau Schratt offensée de bien vouloir revenir auprès de son royal maître. Contre l'avis de Montenuovo il força Schlenther, très réticent, à écrire une seconde lettre à Frau Schratt disant qu'au bout de cette série de malentendus, d'exagérations et de mensonges délibérés, il serait dans l'intérêt des deux partis de se rencontrer lors de son prochain passage à Vienne. Mais le directeur reçut une fois encore la plus sèche des réponses, sous la forme d'un télégramme envoyé de Rome : « Si vous vouliez vraiment me rencontrer, il fallait le faire il y a trois mois. Maintenant vous n'agissez que sur des ordres venus d'en haut et dans ce cas une rencontre n'a aucun intérêt. »

Après cet échec, Liechtenstein se tourna vers l'archiduchesse Valérie et essaya de savoir si elle serait disposée à envoyer un message amical à Frau Schratt pour la presser de rentrer. Ce n'était pas mission facile qu'une telle requête auprès de quelqu'un d'aussi fier et renfermé que l'archiduchesse, qui confia dans son journal : « Lichtenstein m'a demandé une chose à laquelle je ne puis me résoudre. » Et elle se contenta de prier son père de transmettre ses plus tendres salutations à Frau Schratt.

Ce fut le prince Philippe Eulenbourg qui se montra le plus actif dans ses tentatives pour combler le fossé entre la comédienne et l'empereur. Apprenant que Frau Schratt séjournait à Munich, il s'y rendit dans l'espoir de la convaincre de revenir pour Noël, mais elle venait de partir pour Rome. Lorsqu'elle repassa à Vienne, ce ne fut que pour une visite des plus brèves et, dans une lettre privée au Kaiser Guillaume datée du 18 janvier 1901, Eulenbourg lui faisait part de ses difficultés face à cette comédienne gâtée et coléreuse.

> Frau Kathi est revenue il y a quelques jours à la grande joie de l'empereur, et je suis allé lui rendre visite. Le moment passé avec elle n'a été qu'une alternance de rires et de larmes. La dame reste très indignée et il n'est pas facile de lui faire entendre raison car elle finit toujours par dire : « Mais j'ai raison, après tout ! » Son principal grief est dirigé contre l'empereur qui, d'après elle, ne lève pas le

petit doigt pour la protéger. Par le passé, l'impératrice intervenait en sa faveur, maintenant elle n'a plus personne, car l'empereur ne se résoud pas à prononcer une parole énergique pour sa défense. Je lui ai dit que je comprenais ses sentiments, qu'une femme de caractère qui aime — et je suppose qu'elle aime l'empereur — espère toujours que l'objet de son affection se montrera aussi enthousiaste qu'elle. Mais qu'elle ne pouvait pas plus espérer voir l'empereur se comporter comme un jeune homme vigoureux et enflammé qu'espérer voir la commode de sa chambre se mettre en marche. Après tout ce n'était qu'une commode et l'empereur ne pouvait que réagir selon son caractère. Qu'il voulait à l'évidence l'aider autant que possible, mais que pouvait-il faire quand elle ne savait pas elle-même ce qu'elle voulait ! Frau Kathi a reconnu tout cela et affirmé, que tout ce qu'elle souhaitait, c'était que l'empereur soit différent. Je lui ai dit alors qu'elle ne pouvait pas demander qu'on la protège sans spécifier contre quoi ou contre qui elle souhaitait être protégée. Car comment l'empereur et son entourage le sauraient-ils si elle continuait à bouder en silence. Je lui ai affirmé que, autant que je sache, ceux qui s'étaient montrés hostiles envers elle au début étaient tous maintenant favorables à son retour. Les gens pensaient avec terreur à ce qui pourrait se produire après la mort de l'empereur et ils feraient tout pour préserver sa précieuse vie et lui assurer des vieux jours heureux.

Eulenbourg ne se faisait aucune illusion sur « *die liebe Frau Kathi* ». Cette femme égoïste et capricieuse pensait plus à elle-même qu'à son souverain. « Elle m'a dit qu'elle n'a aucune envie de retourner dans un théâtre où on l'a traitée aussi mal, qu'en réalité elle ne veut rien pour elle-même. » Une fois de plus nous entendons sa phrase préférée : « Ce qu'elle veut vraiment, ce sont des surprises », et l'ambassadeur avait assez de cynisme pour se douter que les surprises de Frau Schratt pouvaient coûter très cher.

Sa lettre au Kaiser Guillaume se poursuivait ainsi :

> Après avoir écouté les griefs de la dame, j'ai commencé à lui faire remarquer son ingratitude et son manque de considération envers son souverain, sur quoi elle a éclaté en sanglots, me demandant si j'attendais d'elle qu'elle se soumette sans un mot alors que l'empereur autorisait ses courtisans, sa fille et même quelques membres du clergé à s'en prendre à elle de la manière la plus basse. Et Frau Kathi s'est écrié : « J'ai dit à Sa Majesté à quel point je me sentais blessée et malheureuse et lui, sur son habituel ton doux et gentil, s'est contenté de me répéter : « Ne vous mettez donc pas en colère. Ne parlons plus jamais de cela. » Et j'ai insisté, car à quoi sert d'être amis si on ne peut pas parler franchement et ouvertement ».

Un diplomate ne pouvait apprécier ce genre de langage et Eulenbourg dit au Kaiser :

> Je l'ai prévenue que si elle s'obstinait dans cette voie, elle finirait par irriter l'empereur. Qu'elle pouvait compter sur mon amitié, car les intérêts

> de l'empereur me tiennent à cœur et parce que mon gracieux souverain, qui l'a toujours admirée en tant qu'artiste, se montre favorable à mon intervention en faveur de son ami et allié. Sur quoi je fus gratifié d'une nouvelle crise de sanglots accompagnée de nombreux messages de dévotion et autres baise-mains pour Votre Majesté.

Mais ni Eulenbourg, ni Liechtenstein, ni même l'ingénieux Hawerda ne purent convaincre cette femme nerveuse et agitée de renoncer à sa vie de nomade. En retraite du Burgtheater avec une pension annuelle de douze mille couronnes, elle se sentait prête à accorder ses services au théâtre qui lui proposerait le meilleur prix. Mais elle recherchait l'estime du public plus encore que l'argent : un gala de charité au Burg, son portrait dans la galerie des célébrités, le titre officiel de lectrice de Sa Majesté royale et impériale l'empereur François-Joseph — fonction qui, expliqua Eulenbourg, équivalait à celle de *Maîtresse en titre*[1]. Où qu'elle aille, elle avait la presse à ses trousses, à qui elle accordait librement des interviews, et pas toujours avec autant de discrétion que par le passé. Un entretien donné à un journal allemand alors qu'elle jouait à Berlin créa une nouvelle pomme de discorde entre elle et l'empereur qui détestait toute forme de publicité. « En cherchant dans les journaux des nouvelles de vous, j'ai découvert un entretien avec un journaliste de Berlin dans lequel vous lui disiez plus qu'il n'était bon et utile qu'il sache. » Quelques années auparavant il aurait pu faire la même remarque et Katharina lui aurait répondu à sa façon charmante et directe en s'excusant pour son indiscrétion. Mais aujourd'hui, elle le prenait mal. Elle était

1. En français dans le texte.

une comédienne célèbre et la presse avait bien le droit de rapporter ses faits et gestes pour satisfaire son public. Elle n'était plus titulaire au théâtre de la Cour et n'avait plus à se plier aux lois et aux règlements désuets du Burg. Si ses paroles et ses actes devaient blesser, et bien mieux valait cesser tous rapports et elle n'ennuierait plus Sa Majesté avec ses lettres dont la rédaction lui donnait tant de fatigue, surtout dans son état de santé actuel. Le pauvre François-Joseph ne pouvait que répondre : « Je suis immensément désolé que cette remarque de ma dernière lettre vous ait choquée, et je vous demande une fois de plus pardon. J'espère que vous ne me garderez pas rancune de cette critique désobligeante. » Il n'imaginait pas les proportions que pouvait prendre une remarque inoffensive, bien qu'assez maladroite, dans l'esprit d'une femme nerveusement malade.

Cette année-là, il n'y eut pas de violettes pour le 1er mars — pas de vœux tendres. La mort d'un jeune arrière petit-enfant ne fut même pas relevée, et François-Joseph écrivit : « J'étais naïf au point d'espérer que vous me donneriez un signe de sympathie à l'occasion de la mort de ma pauvre petite arrière-petite-fille en souvenir de quinze années d'amitié fidèle. Même en ceci j'ai été déçu et je me sens très blessé. » Pour lui, le pire fut d'apprendre qu'elle était passée à Vienne sans lui en dire un mot et sans exprimer le moindre souhait de le voir.

Les mois passaient et tout ce qu'il recevait, c'était un message de temps en temps par la servante de Katharina. Dans les journaux, on lisait que la comédienne avait acheté un château dans les environs de Salzbourg, et l'empereur ressentit, malgré ses soixante-dix ans, un pincement de jalousie en apprenant qu'elle résidait à Moosham, chez le comte Wilzcek. Mais Moosham avait peut-être perdu de son charme et une Kathi d'âge mûr, au corps alourdi ne fascinait peut-être plus aussi facilement le toujours romantique Wilzcek, car il ne fut bientôt plus question du château de haute Autriche, et au soir du 19 juin 1901, le baron Hawerda se présenta à Schönbrunn pour annoncer que la *Gnädige Frau* avait regagné la Gloriettegasse.

UN VIEIL HOMME FATIGUÉ

A lire la lettre qu'elle lui envoya à son arrivée, on croirait qu'elle n'était jamais partie.

> Je suis vraiment très contente d'avoir retrouvé la Gloriettegasse, et je reconnais que je me suis sentie plus d'une fois nostalgique en pensant à ma maison de verre. Mes nerfs vont toujours mal et la mélancolie me submerge encore souvent. Mais découvrir la chère et tendre lettre de Votre Majesté qui m'attendait à la maison m'a fait l'effet d'un rayon de soleil.

Rien ne paraissait changé, seul le rythme s'était quelque peu ralenti. Les deux années de solitude avait laissé leur marque sur le vieil empereur. Il conservait sa silhouette de jeune homme, son port altier et sa démarche alerte. Il pouvait encore passer des journées entières à cheval pendant les manœuvres et se lever à l'aube pour travailler avec le même souci du détail infime. Mais il semblait malgré tout avoir perdu son sens de l'initiative, sa force de commandement. Et on répétait à Vienne que le brillant *Franz-Josefzeit* s'était achevé avec le siècle et la mort de Johannes Strauss, le roi de la valse, et que l'empereur régnait encore mais ne gouvernait plus.

Il régnait pourtant avec toute l'expérience accumulée au cours des années, utilisant les hommes à ses propres fins, choisissant ses ministres non seulement dans l'aristocratie mais parmi les avocats et les fonctionnaires, des administrateurs capables comme Ernst Koerber et Max Vladimir Beck qui surent faire passer des réformes sociales et des mesures économiques sans se soucier des désaccords entre les différents groupes de pression au Parlement. Les gens disaient que le vieil empereur se fossilisait, mais ce n'était pas lui qui se fossilisait, c'était sa Cour. Dans un violent accès de colère après que François-Joseph eut refusé de le décorer de l'ordre tant convoité de la Toison d'Or, Ferdinand de Bulgarie écrivit à Paléologue, l'ambassadeur de France :

> A Vienne on respire un air de mort et de décrépitude. Lorsque le vieil empereur daigne me recevoir à la Hofburg, il m'apparaît toujours enveloppé de sa légende tragique et entouré de ses fantômes sinistres. Je ne connais rien de plus lugubre que de dîner à sa table ; on n'y rencontre que des manières archaïques, des idées ratatinées, des têtes branlantes et des vieilles vessies. C'est d'ailleurs l'image fidèle de l'Autriche-Hongrie d'aujourd'hui.

Mais la Cour ne jouait qu'un rôle minime dans la vie de François-Joseph ; avec les années il devenait encore plus hostile au cérémonial et avait fait réduire le temps de service dans les repas officiels si bien qu'un jeune homme assis en bout de table venait à peine d'avaler sa première bouchée qu'on lui enlevait déjà son assiette pour servir le plat suivant. Les repas de famille, qui se tenaient chaque premier dimanche du mois quand l'empereur résidait à la Hofburg et auxquels tout membre de la famille impériale présent à Vienne était tenu d'assister, sans avoir le droit de prononcer un mot sauf si le souverain s'adressait directement à lui, représentaient des épreuves que tous les jeunes archiducs avaient appris à redouter. Après son soixante-dixième anniversaire, alors que l'empereur vivait presque constamment à Schönbrunn et que ses relations avec le prétendant au trône devenaient de plus en plus froides et distantes, ces dîners de familles disparurent peu à peu.

Mais au travers de sa correspondance avec Katharina Schratt, on constate que François-Joseph s'intéressait à toutes les nouvelles découvertes de son époque. A plusieurs reprises il lui dit, à l'issue d'une audience accordée à quelque savant ou explorateur, qu'« il avait tant de choses nouvelles et passionnantes à me dire ». Après la visite d'une exposition au musée des arts appliqués sur le Stubenring, il écrivit : « J'y suis resté une heure et demie tant il y avait à voir. Il y a eu beaucoup de visiteurs et c'était très réussi, bien que pour mon goût l'influence de la Sécession ait été un peu trop marquée. Cela vous aurait plu car il y avait beaucoup d'intérieurs modernes. » Il aimait se tenir au courant des dernières modes et des nouveaux courants. Tout le monde voulait assister à des séances de spiritisme et comme d'habitude Katharina se tenait au premier rang de cette vogue : « On me dit que vous vous occupez une nouvelle fois de spiritisme et d'hypnotisme. Cela ne peut que vous faire du mal et éprouver un peu plus vos nerfs. Pourtant j'aimerais bien en savoir davantage sur ce sujet. » Pendant l'absence de Katharina Schratt, la stimulation que lui procurait la compagnie de la comédienne lui avait manqué au même titre que la chaleur et le charme de sa personne. « Vous allez avoir tant de choses à me raconter sur vos voyages que le temps va me paraître bien court », s'émerveillait-il avant leurs retrouvailles à Ischl où les habitants étaient ravis de voir la *gnädige*

Frau enfin de retour et de savoir que l'empereur irait prendre son petit-déjeuner à la villa Felicitas pour son anniversaire.

A la fin du mois il avait regagné son palais solitaire de Schönbrunn et écrivait :

> Je me suis aperçu trop tard et après notre séparation que je ne vous avais pas remerciée d'être venue à Ischl et de m'avoir, par votre gentillesse, donné tant d'heures charmantes et heureuses en votre compagnie. J'attends avec une impatience sans borne notre rendez-vous de Hietzing à la fin du mois de septembre... Je pense beaucoup à ce cher Ischl quand tout y est si beau et si vert, alors qu'ici l'automne est déjà là, les arbres jaunes, les pelouses brûlées, et je revois notre ascension du Jainzen. Je pense avant tout à vous ma très chère amie, et je me fais bien du soucis de vous savoir en excursion dans la montagne.

Katharina, de son côté, restait nerveuse et insatisfaite. Elle n'avait pas encore réglé ses dettes et ses problèmes n'étaient pas résolus. Elle voyait son avenir tout en noir et s'imaginait parfois vieillissant, malade et sans un sou, pour se jeter dès le lendemain dans quelque nouvelle extravagance.

A l'automne 1901, elle eut la satisfaction de remonter sur une scène viennoise, dans le rôle de Cyprienne au Deutsches Volkstheater et dans celui de Vroni au cours d'un gala exceptionnel de *Der Meineidbauer* (*le Paysan Parjure*) de Anzengruber donné au Theater an der Wien en faveur de la souscription pour le monument à Anzengruber. Elle reçut une ovation du public à ces deux occasions et le bruit circula bientôt que l'Amérique lui avait fait une offre époustouflante et qu'elle l'avait acceptée, bruit qui plongea dans l'horreur à la fois l'empereur et tout son entourage, et aussi quelques amis personnels de la comédienne.

Le 5 novembre 1901, le prince Eulenbourg informait le Kaiser Guillaume :

> On dit que Frau Schratt a signé un contrat pour aller jouer à New York. Elle assure que ce sera bon pour sa carrière. A l'évidence cela lui rapportera surtout beaucoup d'argent mais elle ne se rend pas compte de l'endroit où elle va poser le pied. Je vois déjà les immenses affiches dans tout New York, la représentant aux côtés de l'empereur. Espérons qu'ici on aura suffisamment le sens des réalités pour voir le danger d'un tel voyage et qu'on l'empêchera de partir en faisant passer la dépense sur les promenades à Schönbrunn qui ont d'ailleurs repris. Mais les choses ne sont plus ce qu'elles étaient. Frau Kathi se montre encore difficile et continue de jouer les offensées. Pourtant cela ne va pas trop mal car l'empereur est toujours de meilleure humeur lorsqu'elle se trouve dans les parages. Une chose surtout a changé : il n'y a plus de petit-déjeuner à sept heures du matin à la Gloriettegasse car Frau Kathi a fait comprendre à Sa Majesté qu'elle ne peut être aimable avant neuf heures du matin, et je suis tout à fait d'accord sur ce point.

Que ce fût Liechtenstein ou Hawerda, ou encore le toujours adroit Palmer, quelqu'un finit par laisser entendre à l'empereur que la plus grande partie des « angoisses et de la nervosité » de Frau Schratt venait de ses ennuis financiers et il lui écrivit sur un ton soulagé : « Tout peut s'arranger très facilement par l'intermédiaire de Palmer. Je vous supplie de croire que je tiens toujours à faire ce qui est le mieux pour vous, même si vous ne me facilitez pas toujours la tâche. Il n'y a rien que je ne voudrais faire pour vous contenter et vous voir l'esprit en paix. » Peu de temps après, Katharina Schratt devint propriétaire d'une magnifique résidence au début de la Mariahilferstrasse qu'Eulenbourg estimait « dans la fourchette du million de couronnes », nouvelle qui ne risquait pas d'augmenter la sympathie qu'éprouvait pour elle l'archiduchesse Valérie, toujours inquiète pour l'avenir de sa grande famille qui ne cessait de s'aggrandir encore. Mais aux yeux des Viennois rien n'était trop beau pour Kathi Schratt qui, en quittant le Burg, n'avait rien perdu de sa popularité.

En octobre 1903, on la vit tenir le rôle-titre de *Maria Theresa*, comédie de Franz Schönthan. L'événement attira des foules considérables au Deutsches Volkstheater et occupa les colonnes des journaux. Il faut reconnaître que la publicité donnée à son intention de porter ses bijoux personnels, tout le monde sachant qu'ils lui avaient été pour la plupart offerts par l'empereur, ajouta considérablement à l'intérêt. On peut imaginer la réaction de François-Joseph grâce à une sèche allusion contenue dans une des lettres qu'il lui adressa de Budapest : « J'ai lu dans les journaux que vous jouerez le rôle de l'impératrice Marie-Thérèse au Deutsches Volkstheater en octobre. Est-ce exact ? » Les milieux de la Cour marquèrent leur consternation devant l'incroyable manque de tact de la comédienne et, malgré les couronnes de lauriers tressées par ses admirateurs et les louanges excessives de quelques critiques rétribués, le spectacle ne reste pas dans les mémoires comme un succès sans précédent. L'exubérance naturelle de l'actrice ne pouvait que s'enliser dans le caractère auguste du personnage.

Entre-temps Katharina avait célébré son cinquantième anniversaire, à l'occasion duquel elle rassurait l'empereur : « avec l'aide de Palmer, je suis résolue à mettre de l'ordre dans mes affaires financières ». Mais à peine avait-elle envoyé ces phrases si pleines de bonnes résolutions qu'elle repartait pour un nouveau voyage, un de ces voyages qui l'entraînaient chaque fois un peu plus loin. Une année, elle alla aux Iles Canaries, la suivante elle s'embarqua pour une croisière en Méditerranée, avec escales à Messine, Malte, Tunis et enfin Alger où elle trouva son mari, récemment promu consul général à part entière et vivant sur un pied d'ambassadeur largement au-dessus de ses moyens.

Au début du printemps 1904 elle se rendit en Egypte où une photographie prise devant les pyramides la montre à dos de chameau avec un groupe d'amis, dont l'un des frères Baltazzi. Mais si l'on en juge par sa lettre à l'empereur, elle ne s'est pas laissée séduire par l'Egypte maintenue sous la tutelle anglaise.

> Ce qui avait commencé comme ma « fuite en Egypte » s'est transformé en une quête de mosquées, de temples et de tombeaux qui finissent par peser sur l'estomac et donner des indigestions aiguës. Malheureusement la civilisation anglaise a réussi à transformer les habitants au point qu'on ne peut plus les reconnaître que par la couleur de leur peau. Même leurs costumes locaux ont souffert et rien n'est plus laid que leurs chemises bleues et blanches portées sous une veste de smoking. Et on appelle cela le progrès ! Mais pourquoi ennuyer Votre Majesté avec des descriptions d'un pays et d'un peuple que vous avez vous-même connus dans des conditions mille fois plus intéressantes[1].

1. L'empereur avait visité l'Égypte à l'occasion de l'inauguration du canal de Suez.

D'après ses lettres, Katharina donnait l'impression de nourrir encore quelque rancœur. Au cours de sa croisière elle se plaignait de ne pas avoir reçu beaucoup de lettres de l'empereur : « Sans ce cher bon Palmer, je ne saurais rien de ce qui se passe à Vienne. » D'Egypte elle insinuait : « Voici la lettre annoncée dans mon télégramme. Je prie Votre Majesté de me pardonner pour le retard mais je sens bien qu'il n'y a pas une grande impatience de la recevoir. » Mais la plus symptomatique de toutes ses lettres fut celle qu'elle lui envoya à Budapest et où elle demandait : « Pourquoi les choses ont-elles tourné de cette façon ? » Qu'est-ce que Katharina Schratt avait espéré après la mort d'Elisabeth ? En quoi François-Joseph l'avait-il déçue ? Elle aurait été bien incapable de répondre elle-même à cette question, si ce n'est en répétant ce qu'elle avait dit un jour au prince Eulenbourg : elle aurait seulement souhaité que l'empereur fût différent. Après la mort de l'impératrice elle avait essayé de tout son cœur de l'aider et de le réconforter, mais elle avait découvert que les barrières et la distance qui les séparaient étaient encore plus infranchissables que par le passé. Ses sacrifices (car dans son esprit, c'était elle qui avait fait des sacrifices, aussi bien dans sa vie personnelle que dans sa carrière) n'avaient servi à rien. Elle était bien trop vaniteuse pour reconnaître que son talent de comédienne appartenait au genre qui s'épanouissait dans la vitalité et la jeunesse, et que si on la courtisait et si on l'admirait encore à cinquante ans, son amitié romantique avec l'empereur y était pour beaucoup, car cette amitié provoquait bien des spéculations et bien des conjectures. Elle était revenue vers François-Joseph de son plein gré, blessée, déçue, mais tout de même apaisée. Le 1er mars, les violettes vinrent comme d'habitude réchauffer le cœur du pauvre empereur retiré dans sa solitude à Schönbrunn, d'où il lui répondit : « Bien que tant de choses aient hélas changé, j'espère que notre bonne vieille amitié se poursuivra et que je trouverai en votre chère compagnie l'un des rares rayons de lumière de ma ténébreuse existence. » Sa vie était encore plus sinistre qu'avant maintenant qu'il n'allait plus au Burgtheater, marquant par là en silence sa désapprobation eu égard à la manière avec laquelle la direction avait traité son amie. Ce n'était pas dans sa nature d'intervenir. Mais on ne le vit plus jamais dans la Loge Royale maintenant que Katharina Schratt avait quitté le théâtre.

De Budapest, où les Nationalistes hongrois se battaient comme des tigres pour rompre l'unité de l'armée et établir le Magyar comme langue officielle, il lui écrivit, en proie à la plus extrême dépression : « Vous allez me trouver terriblement vieilli et mentalement affaibli. Je pense énormément au passé et énormément à l'avenir triste et sans espoir, et aussi à la mort. »

Il avait vu disparaître l'un après l'autre ses repères familiers — amis et ennemis qu'il avait appris à comprendre et même à respecter — Bismarck et le vieux Kaiser Guillaume, Victoria d'Angleterre et le tsar Alexandre. Albert de Saxe, qui avait été son seul ami, n'était plus là pour chasser avec lui dans les montagnes ; Otto, son neveu préféré, mourait lentement des atteintes d'une maladie honteuse ; et au Belvédère François-Ferdinand et son intrigante de femme dévorée d'ambition n'attendaient plus que sa propre mort. A certains moments, le pauvre vieil empereur confessait à Katharina Schratt : « Je suis si las, je n'en plus plus. Mais comment pourrais-je laisser les affaires aux mains de ce dément ? » Toutes ces années de patience et de manœuvres à essayer de faire fonctionner la double monarchie allaient tomber en poussière dans les mains maladroites de François-Ferdinand qui nourrissait une haine de psychopathe pour les Hongrois. L'archiduc avait sans doute raison lorsqu'il affirmait que le traitement que réservait la Hongrie à ses minorités créait des troubles parmi les Croates, les Roumains de Transylvanie et les Serbes de Voïvodine, tous loyaux jusqu'ici. Mais François-Joseph tentait encore d'appliquer avec honneur les termes de l'*Ausgleich*. Et ce fut seulement en 1906 que l'intransigeance des Magyars le força à employer des méthodes extrêmes et à dissoudre le parlement hongrois, faisant appel au suffrage universel qui brisa une fois pour toutes la puissance des nobles hongrois.

La Serbie, elle aussi, avait cessé d'être l'allié, ou plutôt le vassal complaisant, qu'elle était du temps du roi Milan ; ces dernières années, celui-ci était venu s'installer à Vienne et avait exprimé dans son testament le souhait d'être enterré en terre autrichienne. Son fils Alexandre s'était révélé incapable de gagner l'affection de ses sujets et, après un mariage désastreux avec une femme de mauvaise réputation qu'il tint à couronner reine, il avait fini par perdre jusqu'à la confiance de l'armée.

Les premières alertes des troubles qui devaient précipiter le monde dans la guerre dix ans plus tard furent ressenties à Vienne lors des festivités du Corpus Christi en mai 1903, tandis que l'empereur participait à la grande procession qui fait parcourir la ville au Saint Sacrement. Il marchait aux côtés du cardinal archevêque lorsque le comte Goluchowski arriva soudain à sa hauteur et lui murmura : « Il y a de graves nouvelles de Serbie, Votre Majesté — un groupe d'officiers rebelles a sauvagement assassiné le roi Alexandre et la reine. » François-Joseph écouta attentivement avant de demander d'une voix ferme : « Pouvons-nous faire quelque chose ? », à quoi le ministre répondit : « Non, rien, Votre Majesté ». Et l'empereur continua de suivre la procession.

La réaction européenne devant les atrocités de Serbie fut encore plus violente qu'à l'époque du meurtre de Stambouloff. Plusieurs pays rappelèrent leurs ministres et leurs consuls. Et l'accession au trône de Pierre Karageorgevich, qui appartenait à la dynastie rivale des Obrenovich et que l'on connaissait pour ses idées russophiles et panslaves, ne laissait pas de grands espoirs de paix dans les Balkans. La seule personne à goûter un certain plaisir cynique devant ces événements fut Ferdinand de Bulgarie, non seulement parce que le corps mutilé de Draga Mashin offrait aux journaux du monde entier un matériel enfin supérieur à un premier ministre massacré, mais surtout par ce qu'une Serbie russophile allait forcer les Autrichiens à quémander ses faveurs et allait briser le statu quo gênant que la Russie et l'Autriche imposaient dans les Balkans depuis des années.

A cette époque, Ferdinand se rendait souvent à Vienne, sa mère âgée de quatre-vingt trois ans lui procurant une excellente excuse pour se présenter au Palais Cobourg de la Seilerstätte où la vieille dame s'activait encore dans des intrigues en faveur de ce fils qu'elle espérait bien voir couronner roi avant de s'éteindre. En ces occasions il ne manquait jamais de passer à la Gloriettegasse pour voir si « *die hohe Frau* » (Madame), comme il appelait Katharina, se trouvait par hasard chez elle. Elle demeurait son principal lien avec Schönbrunn et son absence lui avait créé bien du souci. Il avait déployé des trésors de persuasion pour la décider à revenir, lui conseillant de considérer ses privilèges plutôt que d'entretenir ses rancunes. Karlsbad restait leur lieu de rencontre favori bien que Ferdinand fût également un hôte assidu de la Côte d'Azur. Il y consacrait son temps en plantations et en jardinage plutôt qu'au casino où Katharina semble avoir été accablée d'une malchance presque constante.

Même François-Joseph ne parvenait pas à exercer une influence bénéfique et pourtant, lettre après lettre, il la suppliait de mettre un terme ou tout au moins un frein à son imprudent goût du jeu. « Vous êtes encore si insouciante et tous mes bons conseils n'ont servi à rien. A l'avenir, jouez prudemment, je vous en prie et n'essayez pas en jouant gros de rattraper ce que vous avez perdu. » Au printemps 1903, l'empereur apprit que Toni avait accompagné sa mère sur la Côte d'Azur et il ironisa « Vous voici donc installée à proximité de vos chères salles de jeu où je suppose que vous initiez Toni aux joies du " *rouge-et-noir* "[1]. Quelle excellente méthode éducative ! »

Il y eut une séance catastrophique où Katharina perdit tout l'argent de son séjour — pas moins de deux cent mille francs — et se retrouva échouée sur la Côte d'Azur, malade et sans un sou, victime d'une éruption nerveuse causée par l'angoisse et le souci. C'était au printemps 1906, au plus fort de la crise hongroise, au moment où François-Joseph ne supportait plus de faire des concessions et que le Chef d'Etat Major Impérial avait déjà mis l'armée en état d'alerte pour une guerre éventuelle. Abattu et malheureux, l'empereur, qui avait bien d'autres sujets en tête que les dettes de Katharina Schratt, la laissa attendre une réponse. Et à cette lettre tardive pleine de remontrances et de conseils elle répondit :

> Mille mercis pour votre bonne et chère lettre. Le médecin qui avait d'abord pensé à la varicelle, affirme aujourd'hui que c'est Monte-Carlo qui a provoqué cette éruption. Mes lourdes pertes m'auraient déréglé l'estomac, puis les nerfs, pour m'attaquer enfin la peau. Si au moins Votre Majesté avait hérité les instincts joueurs de certains de vos ancêtres, vous seriez capable aujourd'hui de compatir et de comprendre, et je ne serais pas obligée de parcourir le monde défigurée et incomprise.

C'était une lettre bien étudiée pour apaiser le cœur de l'empereur ; n'ayant que peu la notion de l'argent, il se choqua

1. En français dans le texte.

sans doute moins de l'énormité de ses dettes que le baron Hawerda, le méticuleux fonctionnaire qui dut faire le voyage à Monte-Carlo pour régler le problème. Ayant pardonné Katharina, François-Joseph se tranquillisa : « Je suis content de vous savoir heureuse et j'espère que vous êtes maintenant tout à fait rétablie. Votre maladie aura sans doute fait avancer la science médicale, car je n'avais encore jamais entendu parler d'une éruption causée par la malchance au jeu. »

Mais la passion du jeu de Katharina ne se limitait pas aux casinos. Sa nature aventureuse qui dans sa jeunesse l'avait conduite en Russie et de l'autre côté de l'Atlantique la poussait maintenant à s'engager dans les spéculations les plus folles. A l'automne 1904, François-Joseph apprit avec horreur qu'elle projetait sérieusement d'investir dans des plantations de tabac aux Antilles.

> Lorsque nous en avons parlé je croyais que vous n'étiez pas sérieuse et que notre conversation ne supposait rien de plus qu'un éventuel voyage aux Antilles. En lisant le *Fremdenblatt* j'ai eu un choc nerveux, car jamais je n'aurais pu supposer que vous iriez vous compromettre dans une telle escroquerie. L'affaire où vous voulez vous engager est exactement le genre de filouterie où vous mettriez votre avenir en péril pour ne récolter qu'ennuis et déceptions.

L'empereur poursuivait en louant Toni Kiss, alors âgé de vingt-quatre ans, pour la façon dont il condamnait les spéculations de sa mère :

> Très prudent, votre fils, qui a toujours de justes opinions et un jugement des plus raisonnables et

> des plus judicieux, est hostile à toute cette affaire et s'abstient avec beaucoup de sagesse. Ce voyage aux Antilles n'a aucun sens et ne ferait que nuire à votre santé, et je me demande sincèrement ce que vous pensez faire là-bas car vous seriez une déplorable femme d'affaires.

Katharina n'alla jamais aux Antilles, mais son tempérament turbulent infligeait sans cesse de nouveaux soucis au pauvre vieil empereur, que ce fût une nouvelle cure d'amincissement ou une nouvelle automobile qui ouvrait des perspectives de conduite dangereuse et d'accidents possibles. Mais malgré ses caprices et son obstination, Katharina restait aussi attentive et bonne que par le passé, prête à faire le voyage de Budapest pour passer quelques heures en sa compagnie — et à endurer le long et fatigant trajet aller-retour entre la Côte d'Azur et Vienne pour être là pendant une crise ministérielle. Au bout de vingt ans, François-Joseph lui adressait encore amour et reconnaissance : « Si vous avez entrepris ce déplacement ennuyeux et épuisant juste pour me revoir, cela prouve bien que vous m'aimez encore un tout petit peu et j'en suis profondément touché. Je pense constamment aux jours heureux où je pouvais vous rencontrer et j'attends votre retour avec impatience. »

LE JUBILÉ DE DIAMANT

En 1908, l'année du jubilé de diamant, François-Joseph atteignit le zénith de sa popularité. Il représentait le père, aimé et respecté de tous, au-dessus des factions, en dehors de toute politique, au point que les Hongrois les plus chauvins se sentaient liés par une attache personnelle à leur roi-empereur et que même les soldats recrutés dans les forêts les plus sauvages des Carpates vibraient de loyauté en entendant les accents de « *Gott Erhalte Unseren Kaiser* ».

Vienne fut livrée aux festivités et aux visiteurs étrangers. Le Kaiser Guillaume arriva le premier, à la tête d'une délégation de princes allemands, pour rendre hommage au vieil empereur qui, dans sa jeunesse, avait présidé la Diète de Francfort et ressentait aujourd'hui une certaine satisfaction à voir les fils et petits-fils de ceux qui l'avaient dépouillé de son pouvoir suprême venir payer tribut à celui que le Kaiser Guillaume saluait comme « un modèle pour eux tous ». La réunion de famille à Schönbrunn ne fut pas moins impressionnante, car tous les descendants, directs ou indirects de François-Joseph, du plus âgé de ses cousins au plus jeune de ses arrière-petits-enfants, se réunirent autour de son trône, à l'exception très remarquée des enfants de l'héritier qui n'avaient même pas le droit de porter le nom de Habsbourg.

La fête la plus populaire, celle qui attira les foules les plus nombreuses, fut la grande rétrospective historique retraçant six siècles de règne des Habsbourg pour laquelle douze mille hommes venus des quatre coins de l'empire, à l'exception des Tchèques qui avaient refusé d'y participer, vinrent parader sur la Ringstrasse. Avançant au son des tambours et des trompettes, la procession, qui allait des chevaliers en armure du premier Rodolphe de Habsbourg jusqu'aux vétérans des armées de Radetzky, défila devant l'empereur qui resta debout et très droit sur une estrade durant trois heures. Mais lui d'ordinaire si calme et impassible ne maîtrisa plus son émotion lorsque les soldats avec qui il avait servi en Italie dans sa jeunesse passèrent devant lui avec son poney fétiche et on vit qu'il avait les larmes aux yeux. Ces larmes avaient d'ailleurs peut-être aussi d'autres causes – le souvenir d'une ancienne parade, organisée par Makart pour célébrer ses noces d'argent et à laquelle participait Rodolphe, alors âgé de dix-huit ans, à cheval sur la Ringstrasse au milieu des acclamations des foules en délire. Tous ces hommages et toute cette gloire, qui avaient un jour représenté l'héritage de Rodolphe, n'était plus aujourd'hui qu'un fardeau pour ce vieil homme lassé de vivre mais qui n'osait mourir par crainte de ce qui pourrait se passer après lui.

Le maître-d'œuvre de cette parade, celui qui avait engagé artistes et historiens et supervisé tous les détails, jusqu'à l'authenticité du fusil à pierre le plus ancien, n'était autre que Hans Wilczek. C'était un geste très noble de la part d'un homme à qui l'empereur n'avait accordé qu'à contre-cœur les honneurs dus à une vie entière de dévouement. La jalousie avait toujours terni les relations entre François-Joseph et l'un de ses sujets les plus éminents : jalousie suscitée en partie par l'influence de Wilczek sur Rodolphe et, ce qui était sans doute plus humain et plus compréhensible, jalousie suscitée par ses relations avec Katharina Schratt. Même aujourd'hui où l'âge émoussait ses émotions, il sentit encore un petit pincement au cœur en apprenant que le comte Wilczek était passé à la Gloriettegasse bien que *die Freundin* lui eût assuré qu'il ne s'était agi que de discuter de certains détails scéniques concernant la rétrospective.

Katharina Schratt s'était maintenant installée confortablement dans la maturité. Comme elle s'en ouvrait à une amie : « J'ai surmonté l'aspect équivoque de ma situation et je peux aujourd'hui espérer qu'on me laissera profiter en paix des bénéfices de toutes ces années de travail et organiser à ma manière le bien-être de mon souverain bien-aimé. » Même dans l'entourage impérial, de l'archiduchesse Valérie au méprisant prince Montenuovo, on était forcé d'admettre que la vie à Schönbrunn gagnait grandement à la présence de la *gnädige Frau*. Elle n'avait pas recherché d'autre titre que celui de *gnädige Frau* et ce fut le seul qu'on lui connût jamais.

Les domestiques royaux l'adoraient. Dans ses mémoires, Eugène Ketterl, le valet de chambre de l'empereur, donne maints exemples de sa gentillesse et de sa sollicitude – par exemple comment, en apprenant que le personnel de maison de Schönbrunn n'avait reçu ni cadeaux ni primes pour Noël, elle alla immédiatement en discuter avec l'empereur et à partir de cette date il y eut toujours un sapin et des cadeaux pour tous. Le valet raconte qu'elle venait le consulter pour savoir ce dont l'empereur avait besoin et comme elle tenait à lui fournir elle-même tous les agréments et les conforts de l'âge : une robe de chambre douillette, une descente de lit, les cigares doux qui venaient remplacer ses Virginiens favoris maintenant interdits par les médecins. Ketterl donne un touchant tableau de la dépendance de plus en plus grande de l'empereur envers son amie et du plaisir qu'il prenait aux petits dîners à la Gloriettegasse, dîners qui en été s'enrichissaient de la musique d'un quatuor Schrammel[1] de l'une des *Heurige* de Grinzing venu jouer les arias de la dernière opérette de Lehar. François-Joseph considérait comme une fête les jours où la *gnädige Frau* venait dîner à Schönbrunn et le valet rapporte « avec quelle agitation joyeuse il attendait son arrivée, ne cessant de quitter son siège pour retourner dans sa chambre se brosser les cheveux ou se peigner la barbe ».

Les gens avaient appris à accepter Katharina Schratt telle qu'elle se voulait, une femme qui n'avait jamais intrigué, ni ne s'était entremise et dont le rôle préféré, car elle restait une comédienne au fond du cœur, était celui de marraine fée. Elle aimait faire plaisir et à sa manière douce et compatissante elle se tenait toujours prête à écouter les ennuis des autres — le jeune officier à la recherche de l'autorisation pour se marier ; le vieil acteur traversant des jours sombres ; la jeune fille dont le fiancé ne rencontrait pas l'approbation des parents, tous pouvaient espérer le soutien de Katharina Schratt. Lorsque la fille unique du riche baron Springer voulut épouser un Français contre la volonté de son père, elle se tourna immédiatement vers la *gnädige Frau* pour qu'elle lui vienne en aide. Eugène Fould, originaire de Lorraine, n'oublia jamais sa première rencontre avec l'empereur dans le salon de Frau Schratt à Hietzing. L'auguste chef de la Maison de Habsbourg-Lorraine l'accueillit avec un sourire et lui dit : « J'ai appris que nous étions compatriotes puisque nous venons tous deux de Lorraine ». Le baron Springer aurait eu mauvaise grâce à écarter le fiancé de sa fille comme étranger alors que l'empereur le traitait en compatriote et le fit plus tard baron à son tour.

A cinquante-cinq ans et en retraite du monde de haine et d'intrigues du théâtre, Katharina perdit ses dernières illusions

1. Quatuor de musique populaire qui tire son nom du musicien Schrammel qui le mit à la mode.

sur son âge. La princesse Radziwill, qui la connut à cette époque, la dépeint comme une « femme mûre et forte ne cherchant pas à garder la ligne, avec un visage empâté qui devenait parfois rouge en fin de repas. Mais c'était une compagnie délicieuse et très amusante ». La princesse, qui tenait en haute estime l'intelligence de la comédienne, déplorait qu'« elle n'use pas plus souvent de son influence en politique et ne tourne jamais son esprit vers des sujets plus vastes et plus élevés que les affaires du quotidien ». En vieillissant, l'empereur s'enfermait de plus en plus à Schönbrunn et se retranchait encore davantage de la vie de tous les jours dans la capitale ; aussi abordait-il maintenant avec Katharina Schratt des sujets qu'il n'aurait jamais partagés avec elle auparavant et auxquels, malgré toute son intelligence, elle ne comprenait rien. Elle répétait elle-même : « Je suis une hôtesse, pas une politicienne ». Comment pouvait-on espérer la voir saisir les implications politiques cachées derrière l'annexion par l'Autriche de la Bosnie-Herzegovine qui menaçait la paix en Europe au cours de l'année du jubilé de diamant ? Les raisons avouables de cette connexion ne manquaient pourtant pas : la révolution des « Jeunes Turcs » à Constantinople, forçant le sultan à accepter une constitution ; un avenir dans lequel les députés turcs risquaient de se mêler des affaires intérieures d'une province qui faisait encore légalement partie de l'empire ottoman mais qui, depuis le congrès de Berlin, dépendait de l'administration autrichienne ; et le malaise grandissant parmi les Slaves du sud délibérément entretenu par Belgrade... Mais tout cela ne pouvait être justement apprécié par une femme qui considérait les Balkans comme un sujet d'opérettes plutôt que comme une poudrière politique.

Au plus fort de la crise bosnienne, Katharina Schratt avait pour souci principal ses problèmes personnels, et l'espoir que le comte Aehrenthal, le nouveau ministre des Affaires étrangères, s'intéresserait à son mari malade et dont l'état de santé devenait incompatible avec le climat d'Alger. Le dynamique et ambitieux Aehrenthal, qui se voyait comme un nouveau Metternich et croyait que l'Autriche-Hongrie pouvait encore jouer un rôle décisif et indépendant dans le concert européen, n'était pas homme à se consacrer à la santé déficiente d'un vieux consul d'Alger. Lorsque Frau Schratt alla se plaindre de lui auprès de l'empereur, François-Joseph osa lui rappeler qu'il avait des problèmes à résoudre beaucoup plus importants que ses affaires de famille. Irrité mais toujours poli, il essayait de lui faire comprendre :

> Ma chère et bonne amie, je dois malheureusement en appeler à votre indulgence car la situation m'empêche de vous inviter aujourd'hui ou demain. Au milieu de la précipitation et de l'agitation de ces jours-ci, alors que nous devons discuter des sujets les plus graves et peut-être même trancher, je ne pourrais pas distraire le temps nécessaire à une calme conversation avec vous. Dès que j'aurai un peu la paix, je vous demanderai de me rendre visite. Je vous prie très sincèrement de ne pas trop vous échauffer et de comprendre qu'Aehrenthal est vraiment très occupé en ce moment avec les sujets importants et urgents sur lesquels j'ai déjà attiré votre attention.

On ne s'étonnera pas que François-Joseph se soit senti nerveux. Après avoir maintenu la paix pendant plus de quarante ans, il se voyait poussé par son ministre des Affaires étrangères à s'embarquer dans une aventure balkanique qui pouvait avoir de dangereuses conséquences.

Pour toute réponse Katharina Schratt répliqua : « Je suis désolée d'avoir importuné votre Majesté mais je sais que si c'était en mon pouvoir d'aider un ami je n'hésiterais pas une seconde ». Cette fois-ci l'empereur resta de glace. Nicholas Kiss dut rester à Alger jusqu'à l'année suivante, en 1909, où il regagna Vienne pour y mourir peu après. Dans un message de condoléances daté du 20 mai 1909, François-Joseph exprimait sa plus chaleureuse sympathie à propos de « la mort de ce pauvre Kiss », et il poursuivait : « malgré tout, vous aurez certainement du chagrin et de toute manière ceci risque d'éprouver vos forces. L'événement qui s'est produit plus tôt que prévu m'a rendu très triste hier ». Il semble bien que Katharina ait sincèrement pleuré son mari. L'homme qui l'avait abandonnée après deux ans de mariage, sans un sou et criblée de dettes, n'en avait pas moins été le seul grand amour de sa vie et lui avait donné le fils qu'elle adorait. Kiss mort et Toni en poste diplomatique à l'étranger, elle se sentit brutalement seule et abandonnée et plus que jamais dépendante de ses amis, au premier rang desquels se trouvait, bien sûr, l'empereur.

Le fait que tous deux fussent maintenant libres déclencha une nouvelle flambée de spéculations et de surenchères. On parla de mariage secret, et bien que rien ne vînt jamais étayer ces rumeurs, elles persistent encore aujourd'hui et régulièrement il se trouve un magazine autrichien pour publier un article sur ce sujet. Agé de quatre-vingts ans, François-Joseph pensait plus à la mort qu'au mariage et l'un de ses principaux soucis consistait à assurer l'avenir de sa chère et fidèle amie. Lorsqu'en 1908 le Palais Königswater sur le Kärntner Ring fut mis en vente, on l'acheta en secret avec de l'argent pris sur les fonds de la famille Habsbourg et peu après Katharina Schratt en devint propriétaire. Trois ans plus tard le capital des deux millions et demi de couronnes (environ cinq millions de nos francs actuels) qui dormaient sur un compte spécial géré par le baron Hawerda et dont Frau Schratt n'avait jusque-là touché qu'une partie des intérêts, fut directement transféré à sa banque avec pour seule exigence de la part de l'empereur que le baron Hawerda continue à intervenir comme mandataire de la comédienne.

Jusqu'alors Katharina avait connu de continuelles difficultés financières et une lettre, écrite au printemps 1909 à Monte-Carlo et adressée à une amie, la chanteuse Katharina Rosen, revenait une fois de plus sur le sujet familier de son irrésistible passion du jeu :

> Quand je t'ai télégraphié l'autre jour, je me trouvais dans un terrible état de nerfs et dans l'humeur la plus sombre. Et puis, le matin même j'ai gagné plus de dix mille francs en dix minutes et deux mille de plus ensuite, mais un long chapelet de désastres a alors commencé ; des jours et des jours à perdre. Hier c'était un peu mieux, mais rien à voir avec la première journée. Je me sens très mal ; j'ai cependant l'intention de rester ici encore neuf ou dix jours. Je te remercie d'avoir été à la Banque d'Escompte pour moi. Malheureusement il va falloir penser à rembourser. Tu peux imaginer combien je redoute de rentrer à Vienne où il y a tant de choses qu'il faut que je paie et rien pour les payer.

Mais la lettre se terminait sur une note optimiste, très caractéristique de cette femme qui, malgré sa situation dans le monde, avait gardé beaucoup de l'enfance : « Quand tu recevras cette lettre, pense à moi et croise les doigts. Un peu de magie ne peut pas faire de mal et je vais peut-être tout regagner. »

Mais du jour où Katharina Schratt devint riche de son argent à elle, elle perdit tout son enthousiasme pour le jeu. Plus tard Toni Kiss devait se plaindre fréquemment auprès de ses amis de la ladrerie de sa mère. Mais c'était après le grand krack financier de 1929, alors que Katharina avait vu toutes ses obligations et ses bons si astucieusement investis par le baron Hawerda ramenés à la seule valeur du papier sur lequel ils étaient imprimés, et que le seul argent qui lui restait provenait de la vente d'un objet précieux ou d'un bijou bien-aimé.

Au cours des dernières années du règne de François-Joseph, Katharina Schratt put se reposer et goûter ce qu'elle appelait les fruits de ses efforts. Réaliste avant tout, elle considérait qu'un bon compte en banque valait bien plus que l'honneur discutable d'un mariage morganatique. Le seul honneur et le seul titre qu'elle demandât jamais à son souverain fut celui de baron pour son fils Toni — accès de vanité d'une mère affectueuse imaginant un avenir où le baron Kiss Von Itebbe représenterait son pays comme ambassadeur à Paris ou Londres.

Pendant ce temps, les effets désastreux de l'annexion de la Bosnie-Herzegovine et de la stupide diplomatie d'Aehrenthal commençaient à se faire sentir. Au cours de l'année de son jubilé de diamant l'empereur avait éprouvé un certain plaisir à acquérir une nouvelle province qui venait quelque peu compenser les territoires perdus pendant son règne, pertes dont il se sentait personnellement responsable. Mais on avait acquis les vallées sauvages de Bosnie à un prix très élevé en déclenchant l'hostilité de la Russie et la méfiance des puissances occidentales, et surtout de l'Angleterre qui avait jusqu'ici compté sur l'Autriche pour l'aider à maintenir l'intégrité de l'empire ottoman. Le chaudron des Balkans se trouvait une fois de plus en ébullition et le seul à bénéficier de cette situation nouvelle fut Ferdinand de Bulgarie qui choisit ce moment pour se proclamer tsar d'une Bulgarie indépendante ;

cet opportunisme rendit furieux le tsar Nicolas de Russie qui dénonça cette action comme une insolence de parvenu. Mais, du point de vue historique, un prince de Bulgarie pouvait plus justement revendiquer le titre de tsar que le plus pur des Romanoff. Au Moyen Age, sous le règne du tsar Simeon, la Bulgarie avait été un empire vaste et puissant, alors qu'en Russie on trouvait en tout et pour tout des grands ducs de Kiev.

Katharina Schratt fut la première à féliciter le nouveau tsar car c'était là le genre de politique qu'elle saisissait parfaitement. Entre-temps Ferdinand s'était trouvé une autre épouse, capable, intelligente et excellente belle-mère, ne nourrissant aucune illusion sur son mari avec qui elle tenait à limiter strictement ses relations aux devoirs de représentation. Ferdinand se rendait fréquemment à Vienne où l'une de ses premières visites était toujours réservée à sa « très chère Frau Kathi ». Très au fait des rumeurs diplomatiques les plus ténues, il dut bien mettre en garde son amie contre le caractère obtus de la politique autrichienne, l'obsession du vieil empereur pour les Balkans et son aveuglement devant les conséquences plus lointaines, le danger de l'entente franco-anglaise, le renforcement des liens entre la France et la Russie et l'isolement de plus en plus grand de l'Allemagne.

Le roi Edouard VII avait fait deux voyages à Ischl dans l'espoir de convaincre François-Joseph de se ranger à ses côtés sinon comme allié, du moins en garantissant sa neutralité dans l'éventualité d'une guerre en Europe. L'empereur l'avait reçu avec sa courtoisie habituelle et avait même été jusqu'à l'accompagner dans une promenade en automobile, moyen de transport moderne qu'il exécrait. Mais il était resté sourd à toutes les flatteries d'Edouard. Il ne l'avait jamais apprécié comme prince de Galles et il l'aimait encore moins comme roi, non qu'il préférât son neveu car il considérait le Kaiser Guillaume et son oncle comme deux êtres également vulgaires. Mais il tenait à demeurer irrévocablement loyal à l'alliance allemande, loyauté qui devait être en même temps sa force et sa perte. Il refusa de suivre les conseils de Conrad von Hötzendorf, son chef d'état-major, qui préconisait des guerres préventives contre l'Italie et contre la Serbie, car la première, bien que membre de la Triple Alliance, fomentait ouvertement des troubles dans le sud-Tyrol et finançait les *Irridentisti* à Trieste, tandis que la seconde répandait une propagande révolutionnaire parmi les populations slaves de Croatie et de Dalmatie. Elle avait beau ne mériter aucune confiance, l'Italie restait officiellement une alliée et la Serbie était bien trop insignifiante pour mériter la mobilisation d'une armée. Conrad von Hötzendorf fut révoqué en décembre 1911, mais on le rappela douze mois plus tard quand tout ce qu'il avait préconisé se révéla inévitable et que le petit pays « trop insignifiant pour qu'on le combatte » stupéfiait l'Europe par sa *Blitzkrieg* dans les Balkans.

En été 1910 François-Joseph, âgé de quatre-vingts ans, annonça son intention d'asssiter aux manœuvres militaires en Bosnie. L'archiduchesse Valérie et Frau Schratt joignirent leurs efforts pour le faire renoncer. La fatigue et l'inconfort d'un voyage au plus chaud de l'été, le risque d'un assassinat dans la partie la plus reculée de son empire, tout cela aurait rendu cette expédition dangereuse même pour l'homme le plus jeune et le plus robuste du monde. Quatre ans plus tard, on devait reprocher à l'empereur d'avoir autorisé François-Ferdinand et sa femme à exposer leur vie en allant à Sarajevo, mais lui considérait comme le plus élémentaire de ses devoirs d'aller inspecter ses troupes dans sa nouvelle province. L'éventualité d'un assassinat fut simplement qualifiée d'« *un des risques du métier*[1] ». Il ne craignait que la chaleur et il écrivit à Katharina Schratt :

1. En français dans le texte.

> J'espère qu'il ne va pas faire trop chaud en Bosnie et que je pourrai bien supporter tout cela. D'après l'emploi du temps que je vous envoie comme vous me l'avez demandé, vous verrez que l'effort aurait pu être pire et que l'on tiendra compte de ma décrépitude. Votre souhait de prier pour moi me touche et je m'en remets à vos prières durant toute la durée de cette expédition en Bosnie.

L'empereur avait grand besoin des prières de Katharina car des membres d'une organisation terroriste recrutée et financée par Belgrade se trouvaient déjà à Sarajevo. L'un deux l'attendaient pour l'assassiner quand il passerait en voiture découverte sur le quai Appel, cible parfaite avec son uniforme blanc et son shako à plumes vertes. Le jeune homme embusqué près de l'endroit où, quatre ans plus tard, Gavrilo Princip devait tirer le coup fatal tenait prêt son revolver mais il n'appuya jamais sur la gachette. Il devait confesser plus tard : « Je n'ai pas pu. Il avait une telle dignité dans le visage » – une dignité mêlée d'une sublime indifférence devant la mort. L'empereur dut bien remarquer un flottement dans la foule, mais il ne fit pas de commentaire. Il se montra heureux de l'accueil qu'on lui avait réservé et du salut de bienvenue enthousiaste de la part de ses sujets musulmans. Sarajevo était une ville en majorité musulmane, et il raconta à Katharina Schratt que « Tout s'est passé beaucoup mieux que je ne l'espérais, et les troupes ont montré une forme splendide. »

Ce fut là une des dernières occasions où l'empereur assista à des manœuvres militaires. Maintenant il se retirait peu à peu de la vie publique. Il ne se rendait plus en visites officielles dans les capitales étrangères et en 1911 il présida pour la dernière fois un bal de la Cour. L'une des rares occasions de le voir en public se présenta avec le mariage campagnard de son arrière-neveu, l'archiduc Charles, avec Zita de Bourbon-Parme. Il adorait le fils d'Otto et au fond de son cœur il le considérait comme l'héritier légitime du trône. Pour un futur empereur il ne faisait pas un mariage très brillant mais la fiancée était belle et intelligente, et elle appartenait à une famille saine puisque sa sœur aînée avait réussi à donner quatre enfants en bonne santé au prince bulgare, pourtant efféminé.

À part deux mois l'été à Ischl, François-Joseph passait maintenant toute l'année à Schönbrunn. Ses horaires de travail restaient inchangés. A quatre heures et demie du matin, il était déjà à son bureau, bien qu'une sénilité grandissante le forçât maintenant à déléguer certaines tâches à son héritier. Avec parcimonie, car François-Joseph ne surmonta jamais son aversion pour François-Ferdinand et sa femme. Il souffrait tout particulièrement de l'amitié intime entre l'archiduc et le Kaiser allemand qui avait su gagner le cœur de cet homme susceptible et irascible en traitant sa femme en personne de rang royal, comportement que la Cour autrichienne n'appréciait en aucune façon.

La vie de l'empereur était devenue plus solitaire que jamais et Frau Schratt partait souvent en vacances. Maintenant qu'elle abordait la soixantaine elle ressentait une lassitude devant les besoins d'un vieillard dont elle était la seule amie et qui n'avait pas toujours la force de lui écrire. Dans une lettre datée de mai 1912, on peut lire : « Je suis tout à fait épuisé et la faiblesse de l'âge empire sans cesse. Je me sens triste et sombre. » Mais il conservait l'amour et la vénération de son peuple. Au cours de ces dernières années, difficiles pourtant, et où l'Europe, et principalement l'Autriche-Hongrie, glissait vers une guerre inévitable, on sentait encore à Vienne que tout irait bien tant que le vieil empereur demeurerait sur le trône.

Durant l'été 1912 le tsar de Bulgarie fit sa première visite officielle à Vienne depuis son couronnement et malgré la forte chaleur François-Joseph vint l'attendre à la gare pour le recevoir avec les honneurs royaux. « *Le Petit Ferdinand* »[1] avait fait bien du chemin depuis le jour où il s'était embarqué dans un wagon de seconde classe pour Orsova, petit prince dont aucune puissance ne voulait reconnaître les droits. Aujourd'hui la Ballhausplatz venait faire la cour à la Bulgarie, l'ennemie traditionnelle de la Serbie, et le fier empereur d'Autriche consentait finalement à le décorer de l'Ordre de la Toison d'Or.

Quatre mois plus tard éclatait la bombe de la Ligue Balkanique : la vengeance de la Russie après l'annexion de la Bosnie-Herzegovine, par laquelle quatre alliés artificiels, la Bulgarie, la Serbie, la Grèce et Montenegro, financés par des prêts russes et approvisionnés en armes étrangères, joignaient leurs efforts dans une soi-disant guerre sainte pour chasser les Turcs d'Europe. Depuis trente ans les grandes puissances faisaient pression sur les Turcs pour qu'ils entreprennent des réformes en Macédoine et l'astucieux Abdul Hamid, le vieux sultan, avait toujours biaisé, jouant une puissance contre l'autre. Lorsque le sultan fut déposé, on espéra que les Turcs allaient instaurer un régime plus libéral, mais les nouveaux gouvernants de Constantinople se montrèrent plus durs, plus cruels, et plus enclins à écraser leurs sujets chrétiens que ne l'avaient jamais été leurs prédécesseurs. La résistance désespérée engagée par les Macédoniens, en grande partie d'origine bulgare, eut pour seuls résultats d'effroyables massacres. Les réfugiés affluèrent en Bulgarie, et de tous les alliés Ferdinand fut le seul à partir en guerre car l'opinion publique l'y forçait mais sans espérer y gagner beaucoup. Le moins guerrier des hommes devint involontairement un héros et les troupes bulgares qui entrèrent en Thrace reçurent les pires coups du conflit. Tandis que les Serbes occupaient la totalité de la Macé-

1. En français dans le texte.

doine où les Turcs n'opposèrent que peu de résistance, et que les Grecs traversaient la plaine de Thessalie pour rejoindre Salonique, les Bulgares prenaient Adrianople et avançaient jusqu'à trente kilomètres à peine de Constantinople.

A ce moment-là, comment blâmer le romantique Ferdinand de s'être laissé éblouir par une vision de Byzance et de s'être déjà imaginé en train de suivre une messe célèbre dans l'église Sainte-Sophie rendue à la Chrétienté. Ces aspirations romantiques, qui avaient entraîné par le passé tant de tsars russes dans des guerres coûteuses et désastreuses, devaient finalement causer sa perte. A l'approche de l'hiver ses soldats s'enlisèrent dans les boues des défenses de Chataldja, tandis que le choléra et le typhus les décimaient cruellement. Les grandes puissances et surtout la Russie qui, inquiète du tour que prenaient les événements, n'avait aucune intention de voir le tsar de Bulgarie monter sur le trône de Byzance, réclamèrent un armistice. A Londres, autour des tables de conférences du palais de Saint-James, la Bulgarie découvrit que malgré tout son héroïsme, c'était la Serbie qui se taillait la part du lion dans le butin et la Grèce, dont les troupes avaient atteint Salonique vingt-quatre heures avant les Bulgares, qui réclamait la ville comme une chose due.

La guerre balkanique, créant une « grande Serbie », fut un désastre pour l'Autriche dont la seule victoire à la conférence consista à empêcher la Serbie d'obtenir un accès à l'Adriatique, en parrainant un état d'Albanie indépendant, ce qui ne fit que raviver la haine déjà féroce des Serbes. Les politiciens occidentaux, qui avaient tant vanté les vertus de ces « braves petits Balkans » découvraient maintenant qu'on ne pouvait discuter avec eux puisque la Serbie refusait de rendre à la Bulgarie la part de Macédoine qui lui revenait de droit. Lorsque cette malheureuse conférence de Londres s'acheva enfin, les Bulgares étaient encore plus déterminés à se venger de leurs perfides alliés que des Turcs. Ferdinand rentra dans sa capitale qui l'accueillit en héros, mais au milieu des acclamations, on discerna quelques cris de « Mort aux Serbes ! ». Les diplomates essayèrent de persuader la Russie d'intervenir. Celle-ci fit traîner sa réponse et dans un moment fatal, sous l'impulsion d'une armée victorieuse en colère, Ferdinand donna l'ordre d'attaquer les Serbes, mettant ainsi la Bulgarie en position d'agresseur.

Le 9 juillet 1913 François-Joseph écrivait à Katharina Schratt depuis Ischl, lui apprenant la toute dernière nouvelle : « La Serbie a déclaré la guerre à la Bulgarie à la suite de la mobilisation bulgare. » Personne mieux que François-Joseph ne savait qu'une seconde guerre balkanique serait encore plus désastreuse pour l'Autriche que la première. Tels les chacals, les anciens alliés de la Bulgarie, c'est-à-dire la Serbie, la Grèce et Montenegro, auxquels était venue se joindre la Roumanie, attirée par une éventuelle part du butin, fondirent sur les Bulgares appauvris et épuisés et il ne fallut que quelques semaines avant que le roi ne fût forcé à demander un armistice. Par le traité de Bucarest, traité que Ferdinand ne devait jamais oublier, la Bulgarie abandonna aux Serbes la presque totalité de la Macédoine et rendit aux Roumains la Dobroudja du sud, partie basse du Danube. On pensait généralement en Europe qu'il lui faudrait abdiquer. Pourtant, les Bulgares restèrent loyaux à leur « Tsar » qui, en se battant, n'avait fait que réaliser le souhait de son peuple. Son caractère indomptable surmonta la défaite. Au bout de quelques mois, on le revit en Europe affichant une mine fière et un cynisme glacial en face de ceux qui n'avaient pas levé le petit doigt pour aider son pays.

Dans son journal, Hugo Thimig, le directeur du Burgtheater fraîchement nommé, trace un portrait très coloré du roi Ferdinand qu'il rencontra lors d'un dîner chez Frau Schratt à Hietzing :

20 novembre 1913. Hier au soir, huit heures, dîner avec *die Schratt*. Le roi Ferdinand de Bulgarie, le conseiller privé Paul Schulz, l'hôtesse, Fraülein Gössinger du Burg et moi. En arrivant je m'informai auprès de mon hôtesse et de Paul Shultz pour savoir si Sa Majesté était très abattue et déprimée par les événements récents qui avaient entraîné des effets tellement tragiques sur son pays. Mais ils se mirent tous deux à rire en m'assurant qu'il était gai comme un pinson et s'amusait beaucoup à Vienne. Sur quoi Sa Majesté arriva, radieux, affable, élégant comme toujours, portant monocle, gilet lilas et redingote magnifiquement coupée : il arborait sa Toison d'Or au bout d'un cordon noir sous une cravate blanche comme neige, la croix militaire bulgare à la boutonnière, charmant, fascinant, et apparemment de la meilleure humeur du monde avec un robuste appétit, tout prêt à faire justice à la nourriture toujours excellente dans cette maison. L'atmosphère a été détendue, la conversation animée et gaie, en partie grâce à notre hôtesse et à ses manières chaleureuses et apaisantes parfois émaillées d'éclats de rire saisissants. Paul Schulz m'a glissé en confidence que le roi s'était pris d'un grand enthousiasme pour *die Marburg* (une comédienne) et lui offrait sans arrêt des cadeaux, mais que je ne devais surtout pas en parler à notre hôtesse.

On voit qu'à l'âge de soixante ans Katharina Schratt refusait encore d'accepter une rivale.

La visite à Vienne du roi Ferdinand ne fut pas toute aussi agréable que cette soirée à la Gloriettegasse. Au même moment les Serbes venaient de rendre public le texte d'un accord secret signé entre lui et le roi Pierre, avant le début de la première guerre balkanique, par lequel il s'engageait à venir en aide à son alliée dans le cas où elle serait attaquée par l'Autriche-Hongrie. Aussi dut-il subir une audience du vieil empereur à Schönbrunn, sachant que personne à la Cour n'ignorait son acte de fourberie. « J'ai consenti à le voir parce que nous avons besoin de la Bulgarie, expliquait François-Joseph à Katharina Schratt, mais je n'ai pas mâché mes mots et je lui ai dit très précisément ce que je pensais de lui. »

Il était bien triste pour le grand empire des Habsbourg d'avoir besoin de la Bulgarie, mais à la fin de la seconde guerre balkanique l'Autriche se vit confrontée à une Serbie forte et agressive qui, d'insignifiant petit pays, s'était rapidement transformée en puissance majeure de l'Europe du sud-est.

LA FIN D'UNE ÉPOQUE

« Fais comme tu voudras » répondit l'empereur quand François-Ferdinand vint exprimer ses réserves quant à sa prochaine visite à Sarajevo. Il s'était passé quatre ans depuis que François-Joseph avait assisté aux manœuvres d'été en Bosnie et qu'il s'y était rendu sans la moindre hésitation. Il fallait pourtant bien reconnaître que les temps avaient changé. Les *agents-provocateurs* [1] serbes avaient multiplié leurs activités, fomentant des troubles parmi les minorités slaves. François-Ferdinand ne manquait pas de courage, mais il avait des pressentiments, sans compter qu'il n'était pas très fort et, souffrant encore des suites de sa tuberculose, craignait l'effroyable chaleur de l'été dans ce pays aride et sans arbres. Mais le gouverneur militaire avait également invité sa femme, la duchesse de Hohenberg, qui allait être traitée pour la première fois dans une province autrichienne avec les honneurs royaux. Il se peut bien que le désir de Sophie ait finalement influencé la décision de François-Ferdinand, et certains affirmaient que ses ennemis avaient exploité l'ambition de la duchesse pour envoyer l'archiduc à une mort presque certaine. C'était très loin de la vérité, mais l'empereur

1. En français dans le texte.

ne voyait pas pourquoi l'archiduc n'irait pas en Bosnie à laquelle revenait une nouvelle visite royale.

Le 26 juin 1914 François-Ferdinand partait pour Sarajevo et l'empereur se rendait en vacances d'été à Ischl où il pourrait attendre l'arrivée de Frau Schratt qui avait interrompu son voyage vers Ischl pour visiter la chapelle sainte de Mariazell. Au cours de ce pénible été traversé de rumeurs et de contre-rumeurs, plusieurs politiciens responsables et modérés qui avaient fait partie d'anciens gouvernements vinrent s'entretenir avec Katharina Schratt, la suppliant de prévenir l'empereur que la guerre avec la Serbie, prônée avec tant de vigueur par Conrad von Hözendorf et ses partisans, rendait inévitable l'intervention de la Russie et entraînerait une guerre mondiale. Parmi tous les rôles qu'elle avait eu à interpréter, Katharina s'aperçut que celui d'égérie politique était le plus difficile. François-Joseph refusait de croire que la Russie puisse un jour faire la guerre pour la Serbie. Et elle comprit pour la première fois que son ami bien-aimé était devenu trop vieux pour gouverner. Une simple piété enfantine la fit se réfugier dans la prière ; à Mariazell, où elle avait jadis souvent trouvé le réconfort, elle pria cette fois-ci avec une ferveur désespérée pour son empereur et son pays.

Par le beau soir d'été du 28 juin, Katharina Schratt revenait de l'église et rentrait chez elle lorsqu'elle remarqua un petit attroupement devant le bureau de poste. Pendant une seconde elle eut l'impression que son cœur s'arrêtait car c'était à Mariazell, devant ce même bureau de poste qu'elle avait vu la première affiche bordée de noir qui annonçait l'assassinat de l'impératrice Élisabeth. Cette fois-ci, il s'agissait d'un télégramme placardé à la fenêtre où on pouvait lire : « Le prince héritier, l'archiduc François-Ferdinand et son épouse la duchesse de Hohenberg assassinés à Sarejevo ». Ses premières pensées allèrent à l'empereur. Comment supporterait-il ce coup terrible ? Personne, et Katharina Schratt moins que tout autre, ne croyait vraiment que François-Joseph risquât d'éprouver un profond chagrin personnel. Il avait toujours détesté l'archiduc et sa politique et s'en était toujours méfié ; en outre, il ne lui avait jamais pardonné son mariage ; mais c'était la première fois qu'un Habsbourg, l'héritier du trône, trouvait la mort dans un assassinat perpétré sur ce qui était maintenant le sol autrichien.

L'archiduchesse Valérie croque dans son journal la réaction de son père : « J'ai trouvé papa étonnamment frais. Bien sûr il était choqué et en parlant des pauvres enfants il avait les larmes aux yeux. Mais comme je l'avais prévu il n'était nullement éprouvé personnellement. Lorsque je lui ai dit que Charles serait certainement parfait il m'a répondu avec beaucoup de solennité et d'emphase : " Quant à moi, cela m'ôte un grand souci. " » Il dit sans doute la même chose à Katharina Schratt lorsqu'il la vit le lendemain matin à son retour. Bien qu'épouvanté par l'événement, il parlait déjà de l'archiduc Charles comme si une providence divine était descendue sur lui pour le doter d'un héritier digne de porter le nom des Habsbourg.

Nul à Vienne ne doutait une seconde que l'étudiant Bosniaque de dix-neuf ans qui avait tiré les coups de feu avait agi sur ordre de Belgrade. Pour des raisons mystérieuses on n'avait pas voulu tenir compte de la démarche entreprise par le délégué Serbe à Vienne pour prévenir la Ballhausplatz d'un complot terroriste destiné à assassiner l'archiduc durant sa visite à Sarajevo. Épuisés par les guerres balkaniques, les Serbes n'étaient pas prêts pour le combat, mais ils ne parvenaient pas à contrôler les activités de leurs propres extrémistes. Le Premier ministre, Nicola Pasic, compromis en 1903 dans le meurtre sanglant du roi Alexandre et de sa femme, était mal placé pour raisonner des hommes avec qui il avait jadis comploté. Il se contenta donc d'envoyer un avertissement pour blanchir son pays de toute participation au complot, et pour une raison inexplicable cet avertissement ne parvint jamais aux autorités de Sarajevo.

Mais si tout le monde à Vienne était prêt à accuser Belgrade, personne n'affectait encore, dans ces tout premiers jours, de vouloir considérer l'assassinat de François-Ferdinand comme une cause de guerre. A la Cour les principaux soucis tournaient autour des complications que créaient les funérailles de l'archiduc ; même après sa mort, on n'oubliait pas sa *mésalliance*[1]. L'esprit de vengeance et la mesquinerie qui animaient la conduite de Montenuovo et que le vieil empereur ne tenta même pas de contrer, choquèrent tout le monde, même ceux qui s'étaient opposés à François-Ferdinand de son vivant. La duchesse, qui était morte pour son pays, ne reçut pas d'autre insigne sur son cercueil que les gants et l'éventail d'une suivante. La chapelle ardente à l'église des Capucins où, du fait de son mariage, l'archiduc ne pouvait être enterré, fut close au bout de deux heures à peine. Puis on ferma les portes et on dispersa la foule alentour. Après un requiem à l'église Saint-Augustin on conduisit les cercueils à la gare pour qu'ils soient transportés par train et par bac jusqu'à l'église d'Artstetten sur le Danube où l'archiduc avait déjà fait préparer un caveau pour sa femme et lui-même.

La cérémonie se déroula de telle façon que l'indignation publique enflamma le pays tout entier. Le grand chambellan avait décrété que le cortège funèbre parcourerait les rues sans recevoir tous les honneurs militaires. Mais des protestations, non seulement de l'opinion mais aussi du neveu de François-Ferdinand, le nouvel héritier du trône, le forcèrent à modifier ses plans. L'armée et l'aristocratie se mobilisèrent en force pour escorter les cercueils jusqu'à la gare. Des milliers de gens

1. En français dans le texte.

en deuil envahirent les rues et malgré l'heure tardive, car on s'était tout spécialement arrangé pour que le train funèbre ne parte qu'à dix heures du soir, la Westbahnhof se retrouva bondée de ceux qui étaient venus là présenter leurs derniers hommages. La terrible journée connut une fin macabre : un violent orage éclata vers minuit et le bac qui transportait les cercueils sur le Danube faillit chavirer. Beaucoup eurent du mal à pardonner à l'empereur d'avoir accepté tout cela. Des critiques s'élevèrent jusque dans sa propre famille, depuis le jeune et chevaleresque archiduc Charles jusqu'à l'affectueuse belle-mère de François-Ferdinand, l'archiduchesse Marie-Thérèse, qu'on ne revit plus à la Cour pendant plusieurs mois.

Katharina Schratt faisait probablement partie des rares personnes à comprendre cette rancune qui poursuivait François-Ferdinand jusque dans la tombe. Combien de fois avait-elle vu François-Joseph s'interdire à lui-même des possibilités de bonheur pour se plier à la ligne de conduite qu'on attendait d'un empereur et d'un Habsbourg ? Comment pouvait-on espérer qu'il pardonne François-Ferdinand d'avoir bafoué ces idéaux et pris le risque de détruire la mystique de la royauté elle-même pour satisfaire ses égoïstes passions personnelles ?

Pendant ce temps toute l'Europe guettait la réaction de l'Autriche après le double meurtre. Durant les premiers jours la Ballhausplatz sembla trop choquée pour prendre une initiative. Aehrenthal était mort et son successeur, le doux et inefficace comte Berchtold paraissait vraiment incapable de saisir la gravité de la situation. Aucune directive ne vint non plus de Schönbrunn où le vieil empereur, assis à son bureau, lisait soigneusement les rapports envoyés de Sarajevo où un juge de province dirigeait l'enquête et essayait de faire retomber l'entière responsabilité sur Belgrade. On laissa passer plus d'une semaine avant que la Ballhausplatz envoyât des délégués officiels pour corroborer l'évidence et, stupéfaite, l'Europe contempla le grand géant austro-hongrois déchu qui parlait depuis des années d'anéantir la Serbie et qui, maintenant qu'une opportunité idéale se présentait, ne parvenait pas à sortir de sa léthargie.

Les premiers accents guerriers finirent tout de même par résonner. Le 5 juillet l'ambassadeur autrichien à Berlin informa le Kaiser allemand que le complot avait bel et bien été ourdi à Belgrade, que son gouvernement allait présenter certaines exigences à la Serbie, et que, en cas de refus, ce serait la guerre immédiate. Le Kaiser Guillaume semble bien avoir assuré l'ambassadeur du soutien de l'Allemagne avant même d'avoir lu le texte de l'ultimatum autrichien. Deux jours plus tard il devait d'ailleurs s'engager encore plus avant en adressant à François-Joseph une lettre dans laquelle il promettait que, quelles que pussent être les complications en Europe, l'Autriche trouverait toujours l'Allemagne à ses côtés.

Peu à peu la fièvre de la guerre s'empara de l'Europe, avec des manifestations patriotiques à Paris devant la statue voilée de Strasbourg, des manifestations panslavistes à Saint-Pétersbourg et des discours anti-allemands à la Chambre des Communes anglaise. Cette fièvre avait même gagné les jolies vallées paisibles du Salzkammergut et à Ischl, à la Kurhaus et à la pâtisserie Zauner on ne parlait plus que de cela. A la villa Felicitas Katharina Schratt écoutait de solides politiciens libéraux, qui pestaient l'année précédente contre les bellicistes du gouvernement, affirmer aujourd'hui qu'il était impossible de sauvegarder « la coexistence pacifique entre la moitié de l'empire allemand et les Balkans sauvages ».

L'ultimatum fut envoyé à la Serbie le 23 juillet et après ces semaines de tergiversations, on exigea une réponse dans les deux jours. Tous les diplomates auprès des puissances occidentales qui eurent connaissance des termes de la note les considérèrent comme inacceptables pour un peuple fier et indépendant comme les Serbes. Une clause particulièrement humiliante stipulait que l'Autriche pourrait envoyer ses propres délégués pour aider à mettre fin aux activités des *Irridentisti* et pour mener à bien l'enquête et la recherche de tous ceux qui pourraient être mêlés au crime. Mais malgré la dureté de ces exigences, Nicola Pasic, le Premier ministre serbe, fut disposé, semble-t-il, à les accepter. Il avait déjà envoyé sa réponse lorsqu'il changea brusquement d'avis et l'on ignore si la cause en fut une promesse d'aide venue de Russie ou la poussée du sentiment anti-autrichien à l'intérieur du pays. Le 25 juillet au matin la Ballhausplatz fut informée qu'une réponse allait arriver qui éviterait à l'Autriche d'entrer en guerre, mais au cours de la journée le message changea brusquement et à sept heures du soir l'empereur, qui avait attendu dans l'incertitude toute la journée, apprit que la Serbie avait jugé les exigences inacceptables et que son ambassadeur avait rompu les relations diplomatiques et repassé la frontière.

Bizarrement, François-Joseph resta apathique. Pendant un long moment il ne dit rien et demeura assis dans un lourd silence méditatif. Puis il se leva soudain et dit : « Eh bien voilà ! » Comme si après cette attente interminable la nouvelle avait presque apporté un soulagement. Son ministre de la Guerre, qui était présent, lui assura que la résistance serbe serait négligeable et que l'on pourrait occuper la totalité du pays en moins de deux semaines. Mais il était trop vieux pour se faire des illusions. Il s'assit tranquillement à son bureau pour signer l'ordre de mobilisation. Le soir-même il rendit visite à Katharina Schratt. Il était plus tard que d'habitude et elle se tenait assise sur sa véranda lorsqu'elle le vit emprunter le petit pont qui conduisait à sa maison ; elle sut à son allure voûtée et à sa démarche hésitante que le pire s'était produit. Il semblait si fatigué, si vieux et c'est d'une voix basse et rauque qu'il lui dit : « J'ai fait de mon mieux mais maintenant c'est la fin. »

Le 28 juillet 1914, l'Autriche-Hongrie déclarait officiellement la guerre à la Serbie et au Montenegro et le même jour la Russie commençait à mobiliser. Le 30 juillet l'Allemagne déclarait la guerre à la Russie et le 4 août à minuit toute l'Europe était en guerre. L'empereur François-Joseph, après avoir préservé la paix pendant quarante-huit ans, venait d'enflammer la mèche d'une conflagration mondiale. Dans une proclamation adressée à son peuple il déclarait : « Après de nombreuses et longues années de paix, les intrigues d'une puissance hostile me forcent à tirer mon épée afin de garantir l'honneur de la monarchie, de défendre son intégrité et son pouvoir et de sauvegarder ses biens. »

Bien des années plus tôt le prince Bismarck avait prédit que, quel que soit l'état de l'Autriche, il suffirait à l'empereur François-Joseph de brandir son épée et de monter à cheval pour que toutes les ethnies de l'empire viennent se ranger derrière lui. Et aujourd'hui le miracle se réalisait — les Allemands et les Hongrois, les Slaves et les juifs, tous venaient s'enrôler dans une armée qui, durant plus de trois ans, défendrait des frontières s'étendant de l'Adriatique aux plaines de Pologne, et qui, plus tard, après que l'Italie soit entrée en guerre contre les pouvoirs centraux, s'engagerait dans les durs combats de montagne des Dolomites. François-Joseph, à qui si peu de choses avaient été épargnées tout au long de sa vie, n'eut pas la douleur de voir son armée se briser, cette armée dont il avait été si fier et dont la loyauté ne lui fit jamais défaut.

Sa santé déclinant, il n'était plus qu'une symbolique figure de proue, mais qui maintint ensemble les fils du tissu de l'empire et sauvegarda jusqu'à la fin son intégrité et son prestige.

Lorsqu'en janvier 1915 l'Italie adopta sa politique du *sacro egoismo* et se retourna contre son ancien allié, exigeant en échange de sa neutralité la totalité du Trentino et du sud Tyrol, la fière réponse de cet empereur de quatre-vingt quatre ans fut de ne même pas tenir compte de la demande. L'Allemagne, au contraire, avait hâte de négocier. A ce moment critique de la guerre, ses généraux voyaient avec terreur l'ouverture éventuelle d'un autre front. Mais ce n'était pas à l'Allemagne qu'on demandait de sacrifier des provinces appartenant à l'empire des Habsbourg depuis des centaines d'années. Incapable de persuader ou, à défaut, de contraindre son allié à réviser sa position, le Kaiser utilisa d'autres moyens. Il se souvint de son ancienne correspondance avec le prince Eulenbourg, de l'importance que son ambassadeur accordait à son amitié pour Frau Schratt et de l'influence qu'elle exerçait sur l'empereur. Mais Eulenbourg était maintenant tombé en disgrâce, chassé des affaires par ses ennemis et mis publiquement en accusation pour un scandale homosexuel presque oublié du temps de sa jeunesse. A l'époque le Kaiser Guillaume n'avait rien fait pour sauver son ami de la vindicte du baron Holstein et le malheureux prince vivait aujourd'hui dans ses terres en prisonnier volontaire. Ne pouvant utiliser Eulenbourg, le Kaiser dépêcha un autre ambassadeur, le prince Wedel, à Vienne avec la mission délicate d'entrer en rapport avec cette femme qu'il ne connaissait presque pas.

Depuis quatre mois Katharina Schratt dirigeait un hôpital pour officiers à Hietzing et, pour la première fois de sa vie, elle avait été confrontée aux horreurs de la guerre. Elle avait vu des jeunes gens, dont certains fils de ses plus vieux amis, revenir du front russe aveugles et mutilés, et on lui avait raconté les terribles souffrances des combats sur les hauteurs des Carpates. Elle savait ce que signifierait l'ouverture d'un nouveau front de montagne, mais lorsque le prince Wedel, poli et parfait diplomate, essaya de la persuader d'user de son influence sur l'empereur pour qu'il révise sa décision et plie devant le chantage italien, tout ce que sa nature comptait de courage et d'indépendance se révolta et elle refusa de se faire l'avocate d'une idée pour laquelle elle n'éprouvait que du mépris. Une seconde tentative, venant cette fois du duc d'Avarna, l'ambassadeur italien à Vienne, pour obtenir la médiation de Frau Schratt se solda elle aussi par un échec. La *gnädige Frau* regrettait que ses responsabilités à l'hôpital l'empêchent de rencontrer Son Excellence et on l'entendit jurer en privé que jamais un traître italien ne franchirait le seuil de sa maison.

Quatre mois plus tard, en mai 1915, l'Italie déclarait la guerre aux empires centraux. Mais entre-temps François-Joseph était devenu totalement fataliste : il ne nourrissait plus la moindre illusion quant à la survie de son empire. La santé de fer dont il avait joui toute sa vie l'avait abandonné. Il souffrait d'attaques de bronchite de plus en plus fréquentes et s'affaiblissait chaque fois un peu plus. Sa dernière lettre à Katharina Schratt est datée de Pâques 1915 : « Mes remerciements les plus sincères, ma très chère amie, pour les magnifiques fleurs et les bons vœux que je vous retourne de tout mon cœur. Que Dieu vous protège et vous sauve en ces temps difficiles et qu'Il vous garde mon amitié pour moi jusqu'à notre rencontre demain à une heure. »

A cette époque elle ne quittait presque plus l'hôpital où elle supervisait en personne les délicieux repas qui, maintenant que Vienne manquait de nourriture, devenaient chaque jour un peu plus difficiles à préparer. Elle était bouleversée de voir de la nourriture rester dans les assiettes et elle allait voir les jeunes officiers qui avaient perdu l'appétit pour les encourager à manger, posant une main encore belle sur leur épaule et leur disant : « Essayez de manger un peu, juste pour me faire plaisir. » Mais malgré ses obligations à l'hôpital il ne se passait pas un jour sans qu'elle se rendît à Schönbrunn où, les jours de beau temps, elle faisait une promenade avec l'empereur ; sinon elle allait s'asseoir avec lui dans son bureau et l'aidait à déchiffrer les documents qu'il avait maintenant du mal à lire.

L'année 1915, qui avait vu le retournement de l'Italie, entraîna la Bulgarie dans la guerre aux côtés des empires centraux. Ferdinand avait attendu un an avant de se décider et dans un accès de son ironie passée François-Joseph remarqua : « Si le Bulgare se range dans notre camp c'est sans doute parce qu'il pense que nous allons gagner. » En février 1916 le roi se rendit à Vienne en visite officielle et reçut des mains de l'empereur le bâton de maréchal d'Autriche. « C'est le moment le plus éclatant de toute ma vie » écrivit Ferdinand à Katharina Schratt. Mais ce devait être la dernière visite royale. Le Dr Kerzl médecin personnel de l'empereur, déclara que son patient ne pouvait plus supporter un tel effort et même la *gnädige Frau* fut priée de restreindre ses visites.

Au début de novembre François-Joseph fut à nouveau pris de bronchite. L'appareil respiratoire était atteint et les quintes de toux devinrent si douloureuses qu'il lui fallait rester assis toute la nuit dans un fauteuil plutôt que de s'étendre sur son lit. Les médecins comprirent que la fin approchait et on rappela l'archiduc Charles du front. Katharina Schratt vit l'empereur pour la dernière fois le dimanche 19 novembre. C'était la Sainte-Élisabeth, journée que François-Joseph consacrait toujours à sa femme et où il évoquait avec Katharina le souvenir de l'étrange relation qui les avait liés tous trois, remontant jusqu'à leur première rencontre dans l'atelier d'Angeli, les pique-niques sur le Jainzen et les promenades à pied dans le Lainzer Tiergarten. Cet après-midi-là, Katharina entretint presque seule la conversation car l'empereur était trop faible pour parler. Lorsqu'elle le quitta le médecin lui demanda de ne pas revenir le lendemain car Sa Majesté avait besoin de repos. Et quand le téléphone sonna peu après neuf heures du soir le mardi 21 novembre, c'était le prince Montenuovo, le grand chambellan, qui lui annonçait que l'empereur venait de mourir. Une demi-heure plus tard, le vieux valet fidèle de l'empereur se présenta pour lui dire, d'une voix à demi étouffée par les sanglots que Sa Majesté priait la *gnädige Frau* de se rendre au palais. Assommée de chagrin, il lui fallut un moment avant de comprendre que « Sa Majesté » désignait maintenant le jeune archiduc Charles.

Avant de partir elle passa dans la serre pour cueillir des roses épanouies et, ne trouvant pas la force de marcher, elle fit atteler pour aller à Schönbrunn. Là elle trouva les salles et les antichambres pleines de généraux et de ministres en deuil, certains pleurant, d'autres priant en silence. Les officiers de garde avaient l'ordre de la laisser entrer dans les appartements privés où seuls étaient admis les membres de la famille impériale. Le jeune empereur s'avança pour l'accueillir et, lui prenant la main, la présenta à l'impératrice qu'elle n'avait encore jamais rencontrée. Mais la grande surprise vint de l'archiduchesse Valérie qui, au milieu de ses larmes, vint la serrer dans ses bras, la remerciant pour toutes les années de fidèle amitié qu'elle avait données à son père.

Dans sa chambre simple et austère, François-Joseph était encore allongé sur le lit de fer dans lequel il était mort. Demain, les grands officiers d'État viendraient le revêtir de tous les attributs et décorations exigés par l'étiquette espagnole, et le préparer pour ce qui devait être les dernières grandes funérailles des Habsbourg. Mais en cet instant il n'était encore qu'un soldat épuisé mort pour son pays, et son amie de trente ans se pencha sur lui, récitant une prière silencieuse, et plaça deux roses blanches entre ses vieilles mains noueuses. Katharina jouait là son dernier grand rôle historique, et comme toujours elle l'interpréta avec dignité et grâce. Il n'y eut ni larmes ni gémissements, car sa douleur était trop profonde pour qu'elle pût pleurer. Alors que tous les souverains alliés et tous les princes de l'empire convergeaient vers Vienne pour les fastueuses funérailles nationales, elle resta tranquillement à Hietzing avec les jeunes officiers dont le chagrin, pour la plupart, était aussi sincère que le sien.

Katharina Schratt ne mourut qu'en 1940, survivant ainsi à François-Joseph pendant près de vingt-quatre ans. Elle connut l'éclatement de l'armée, la désintégration de l'empire, l'abdication du jeune empereur Charles. Elle vit les armées étrangères victorieuses parader dans la ville, les aigles des Habsbourg piétinées dans la boue et le drapeau rouge flotter sur la Hofburg. Puis la paix revint, apportant avec elle les horribles séquelles de la défaite : la pauvreté et la faim, l'effondrement des cours boursiers, la faillite des banques et l'argent qui perdait toute valeur d'un jour sur l'autre. Beaucoup de ses amis se retrouvèrent ruinés, mais Katharina Schratt gardait encore toute une fortune en propriétés et jamais sa générosité ne fut plus évidente qu'à cette époque. Chaque mois les salles des ventes de la Dorotheergasse voyaient arriver quelque magnifique éventail peint ou tabatière sertie de pierres précieuses. Ce qui lui permit, à Hietzing comme sur le Kärntner Ring de conserver sa maison ouverte et plus d'un acteur en retraite accordait sa reconnaissance à la *gnädige Frau* pour ses substantiels goûters, ses plateaux de gâteaux et ses sandwiches livrés par Demel, le traiteur du Kohlmarkt. Un de ses filleuls se souvient encore des déjeuners du dimanche à Hietzing, de la jolie salle à manger rococo, surpeuplée d'invités, dont beaucoup de vieux collègues du Burg, certains ayant eu leur heure de gloire, et le jardin plein de chiens perdus. Katharina, amoureuse des animaux, avait recueilli bon nombre de pauvres chiens abandonnés par des maîtres qui ne pouvaient plus les nourrir.

Elle survécut à la misère et à la pauvreté de ces années d'après-guerre et grâce à son amour passionné de la vie, elle sut s'adapter au monde bourgeois de l'Autriche républicaine, dépourvue de sa grandeur. A soixante-dix ans, on la voyait encore au festival de Salzbourg, en cure à Karlsbad et en 1929, âgée de soixante-seize ans, elle avait gardé suffisamment le goût de l'aventure pour voyager en aéroplane de Zurich à Vienne. Des vieux amis du temps passé comme Ferdinand de Bulgarie, retiré maintenant dans un exil doré à Cobourg, l'un des seuls monarques détrônés à avoir su conserver sa fortune, venaient encore à Vienne lui apporter des cadeaux exotiques de Lalique ou Fabergé. Mais il restait l'un des rares survivants parmi tous les admirateurs qui se pressaient naguère dans son salon. Toni, marié et retraité de la carrière diplomatique, vint s'installer chez sa mère sur le Kärntner Ring. La vie n'était pas toujours facile pour ce couple sans enfant car, avec l'âge, la jeune femme insouciante qui avait su enchanter un empereur était devenue acariâtre et dominatrice, obsédée par l'argent et lamentable chaque fois qu'il s'agissait de vendre l'un de ses bijoux. Dans les années 1930, Katharina demanda à son filleul, attaché à la légation autrichienne à Londres, de négocier la vente de quelques tabatières de valeur avec l'espoir que la reine Mary se montrerait intéressée. Mais il semble bien que la reine et ses conseillers aient trouvé le prix trop élevé, aussi les collections de Katharina Schratt furent-elles dispersées à travers le monde.

Malgré tous les sacrifices auxquels elle dut se résoudre, jamais elle n'accorda le moindre entretien aux journalistes qui la harcelèrent pendant toute la période 1930-1940 et lui offrirent des sommes énormes en devises étrangères. Elle évinça poliment mais fermement les éditeurs américains qui lui réclamaient ses mémoires : « Je suis comédienne et non écrivain et je n'ai rien à raconter car je n'ai jamais été une Pompadour, encore moins une Maintenon. » De temps à autres paraissaient des articles à sensation sur « la petite amie de l'empereur », ou sur la « *gnädige Frau* de Schönbrunn », mais Katharina Schratt ne prenait même pas la peine de les lire.

Elle vivait encore au printemps 1938 lorsque les nazis envahirent l'Autriche et son dernier geste politique, à l'âge de quatre-vingt quatre ans, fut de fermer ses volets de la Kärntner Ring quand Hitler fit en voiture sa traversée triomphale de la ville. Parmi toutes les rumeurs désobligeantes qu'elle dut endurer au cours des années aucune ne la meurtrit autant que celle, fabriquée de toutes pièces par les nazis, selon laquelle elle aurait accepté une pension de Herr Hitler.

A partir de cette date elle ne quitta pratiquement plus sa maison et mourut tout à fait paisiblement par un jour d'avril 1940, préservant jusqu'au bout le secret d'une mystérieuse histoire d'amour qui nous laisse encore bien des doutes plus de soixante ans après.

FIN

LA MAISON DE HABSBOURG

- Marie-Thérèse de Naples (1772-1807) ép. FRANÇOIS Iᵉʳ (1768-1835) Empereur d'Autriche de 1804 à 1835
  - Marie-Louise (1791-1847) ép. Napoléon Iᵉʳ (1769-1821)
  - FERDINAND Iᵉʳ (1739-1875) Empereur d'Autriche de 1835 à 1848 ép. Marie-Anne de Savoie (1803-84)
  - Léopoldine (1791-1826) ép. Pierre Iᵉʳ Empereur du Brésil (1798-1834)
  - Clémentine (1797-1816) ép. Léopold Prince de Salerne (1790-1851)
  - Joseph-François (1799-1807)
  - Caroline (1801-32) ép. Frédéric-Auguste II, Roi de Saxe (1797-1854)
  - François-Charles (1802-78) ép. Sophie de Bavière (1805-72)
    - Elisabeth princesse en Bavière (1837-98) ép. FRANÇOIS-JOSEPH (1830-1916) Empereur d'Autriche de 1848 à 1916.
      - Sophie (1855-57)
      - Gisèle (1856-1932) ép. Léopold de Bavière (1821-1912)
      - Rodolphe, prince héritier (1858-89) ép. Stéphanie de Belgique (1864-1945)
        - Elisabeth-Marie (1883-1963) ép. (1) Otto, Prince de Windischgrätz (1873-1952) ép. (2) Léopold Petznek (1881-1956)
      - Valérie (1868-1924) ép. François-Salvator de Toscane (1865-1939)
    - Maximilien (1832-67) Empereur du Mexique de 1864 à 1867 ép. Charlotte de Belgique (1840-1927)
    - Charles-Louis (1833-96) ép. (1) Margarethe de Saxe (1840-58) ép. (2) Maria Annunziata de Naples (1843-71) ép. (3) Marie-Thérèse de Bragance (1855-1944)
      - Sophie Chotek Duchesse de Hohenberg (1868-1914) ép. François-Ferdinand (1863-1914)
      - Otto (1865-1906) ép. Marie-Josèphe de Saxe (1867-1944)
      - Ferdinand-Charles-Louis (1868-1915) ép. Berta Czuber (1879-1979)
      - Margarete-Sophie (1870-1902) ép. Albert de Wurtemberg (1865-1939)
      - Maria Annunziata (1878-1961)
      - Elisabeth-Amalia (1876-1960) ép. Alois Liechtenstein (1869-1955)
    - Caroline (1835-40)
    - Louis-Victor (1842-1919)
  - Marie-Anne (1804-58)
  - 4 enfants morts en bas âge

TABLE DES MATIÈRES

Achevé d'imprimer en mai 1985
sur presse CAMERON
dans les ateliers de la SEPC
à Saint-Amand (Cher)

N° d'édition : 7062. — N° d'impression : 878.
Dépôt légal : mai 1985.

7062